黄土地区地铁隧道穿越既有线路工程理论与实践

来弘鹏 康 佐 著

科学出版社
北京

内 容 简 介

　　本书针对黄土地区地铁隧道穿越工程面临的难题,从多个角度进行论述:揭示黄土地层新建地铁隧道浅埋暗挖施工时既有线及地层变形规律与受力特征,给出浅埋暗挖下穿既有地铁构筑物的最小净距建议值及沉降控制标准;推导单洞、双洞下穿既有地铁构筑物的地层计算公式,砂土地层盾构隧道下穿既有地铁构筑物顶推力及刀盘扭矩计算公式,得出土仓压力、注浆压力、注浆范围对既有地铁隧道结构沉降、轨道高差的影响规律及敏感性;给出过街通道上跨既有隧道工程的科学合理施工方案,部分成果已得到实体工程验证。

　　本书可供从事地铁工程和隧道工程研究、设计、施工的人员参考,也可供隧道工程、岩土工程等专业的高等院校师生阅读。

图书在版编目(CIP)数据

黄土地区地铁隧道穿越既有线路工程理论与实践/来弘鹏,康佐著. —北京:科学出版社,2018.1
ISBN 978-7-03-054824-5

　　Ⅰ.①黄…　Ⅱ.①来…　②康…　Ⅲ.①黄土区-地铁隧道-隧道施工-研究　Ⅳ.①U231.3

中国版本图书馆 CIP 数据核字(2017)第 255126 号

责任编辑:张晓娟 / 责任校对:桂伟利
责任印制:吴兆东 / 封面设计:熙　望

科 学 出 版 社 出版
北京东黄城根北街 16 号
邮政编码:100717
http://www.sciencep.com

北京中石油彩色印刷有限责任公司 印刷
科学出版社发行　各地新华书店经销

*

2018 年 1 月第 一 版　开本:720×1000　B5
2023 年 1 月第三次印刷　印张:16 3/4
字数:337 000
定价:128.00元
(如有印装质量问题,我社负责调换)

前　　言

随着城市地下轨道交通的快速发展,节点车站换乘和区间线路交叉等问题日益突出,穿越工程将越来越多。穿越工程的特点是风险大、复杂程度高、控制标准严格,既有结构将不可避免地受新建线路施工产生的附加位移和内力的影响,若新建隧道施工不当,则会降低既有地铁结构的耐久性,甚至影响既有地铁的行车安全。因此,在保证既有结构及列车运营安全的前提下实现新建工程的安全施工,这个要求可能要远远高于新建结构安全对于施工的要求,这是穿越工程的难点所在。北京、上海等地区地铁建设起步较早,穿越施工技术相对成熟,而黄土地区穿越工程还属于新生事物,目前缺少相关的工程经验,加之黄土独特的结构性与水敏性,很有必要有针对性地开展相关研究工作。

本书以暗挖正交下穿既有线、盾构小角度斜下穿既有线、暗挖正交上跨既有线等穿越工程为背景,从既有线沉降计算方法、既有线沉降控制标准、既有线力学行为、新建隧道施工参数对既有线变形的影响规律、施工参数敏感性及其优化等方面系统地对黄土地区地铁隧道穿越既有线路面临的相关问题进行研究,主要成果如下:首先揭示了黄土地层新建地铁隧道浅埋暗挖施工时既有线及地层变形规律,得出既有结构受力特征并给出浅埋暗挖下穿既有线的最小安全距离;推导了单洞、双洞下穿既有线的地层沉降计算公式并通过实体工程进行验证;从既有隧道结构变形、受力整体稳定性等角度出发,给出新建隧道近距离下穿既有线路沉降控制标准。其次推导了含砂黄土地层盾构隧道下穿既有线路顶推力及刀盘扭矩计算公式并给出盾构施工的各技术参数;确定了渣土改良的配合比,并结合现场改良效果对其进行优化;得出土仓压力、注浆压力、注浆范围对既有地铁隧道结构沉降、轨道高差的影响规律及敏感性;揭示此类下穿工程既有地铁隧道的变形规律和受力特征。最后给出了异形过街通道上跨既有隧道工程的科学合理施工方案,揭示了黄土地区暗挖通道近距离上跨既有地铁隧道变形规律和力学特征。

本书相关研究得到了陕西省科学技术研究发展计划项目(青年科技新星计划项目)、西安市地下铁道有限责任公司科研项目的资助;同时得到了中铁五局集团有限公司、中铁十局集团有限公司等相关单位的大力支持与协助,在此表示衷心感谢。硕士生赵鑫、郑海伟、王伟、丁杰、赵杰、贾星星等参与了部分研究工作,杨晓强、温克兵、张佳、张坚、马明波、魏琪、薛瑛等为科研工作的顺利开展提供了极大的帮助,在此对上述做出贡献的相关人员表示衷心感谢。另外,书中参考了部分国内外同行的有关论文、著作,引用和借鉴了他们的研究成果,在此一并表示感谢。

希望本书的出版,能够对完善和提高我国黄土地区地铁隧道穿越工程施工技术做出微薄的贡献。限于作者水平,书中难免存在不足之处,敬请读者批评指正。

作　者

2017 年 5 月于西安

目　　录

前言
第1章　绪论 ·· 1
1.1　目的及意义 ··· 1
1.2　现有研究成果综述 ··· 3
1.2.1　新建地铁隧道下穿既有地铁构筑物影响因素 ········ 3
1.2.2　新建地铁隧道下穿既有线力学行为研究现状 ········ 4
1.2.3　新建地铁隧道下穿既有线控制标准研究现状 ········ 6
1.2.4　穿越工程施工方案的研究现状 ······················· 8
1.2.5　盾构下穿既有线施工控制技术研究现状 ············· 9
1.3　本书主要内容 ··· 10
第2章　暗挖下穿既有地铁隧道理论分析 ······················· 13
2.1　概述 ·· 13
2.2　数值模拟基本原理 ·· 13
2.2.1　有限差分法软件简介 ································· 13
2.2.2　有限差分法分析原理简介 ···························· 14
2.3　依托工程概况 ··· 16
2.4　构建三维计算模型 ·· 17
2.4.1　模型概况 ··· 17
2.4.2　计算的基本假定及本构关系 ························· 17
2.4.3　模拟计算边界条件及物理力学参数 ················· 18
2.4.4　模拟计算监测点布置 ································· 19
2.4.5　模拟计算工况 ·· 20
2.5　既有地铁结构变形分析 ······································· 21
2.5.1　既有地铁结构沉降变形分析 ························· 21
2.5.2　既有地铁结构水平变形分析 ························· 29
2.6　地表变形分析 ··· 30
2.6.1　沿新建隧道轴线地表变形分析 ······················ 30
2.6.2　沿既有隧道轴线地表变形分析 ······················ 34
2.7　地层变形分析 ··· 36
2.8　不同下穿净距既有地铁结构受力分析 ······················ 44

　　2.9　新建隧道施工步序对既有地铁结构变形和受力影响分析 ·········· 45

　　　　2.9.1　新建隧道施工步序对既有地铁结构变形影响分析 ········· 45

　　　　2.9.2　新建隧道施工步序对既有地铁结构受力影响分析 ········· 49

　　2.10　本章小结 ·· 51

第3章　新建隧道下穿既有线地层沉降计算方法 ······················ 52

　　3.1　概述 ·· 52

　　3.2　单洞隧道下穿既有线地层沉降计算方法 ······················ 52

　　　　3.2.1　单洞隧道 Peck 经验理论公式 ·························· 52

　　　　3.2.2　新建单洞地铁隧道近距离下穿既有线地层沉降计算公式 ······ 54

　　　　3.2.3　工程实例分析 ·· 56

　　3.3　双洞隧道下穿既有线地层沉降计算方法 ······················ 59

　　　　3.3.1　双洞隧道地层沉降计算 ································ 59

　　　　3.3.2　新建双洞地铁隧道近距离下穿既有线地层沉降计算公式 ······ 62

　　　　3.3.3　工程实例分析 ·· 72

　　3.4　本章小结 ·· 77

第4章　暗挖隧道下穿既有线路沉降控制标准研究 ···················· 78

　　4.1　概述 ·· 78

　　4.2　新建地铁隧道下穿既有线路判断准则 ·························· 78

　　4.3　基于不同因素下穿既有线路沉降控制基准研究 ················ 79

　　　　4.3.1　基于既有隧道结构最大弯矩沉降研究 ·················· 80

　　　　4.3.2　基于既有隧道结构曲率半径沉降研究 ·················· 89

　　　　4.3.3　基于既有隧道结构容许应力沉降研究 ·················· 90

　　　　4.3.4　基于既有隧道轨道结构变形沉降研究 ·················· 91

　　　　4.3.5　基于既有隧道结构容许切应变沉降研究 ················ 93

　　4.4　基于数值分析的既有隧道沉降标准确定 ······················ 95

　　　　4.4.1　结构受力安全性评价 ·································· 95

　　　　4.4.2　基于结构受力特征的沉降标准确定 ···················· 96

　　4.5　新建黄土地铁隧道近距离下穿既有地铁线路预警 ·············· 99

　　4.6　本章小结 ·· 99

第5章　盾构下穿既有隧道理论分析 ································ 101

　　5.1　概述 ·· 101

　　5.2　依托工程概况 ·· 101

　　　　5.2.1　工程简介 ·· 101

　　　　5.2.2　工程地质 ·· 104

　　　　5.2.3　水文地质 ·· 106

5.3　构建三维计算模型 ……………………………………………… 106

　　5.3.1　模型建立及边界条件 ………………………………… 106

　　5.3.2　本构模型选取及计算假设 …………………………… 107

　　5.3.3　材料参数 ……………………………………………… 108

　　5.3.4　初始应力场的建立 …………………………………… 110

　　5.3.5　盾构施工过程的模拟 ………………………………… 112

5.4　设计模拟工况 …………………………………………………… 116

　　5.4.1　试验方法的确定 ……………………………………… 116

　　5.4.2　影响因素及水平 ……………………………………… 117

　　5.4.3　工况设计 ……………………………………………… 117

　　5.4.4　正交试验结果分析 …………………………………… 119

5.5　施工参数对既有地铁隧道变形的影响分析 …………………… 121

　　5.5.1　土仓压力的影响 ……………………………………… 121

　　5.5.2　注浆压力的影响 ……………………………………… 126

　　5.5.3　注浆厚度的影响 ……………………………………… 128

5.6　各因素对既有地铁隧道变形的敏感性分析 …………………… 132

　　5.6.1　正交试验各工况数值模拟结果 ……………………… 132

　　5.6.2　极差分析 ……………………………………………… 134

5.7　本章小结 ………………………………………………………… 137

第6章　盾构下穿既有地铁隧道施工参数 ……………………………… 139

6.1　概述 ……………………………………………………………… 139

6.2　基于理论计算的盾构掘进参数优化分析 ……………………… 139

　　6.2.1　土压力控制 …………………………………………… 140

　　6.2.2　顶推力控制 …………………………………………… 145

　　6.2.3　刀盘扭矩控制 ………………………………………… 150

　　6.2.4　掘进速度控制 ………………………………………… 152

　　6.2.5　出土量控制 …………………………………………… 153

　　6.2.6　盾尾注浆控制 ………………………………………… 153

6.3　基于数值模拟的盾构掘进参数优化分析 ……………………… 156

　　6.3.1　土仓压力参数优化 …………………………………… 156

　　6.3.2　注浆压力参数优化 …………………………………… 157

　　6.3.3　注浆范围参数优化 …………………………………… 157

6.4　本章小结 ………………………………………………………… 158

第7章　渣土改良技术 …………………………………………………… 159

7.1　概述 ……………………………………………………………… 159

7.2 评价标准 ……………………………………………………………… 159

7.3 试验方案 ……………………………………………………………… 160

    7.3.1 试验目的及内容 ………………………………………………… 160

    7.3.2 试验工况设计 …………………………………………………… 162

7.4 渣土改良试验数据分析 ……………………………………………… 162

    7.4.1 钠基膨润土泥浆黏度试验结果分析 …………………………… 162

    7.4.2 改良砂土坍落度试验结果分析 ………………………………… 163

    7.4.3 改良砂土渗透性试验结果分析 ………………………………… 165

    7.4.4 改良砂土直剪试验结果分析 …………………………………… 166

7.5 渣土改良现场效果评价及进一步优化 ……………………………… 168

7.6 本章小结 ……………………………………………………………… 170

第8章 盾构下穿既有地铁隧道力学行为实测 ………………………… 171

8.1 概述 …………………………………………………………………… 171

8.2 既有地铁隧道变形和受力现场监测方案 …………………………… 171

    8.2.1 既有地铁隧道变形监测方案 …………………………………… 171

    8.2.2 既有地铁隧道受力监测方案 …………………………………… 174

8.3 既有地铁隧道变形监测结果及分析 ………………………………… 177

    8.3.1 既有地铁隧道道床变形分析 …………………………………… 177

    8.3.2 既有地铁隧道边墙变形分析 …………………………………… 179

    8.3.3 盾构不同掘进位置时既有隧道竖向位移分析 ………………… 180

    8.3.4 既有隧道单测点沉降时程分析 ………………………………… 183

8.4 既有地铁隧道受力监测结果分析 …………………………………… 184

8.5 既有地铁隧道力学行为数值分析 …………………………………… 187

    8.5.1 数值模拟与现场监测结果对比分析 …………………………… 187

    8.5.2 变形规律分析 …………………………………………………… 191

    8.5.3 受力特性分析 …………………………………………………… 194

8.6 本章小结 ……………………………………………………………… 210

第9章 暗挖通道上跨既有地铁隧道理论分析 ………………………… 212

9.1 概述 …………………………………………………………………… 212

9.2 依托工程概况 ………………………………………………………… 212

    9.2.1 工程简介 ………………………………………………………… 212

    9.2.2 工程地质与水文地质情况 ……………………………………… 214

    9.2.3 周边建筑物情况 ………………………………………………… 217

    9.2.4 地下管线情况 …………………………………………………… 217

9.3 有限元模型的建立 …………………………………………………… 218

9.3.1　模型概况 ·· 218

9.3.2　模型计算假定及本构关系 ························ 219

9.3.3　有限元单元的选取·· 219

9.3.4　模型计算边界 ·· 220

9.3.5　模型计算参数 ·· 220

9.3.6　监测断面布置方案 ······································ 221

9.3.7　各种模拟工况 ·· 222

9.4　不同方案实施对既有地铁结构变形规律的计算分析 ············· 224

9.4.1　既有地铁结构竖向变形规律计算分析 ············· 224

9.4.2　既有地铁结构水平变形规律计算分析 ············· 227

9.5　不同预加固措施下既有地铁隧道受力规律计算分析 ············· 230

9.5.1　夹层土体注浆时暗挖通道上跨施工对既有地铁的受力状态影响 ··· 231

9.5.2　夹层土体不注浆时暗挖通道上跨施工对既有地铁的受力状态影响 ··· 231

9.6　本章小结 ·· 232

第10章　暗挖通道上跨既有地铁隧道力学特征实测 ················· 233

10.1　概述 ·· 233

10.2　监测项目及监测要求 ··· 233

10.3　监测方法与测点布置 ··· 234

10.3.1　监测方法·· 234

10.3.2　所用测试元件及其工作原理 ························ 237

10.3.3　测点布置及其注意事项 ······························ 238

10.4　现场测试结果及分析 ··· 240

10.4.1　既有地铁隧道初期支护与二次衬砌间接触压力测试结果及分析 ······ 240

10.4.2　既有地铁隧道二次衬砌混凝土应力测试结果及分析 ············· 242

10.4.3　新建上跨通道施工引起地表沉降测试结果及分析 ············· 244

10.4.4　既有地铁隧道变形测试结果及分析 ················· 245

10.5　本章小结 ·· 247

参考文献 ··· 249

第1章 绪 论

1.1 目的及意义

改革开放以来,伴随着社会经济的快速发展,我国的城市化水平也在不断提高。近年来,由于私家车的大量普及和外来流动人口的蜂拥而至,很多城市出现了人口过度饱和、大气污染严重、资源短缺、建筑空间拥挤、交通堵塞等不良反应,即所谓的"城市综合症"[1]。其中,交通堵塞似乎已经成为所有城市的顽疾,这严重制约着城市的发展。为了从根本上解决城市环境、资源、人口三大危机,就必须另辟蹊径,将地面人流引入地下,建设高效环保的地下有轨交通。与传统的地面公共交通设施相比,城市地下轨道交通具有运输能力强、快速、便捷、准时、安全、舒适、占地少、无污染、低能耗等优点[2]。城市轨道交通成为改善城市交通环境、缓解城市交通拥挤以及带动城市经济发展的重要手段。

然而,随着地铁线网的不断完善,节点车站和区间线路的换乘、交叉问题日益突出。这种交叉、换乘的实现方式主要包括穿越施工、预留线路和同期建设。三种方式中又以穿越施工的难度最大,其对既有地铁结构及列车运营的安全威胁最大[3]。同期修建时不存在新建线路对既有线路的影响问题;预留线路修建时由于提前考虑了后期穿越问题,在修建既有结构时往往会进行土层加固等保护措施,大大降低了新建线路施工对既有结构的影响。然而,由于规划考虑不周或者线路需要调整,往往只能选择穿越施工。根据新建线路与既有线路的相对位置关系,可以将地下穿越工程分为新建线路正交下穿既有线路、新建线路正交上穿既有线路、新建线路斜交下穿既有线路和新建线路斜交上穿既有线路等。表1.1列举了部分国内已有的典型既有近距离穿越工程。

表 1.1 既有近距离穿越工程汇总表

序号	穿越工程	穿越角度/(°)	最小净距/m
1	北京地铁5号线崇文门站下穿既有地铁2号线[4]	90	1.985
2	北京地铁昌八联络路线下穿既有地铁8号线	26	3.180
3	北京机场线东直门站下穿既有地铁13号线东直门折返线[5]	62	0.2~0.3
4	北京地铁10号线国贸站—双井站盾构区间下穿既有地铁1号线[6]	90	1.245

续表

序号	穿越工程	穿越角度/(°)	最小净距/m
5	北京南水北调暗涵穿越既有地铁 1 号线五棵松站[7]	90	3.667
6	北京人行通道上穿既有地铁 10 号线[8]	90	1.970
7	北京地铁 6 号线平安里站—北海北站区间下穿既有地铁 4 号线[9]	90	2.613
8	北京地铁 4 号线动物园站—白石桥站区间上穿既有地铁 9 号线[10]	15	1.390
9	北京地铁 4 号线宣武门暗挖车站下穿既有地铁 2 号线[11]	90	1.900
10	上海明珠线浦东大道站—张杨路站区间下穿既有轨道交通 2 号线	32	1.719
11	上海轨道交通 8 号线上穿既有轨道交通 2 号线[12]	90	1.340
12	上海轨道交通 2 号线盾构下穿既有轨道交通 1 号线[13]	90	1.000
13	上海黄浦江行人观光隧道盾构上穿既有轨道交通 2 号线[14]	51	1.570
14	上海外滩通道上穿延安路隧道[15]	90	5.400
15	上海越江隧道下穿既有轨道交通 8 号线	56	2.800
16	上海轨道交通 7 号线常熟路站—肇嘉浜路站区间下穿既有轨道交通 1 号线	79	1.500
17	深圳地铁 2 号线大东区间下穿既有地铁 1 号线[16]	55	1.780
18	深圳地铁 3 号线下穿既有地铁 1 号线[17]	90	1.000
19	青岛地铁 1 号线下穿既有地铁 3 号线[18]	90	1.004
20	广州地下人行通道上穿既有地铁 1 号线[19]	90	0.600
21	杭州地铁 4 号线下穿既有地铁 1 号线	23	2.120

在表 1.1 所列的穿越工程中,既有地铁线路受上穿工程施工的影响较小,既有地铁结构往往会因卸载而发生上浮变形;而对于下穿工程,既有结构会因新建线路施工而产生不均匀沉降,并发生整体弯曲,甚至出现隧道结构与道床剥离的现象,对既有线结构的安全极为不利。因此,对于穿越工程,在保证既有结构及列车运营安全的前提下实现新建工程安全施工的要求可能要远远高于新建结构安全对施工的要求,这是穿越工程的显著特点,更是难点所在。

在西安市城市轨道交通远景规划中,区间隧道的交叉和车站的换乘节点总数为 66 处,穿越工程施工将面临以下两个突出问题:

(1)黄土属于特殊土,其结构疏松,性质多变,具有大孔隙性,节理裂隙发育,水敏感性;受外界各种荷载的影响其性质会发生变异,产生较大变形。所有这些围岩特征将对隧道下穿既有构筑物施工产生较大影响,对既有构筑物安全及稳定性构成威胁。因此,很有必要研究下穿时既有构筑物的变形和力学行为,给出确保安全的既有地铁构筑物变形控制标准与措施。

（2）从地铁隧道的施工方法来看，由于技术上的先进性和优点，以盾构法和浅埋暗挖法作为施工工法的案例层出不穷。在近 100 多年的发展中，不断改善的盾构性能以及不断提高的设计和施工技术理论，使这些施工工艺日趋成熟。然而，在黄土地层，盾构法和浅埋暗挖理论及实践仍需接受时间和工程实例的考验。尤其是施工引起的沉降理论不成熟，既有运营地铁线路对沉降的高要求、地铁运行时对地层的动力作用，这些都要求我们在隧道施工穿越既有地铁构筑物的过程中慎之又慎，突破技术瓶颈，提出黄土地层隧道穿越既有地铁构筑物的关键技术参数，明确穿越时对施工质量起控制作用的敏感参数与取值标准，确保下穿过程中既有线的安全稳定。

鉴于黄土地区新建地铁隧道穿越既有线路工程的上述难题，本书以暗挖正交下穿既有线、盾构斜交下穿既有线、暗挖正交上跨既有线等穿越工程为依托，从既有线沉降计算方法、既有线沉降控制标准、既有线力学行为、新建隧道施工参数对既有线变形的影响规律、施工参数敏感性及其优化等多方面展开论述，具有重要的理论意义和工程实践价值。

1.2　现有研究成果综述

1.2.1　新建地铁隧道下穿既有地铁构筑物影响因素

宋文杰等[20]依托北京地铁 7 号线下穿地铁 10 号线双井站实体工程，分析了新建隧道与既有车站在不同下穿净距下，既有地铁车站结构不同部位的沉降变形与应力及既有地铁结构周围土体的变形规律；刘镇等[21]依托珠江新城盾构地铁隧道下穿广州地铁 1 号线区间实体工程，利用实际监控量测数据验证数值模拟计算的有效性和可靠性，从而进一步研究新建盾构地铁隧道下穿既有地铁构筑物时，不同类型的复合地层、既有隧道埋深、两隧道间净距等因素对既有地铁构筑物的影响规律，并根据下穿时不同复合地层引起的既有地铁隧道的沉降特点，制定了相应的沉降控制措施。

宁寅等[22]根据上海打浦路隧道复线工程，建立了弯曲隧道下穿复杂几何特性的既有隧道的三维计算模型，采用 Newton-Raphson 方法进行非线性求解，分析了泥水盾构施工对围岩与既有隧道的影响；赵晓勇[23]依托重庆地铁 6 号线下穿涵洞的工程实例，分析了 TBM 施工下既有涵洞的应力和变形；王金龙[24]结合广州地铁 5 号线盾构施工过程中下穿过街通道的工程实例，对通道桩基基础处理方案进行了分析及优化，提出了钢纤维喷射混凝土与人工挖孔桩相结合的地下过街通道的施工方案；闫朝霞等[3]通过对北京多条地铁线路穿越情况的对比分析，在确保最小限度扰动既有线,保证既有线运营和结构安全的基础上,论述了如何制定合适的施工方案,选择合适的辅助施工措施和监控量测手段;朱正国等[25]依据北京地铁,通过数值分析,研究讨论了不同施工方法、不同预加固范围对下穿施工的影响。

汪伟松[26]运用激振函数模拟地铁列车的振动荷载,通过 Newmark 隐式积分法,研究分析了在不同的列车振动荷载作用下,立体交叉隧道衬砌结构的动力响应规律,指出了列车振动荷载作用下既有隧道衬砌结构的薄弱部位,并确定了相应的位移大小和受力状态;白冰等[27]通过数值模拟计算的方法,研究了列车荷载作用下,左右平行隧道过渡到上下平行隧道工况下的三维动力响应;黎杰等[28]以上下交叠隧道为背景,研究了双向列车振动荷载对隧道结构的动力影响;刘强等[29]运用有限元方法,分析了高速列车振动荷载作用下,上下交叠隧道结构的动力响应特征,探讨了列车速度、围岩级别、交叉角度等因素对下穿隧道结构动力响应变化规律的影响。

1.2.2　新建地铁隧道下穿既有线力学行为研究现状

邵华等[30]以上海明珠线浦东大道站—张杨路站区间斜下穿既有轨道交通 2 号线为工程背景,通过分析现场监测数据,得出了盾构施工对既有隧道的影响规律:既有隧道结构的变形以竖向位移为主,随着盾构的掘进,既有隧道纵向呈波浪状并不断向前移动。

胡群芳等[31]通过对上海明珠线浦东大道站—张杨路站区间 32° 下穿既有轨道交通 2 号线进行现场监测,得到既有线周围土体的变形规律,同时系统地论述了近距离下穿工程的施工技术方案。

张晓丽[32]分析了下穿施工对地铁行驶限速运营安全、地铁振动效应和新旧地铁隧道下穿净距的影响,提出了新建地铁隧道与既有隧道合理间距的确定方法,同时应用能量分配理论制定了新建隧道施工过程中的既有构筑物分步沉降控制指标体系。

何川等[33]以广州地铁 3 号线大塘站—沥滘站区间重叠下穿某既有隧道为背景,通过数值模拟和模型试验的手段,分析了既有隧道受盾构重叠下穿施工影响所产生的附加轴力、弯矩和变形等。研究表明,掌子面前方两倍直径处隆起最大,在掌子面前方三倍直径到后方两倍直径范围内出现了不均匀沉降。

白海卫[34]针对新建地铁隧道下穿既有地铁线路区间结构的类型进行了分类,建模过程中采用弹性地基梁进行分析,推导了既有地铁线路受新建地铁隧道正交下穿施工影响产生的应力计算公式、沉降曲线表达式以及极限沉降表达式。

王子甲[35]基于南水北调暗涵小间距双线隧道近距离下穿五棵松地铁车站的实体工程,研究穿越区域范围内双线隧道注浆加固效果、车站与浆液横通道之间的间隔以及两工作面之间的错距对地层沉降的影响,认为 6m 的工作面错距完全满足降低变形缝差异沉降的要求,而车站与浆液横通道之间的距离对既有线路区间结构沉降影响较小,之后又提出了限速运营沉降控制标准。

杨海平[36]基于北京地铁 10 号线垂直下穿 1 号线的工程背景,考虑到双曲线预测模型与灰色预测模型在计算地层沉降变形方面的不足之处,对误差绝对值进行权重考虑并辅以最小准则的运用,建立了新的加权模型组合。

李东海等[37]以北京地铁北土城站—芍药居站区间下穿既有地铁 13 号线为工程依托,通过分析既有隧道结构变形实测数据,得到了既有车站的变形规律并优化了施工参数。研究表明,既有车站结构的变形表现为扭转下沉,侧墙处则发生了半槽型沉降;合理选择盾构顶推力、土仓压力、掘进速度以及加强同步注浆和二次补浆可以有效控制既有车站的变形。

汪洋等[38]以广州地铁 3 号线大塘站—沥滘站区间正交下穿某既有隧道为工程依托,通过数值模拟和模型试验相结合,研究既有隧道受下穿施工影响的变形、受力、弯矩等变化规律。研究表明,既有隧道在拱腰处发生内敛,拱底变位大于拱顶,且最大变位量发生在新建隧道正上方;既有隧道产生了较大的附加轴力和纵向弯矩,既有隧道的内力则表现为"上压下拉"。

房明等[39]利用有限元方法对广州某盾构隧道正交下穿既有地铁 1 号线的施工过程进行模拟,得到了既有隧道的位移、应力变化规律。结果表明,既有隧道的变形以符合正态分布的纵向沉降为主,既有隧道的正应力受下穿施工影响较大,隧道埋深、夹层土厚度以及土体的强度对既有隧道的变形和受力也有较大影响。

胡军等[40]以某盾构隧道下穿既有暗挖地铁隧道为依托,通过数值模拟的手段对既有隧道的力学行为进行研究。研究表明,随着盾构掘进,既有隧道先隆起后沉降,且在盾构脱离既有线时,沉降的增量达到最大;盾构隧道下穿施工过程中,既有隧道会发生扭转变形,且扭转程度随盾构顶推力的增大而增大。

马振超[41]以北京地区的下穿实例为研究背景,针对穿越类型及邻近度两方面展开研究,发现采用盾构法施工下穿引起的地层沉降量以及对既有线区间结构的影响程度均低于浅埋暗挖法。既有线路区间结构会在 1~1.5 倍洞径范围内产生显著沉降,新建隧道跨度对既有线路结构的影响比较明显,而下穿净距仅对既有线区间结构的范围影响较大,对沉降最大值影响较小。

张明远[42]将超近距离下穿隧道工程作为研究对象,应用荷载-结构-基床系数折减法的计算模型,研究下穿影响范围、程度及隧道埋深等条件下既有地铁隧道结构的力学行为,通过改变隧道下方基床系数的取值以及基床系数的分布范围,实时预测施工掘进对既有地铁线路区间的影响。

韩煊等[43]选取国内外经典地铁隧道的下穿工程,分析实测曲线发现,既有隧道结构呈柔性变形,既有线路结构刚度与辅助加固措施对隧道变形影响显著,考虑新建隧道埋深、穿越夹角、既有线路结构刚度以及预加固措施等多种影响因素，得到预测既有地铁隧道变形的简便计算方法。

张海彦等[44]以苏州某盾构隧道正交下穿既有地铁 1 号线为工程依托，通过数值模拟分析了不同夹层土厚度时既有隧道的力学行为。结果表明，新建隧道施工对既有隧道的影响范围为 3 倍直径；为了降低新建隧道施工对既有隧道的影响，夹层土厚度应尽可能大于 0.8 倍新建隧道直径。

康佐等[45]以西安地铁某盾构区间为工程依托，通过数值模拟的手段分析了正交下穿工程中既有隧道管片的内力、位移及地表沉降的变化规律。研究表明，既有隧道结构发生了不均匀的扭转和侧移，既有结构衬砌在正交位置附近出现了一定程度的拉应力。

王剑晨等[46]通过对北京地区 10 个下穿工程的 23 组既有线实测变形数据进行拟合，发现绝大多数沉降曲线符合 Peck 公式，并讨论了新建隧道与既有隧道的埋深、新建隧道双洞间距、新建隧道施工工法、既有隧道刚度等因素对经验参数的影响，给出了经验参数的修正公式，为北京地区既有隧道受新建隧道施工影响的变形规律提供了一个简单、可靠的预测方法。

张琼方等[47]对杭州某盾构地铁小角度近距离下穿既有地铁 1 号线的施工过程进行了现场监测，分析了盾构掘进至不同位置时既有隧道的水平位移、隆沉及收敛位移的变化规律，将既有隧道穿越交叉点位置的水平位移和竖直位移变化过程分为 5 个阶段。

1.2.3 新建地铁隧道下穿既有线控制标准研究现状

新建隧道下穿既有线路区间结构的过程中，既要保证新建隧道的顺利施工，又要保证既有线路区间结构安全和正常运营。研究大量下穿工程实例，发现城市地区下穿施工过程中起主要控制作用的是上部既有线路结构强度以及允许的变形指标。但是关于下穿过程中既有地铁线路结构的变形控制标准至今没有统一的取值基准，本书搜集并整理了我国各大中城市（如北京、广州、深圳、上海、南京等）已修建的新建地铁隧道下穿既有线路区间结构工程实例中提出的控制指标，如表 1.2 所示。

表 1.2　新建隧道下穿既有隧道工程变形控制标准

序号	地区	典型下穿工程	变形控制	
			线路运营	隧道结构
1	北京	地铁 6 号线下穿地铁 4 号线	道床、轨道等最大沉降≤10mm	最大沉降量不大于 10mm

续表

序号	地区	典型下穿工程	变形控制	
			线路运营	隧道结构
2	上海	轨道交通 2 号线 下穿轨道交通 1 号线	轨道高差控制≤4mm	位移控制值：±5mm
3	上海	外滩观光隧道 下穿轨道交通 2 号线	轨道高差控制≤2mm	位移控制值：±5mm
4		明珠二期下穿 轨道交通 2 号线		
5	广州	旅客输送系统盾构 隧道下穿地铁 1 号线	轨道高差控制≤4mm	总沉降与位移≤20mm 位移控制值：±5mm 纵向变形≤4mm
6	深圳	深圳地铁 11 号线东延线 下穿地铁 1 号线	道床平顺度：4.0mm/10m 轨道差异沉降：4.0mm 三角坑：4.0mm/18m	结构变形量控制值：20.0mm 相对变形：1/2500
7	南京	地铁 3 号线 下穿 1 号线	最大沉降≤10mm 轨道高差≤4mm 轨距：+6mm，−2mm 扭曲≤4mm/10m	隧道结构位移≤20mm

随着城市轨道交通建设的逐渐完善，新建地铁隧道下穿既有地铁区间隧道大量涌现，基于保护地铁结构及保障运营安全，部分地区依据当地的实际情况制定了适合本地区的变形控制标准，例如，上海市制定了地铁隧道保护技术标准，如表 1.3 所示。相关部门依据不同领域的应用需求同样制定了控制标准，如住房和城乡建设部组织制定的《城市轨道交通结构安全保护技术规范》(CJJ/T 202—2013)[48]，如表 1.4 所示。

表 1.3 上海市地铁隧道保护变形控制值

轨道静态尺寸容许偏差	既有地铁隧道结构
轨道横向高差＜4mm	地铁结构设施绝对沉降量及水平位移量＜20mm
轨距：+6mm，−2mm	隧道变形曲线的曲率半径≥15000mm
水平及扭曲＜4mm	相对变形≤1/2500

注：以上标准适用于轨距 1435mm、行车速度 120km/h 及以下的线路。

研究上述下穿工程中既有地铁线路结构控制标准的具体性、区域性和部门性的特征，总结得出下穿施工引起既有隧道结构累计变形总位移为 20mm，轨道高差控制值为 4mm。

表 1.4　城市轨道交通结构安全保护变形控制值[48]

轨道静态尺寸容许偏差	既有地铁隧道结构变形控制
横向高差＜4mm	水平位移＜20mm
轨向高差＜4mm	竖向位移＜20mm
轨距：＋6mm，−4mm	径向收敛＜20mm
道床脱空量≤5mm	相对曲率＜1/2500

1.2.4　穿越工程施工方案的研究现状

童利红等[49]通过研究当前新建地下工程近距离穿越既有地铁线的主要施工技术，总结盾构法、暗挖法(注浆加固)、暗挖法(冷冻阻水)以及托换法在穿越既有线施工中的特点和适用条件，并结合相关案例，为类似工程提供借鉴。

房倩等[49]运用 FLAC3D 三维有限差分软件，对新建北京地铁 5 号线崇文门站穿越既有 2 号线采用柱洞法、中洞法和侧洞法三种不同的大断面地铁车站暗挖施工方法的施工全过程进行三维仿真模拟，对比了各种工法下地表沉降、既有线沉降、既有线变形缝之间的差异沉降和塑性区分布。研究表明，相对于其他两种工法，柱洞法引起的地表沉降和既有线结构沉降变形最小，在控制既有线变形方面具有一定优势，建议在大断面车站结构穿越既有线施工中应首选柱洞法。

王梦恕[51]对拓展后的浅埋暗挖法要点进行了总结，明确了浅埋地下工程的基础概念，阐述了浅埋暗挖法的基本原理及发展方向，指出了浅埋暗挖法的施工原则。同时对浅埋暗挖的各种施工方法的施工要点、适用范围及条件、优缺点进行了介绍和比较，最后总结并强调了浅埋暗挖法的施工要点。

贺长俊等[52]介绍了浅埋暗挖法隧道施工技术的发展历程，详细阐述了大断面隧道暗挖技术、平顶直墙断面暗挖技术和暗挖辅助工法的发展，并通过对两个不同工法穿越既有线工程的研究，分析两交叉结构间留有一定土层和刚性接触的利弊以及加固措施的合理性，最后指出，在下穿既有结构采用不留或少留间隔土对控制既有结构是有利的。

董新平等[53]选取了城市浅埋地下工程中的管棚长度分别为 20～40m 和 10m 的典型工程案例，研究在不同的管棚长度和支护结构跨度条件下，如何合理选择管棚直径。研究表明，管棚的合理管径与管棚的长度、结构参数和开挖工艺等密切相关，管棚的功能主要取决于管棚的承载或传递荷载作用特性，在选择合理管棚直径时需要对具体工程进行具体分析，以获得最佳效益。

孔恒等[54]对分段前进式超前深孔注浆和 TGRM 分段前进式超前深孔注浆工艺的构成与特点进行对比，结合北京不同地层条件下的工程实例，分析 TGRM 分段前进式超前深孔注浆工艺在北京绝大部分地层的适用性、经济性和环保性。

崔志强[55]通过对地铁工程方案设计的特点和边界条件进行分析,归纳总结方案设计的前期准备工作,并对方案选择设计的流程和方法进行了探讨。通过设计实例研究,论证车站设计中各项边界条件在车站方案确定过程中的重要作用。

邱蓉[56]针对新建线路与既有线路换乘需求与修建困难、管理复杂与出行便捷等问题,在确保功能的基础上,分析车站站位、既有线运营条件等因素,提出车站换乘难题的解决思路。最后,对线网规划中不同线路的建设时序,从投资控制、工程可实施性和旅客出行的便捷性等角度,提出了相应的预留换乘节点方式建议。

李国清[57]以北京地铁换乘车站设计现状为研究对象,分析北京地铁换乘站所存在的换乘通道狭窄、换乘距离较长、换乘预留条件差等问题,对换乘设计中换乘距离、换乘时间、换乘方式、人性化设计等各项设计标准进行分析,通过与现状地铁换乘站方案进行比较,总结过去地铁换乘站设计中的经验和教训,提出了加强线网研究、稳定换乘节点、控制换乘车站周边市政管线的规划以及完善换乘设计标准等各项有利建议。

1.2.5 盾构下穿既有线施工控制技术研究现状

张志强等[58]以南京地铁南北线盾构区间超近距离下穿既有公路隧道为研究对象,采用三维有限元数值模拟方法对既有隧道变形进行研究。研究表明,既有隧道为"卸荷"型地下构筑物,在盾构隧道下穿既有隧道时不宜采用"加大推进力+快速通过"的施工模式。在距离既有隧道不低于 6m 时,应对盾构顶推力量值进行切换,采用"降低推进力+放慢掘进速度"的模式进行施工,以确保安全穿越既有隧道。

张飞进[59]以北京地铁 10 号线下穿既有地铁 13 号线为研究对象,采用数值模拟和现场监测的方法,研究了盾构在下穿既有结构物时土仓压力、盾构掘进速度等参数优化匹配,以及预加固措施、衬砌背后注浆等施工技术措施对穿越施工的影响。

华科[60]以深圳、成都地铁为研究对象,通过理论分析探讨了盾构施工对近接结构物的影响因素和施工控制指标。结合数值模拟和模型试验的方法,研究盾构动态施工过程中的顶推力、出土率、掘进速度和注浆参数对近接结构物的影响规律。结果表明,顶推力越大,近接结构物的位移变化越大;在出土率一定时,加大顶推力可以控制地表沉降;顶推力一定时,适当减小出土率可以控制地表沉降。建议出土率控制在 80%,掘进速度控制在 1cm/min,注浆率控制在 80%~200%,可以有效控制近接构筑物的变形。

张治国等[61]以上海轨道交通 11 号线穿越轨道交通 4 号线为依托工程,运用三维有限元数值计算和现场监测方法,基于文克勒(Winkler)地基模型,优化软土地区盾构较大角度斜上、下穿越既有隧道施工方法和盾构掘进参数,建立了在盾构穿越施工过程中掘进参数与既有隧道变形的关系,并且确定了盾构掘进参数的设定规律。

方晓慧[62]以长沙地铁 1 号线下穿营盘路过江隧道为研究对象,通过三维数值模拟研究下穿施工对既有隧道结构内力和位移的影响规律,提出玻璃纤维钢筋维护、地层注浆等防护措施来控制既有隧道变形。

李磊等[63]针对上海轨道交通 11 号线先下后上近距离穿越既有 4 号线的特殊工况,运用有限元模拟和现场监测的方法,研究了盾构下穿施工时顶推力和注浆压力对既有隧道的影响。研究结果表明,下穿施工结束时,土仓压力与既有隧道的沉降变形无关,但注浆压力与既有隧道变形呈负相关性。

马文辉[64]以北京地铁 14 号线阜通站区间下穿既有地铁 15 号线望京站区间为依托工程,运用 ANSYS 软件对不同埋深、不同隧道间距、不同土仓压力和壁后注浆参数对地层、既有隧道变形规律进行研究。结果表明,在穿越施工中调整盾构施工参数可以有效降低既有隧道变形,其中注浆加固是最有效的控制手段。

张琼方等[65]以杭州地铁 4 号线近距离下穿既有地铁 1 号线为研究对象,运用理论计算方法确定了盾构掘进参数,再通过现场监测对掘进参数不断优化。研究表明,在穿越施工中,调节盾构掘进参数可以减小既有隧道变形,适当减小土仓压力和同步注浆量可以减小既有隧道隆起变形;当既有隧道发生较大沉降变形时,可以通过二次补浆或长管注浆来进行控制。

祝思然等[66]以北京某地铁区间近距离下穿既有地铁隧道为研究对象,采用数值模拟和现场监测的方法,提出通过设置试验段来调整盾构掘进参数。在下穿过程中,适当加大顶推力、加快掘进速度,运用聚氨酯隔离环及注入克泥效产品,可以有效控制既有隧道沉降。

1.3　本书主要内容

本书针对黄土地区新建地铁隧道穿越既有线路工程中亟待解决的问题,分别从以下 9 个方面有针对性地开展论述。

1) 暗挖下穿既有地铁隧道理论分析

依托西安地铁 5 号线下穿地铁 2 号线实体工程,按照既有线和新建线不同净距和线间土体的不同加固刚度,分 20 个工况进行数值模拟计算,分析单因素变化下既有地铁构筑物的变形规律及受力变化特征,根据结构、材料受力特性,对结构的安全性能做出评价。最后,汇总分析黄土地铁隧道近距离下穿既有地铁构筑物变形与力学行为,揭示新建隧道对既有地铁构筑物的影响机理与可能存在的破坏模式,为后续实体工程和类似工程的实施提供指导。

2) 新建隧道下穿既有线地层沉降计算方法

基于计算地层沉降的 Peck 理论公式,综合考虑新建隧道-中间土体-既有隧道三者之间的耦合影响,推导单洞地铁隧道下穿既有地铁隧道地层沉降计算公式。采用单洞隧道下穿既有隧道结构时沉降槽宽度计算方法,综合考虑先行隧道-中间土体-后行隧道-中间土体-既有隧道五部分之间的互相耦合作用,将下穿既有线路的双洞地铁隧道相互影响分为强影响类、弱影响类和互不影响类,并针对强影响类给出估算双洞地铁隧道下穿既有线路总体沉降曲线 V 形分布和 W 形分布的分界方法。分别针对下穿既有线路的双洞地铁隧道相互强影响类和弱影响类,考虑既有线的影响给出下穿时地层沉降理论计算公式和计算步骤。通过两个下穿实体工程的实测资料,分别验证所推出的单洞和双洞隧道下穿既有线路地层沉降计算公式的正确性。

3) 暗挖隧道下穿既有线路沉降控制标准研究

研究新建地铁隧道近距离下穿既有地铁构筑物的影响因素,综合考虑既有地铁隧道结构最大弯矩、极限曲率半径、容许应力、容许切应变以及轨道结构的极限变形的分析结果,分别基于既有隧道结构的力学模型、既有隧道结构的变形状态、既有隧道结构的沉降计算公式以及轨道正常使用要求的沉降基准值,通过数值模拟,以结构受力特征为主要依据,提出新建地铁隧道下穿既有地铁线路时的沉降控制基准,并将相应的评价指标进行分级,形成完善的下穿沉降控制标准,建立质量验收标准。

4) 盾构下穿既有隧道理论分析

以西安地铁 1 号线二期张家村站—后卫寨站区间左线盾构下穿既有 1 号线出入段线工程为背景,采用 FLAC3D 有限差分软件,基于单因素变量法,分析土仓压力、注浆压力、注浆范围对既有地铁隧道结构沉降、轨道高差的影响规律。基于正交试验方法,采用极差分析方法得到土仓压力、注浆压力、注浆范围对既有地铁隧道结构沉降、过程最大轨道高差、最终轨道高差影响的主次顺序。

5) 盾构下穿既有地铁隧道施工参数

依托西安地铁 1 号线二期张家村站—后卫寨站区间左线盾构下穿既有 1 号线出入段线工程,首先通过理论计算和数值模拟,对盾构下穿时盾构土仓压力、顶推力、刀盘扭矩、刀盘转速、出渣量以及壁后注浆参数等掘进参数进行初步确定,为实体工程的施工提供指导。

6) 渣土改良技术

针对西安砂质地层盾构掘进困难的问题,通过泥浆黏度和土工试验,找到合适的膨润土改良参数。具体包括:测定钠基膨润土泥浆最佳浓度和最佳膨化时间;通过常规室内土工试验,测定改良前后的砂土渗透系数、坍落度、内摩擦角和黏聚力,并结合现场改良效果对渣土改良进一步优化,确保穿越施工能够匀速高效掘进和快速通过。

7) 盾构下穿既有地铁隧道力学行为实测

依托西安地铁1号线二期张家村站—后卫寨站区间左线盾构下穿既有1号线出入段线工程,分别采用全自动全站仪和应变片对既有地铁构筑物工作状态进行监测,分析盾构掘进至不同位置时既有地铁构筑物典型断面、典型部位的竖向位移、水平位移和受力特征,同时结合数值模拟的结果,揭示既有地铁构筑物的变形规律,得出受力最不利截面和最不利部位。

8) 暗挖通道上跨既有地铁隧道理论分析

依托西安地铁太白南路站附属结构暗挖通道上跨地铁3号线一期工程,以数值模拟为研究方法,全面系统地研究黄土地区暗挖通道上跨既有地铁施工方案优化技术,核心目标是通过比选不同的上跨既有地铁施工方案(夹层土体注浆＋既有地铁施作二次衬砌、夹层土体不注浆＋既有地铁施作二次衬砌、夹层土体注浆＋既有地铁施作临时钢架、夹层土体不注浆＋既有地铁施作临时钢架),提出一种最合理的上跨施工方案,以确保在上跨既有地铁施工的过程中既有地铁结构变形与受力处于安全状态,且受上跨施工影响最小,为今后类似工程的设计与施工提供借鉴。

9) 暗挖通道上跨既有地铁隧道力学特性实测

以西安地铁3号线太白南路站Ⅲ-C至Ⅱ-B间暗挖过街通道近距离上跨既有地铁3号线为依托工程,通过现场测试和数值模拟对暗挖通道近距离上跨施工过程中既有地铁隧道初期支护与二次衬砌间接触压力、二次衬砌混凝土应力、拱顶下沉、周边收敛及地表沉降等变形和力学特征进行研究分析。

第 2 章　暗挖下穿既有地铁隧道理论分析

2.1　概　　述

当暗挖隧道下穿既有隧道时,两隧道净距小于 $2.0D$ 属于限制范围。在限制范围内,新建隧道施工会对既有隧道带来不利影响,应尽量避免这种情况。地铁前期线路规划变更等势必造成新建线路在限制范围内下穿既有线,其主要影响因素为下穿净距和加固措施。本章依托西安地铁 5 号线下穿既有 2 号线实体工程,运用正交试验方法对两种影响因素进行设计,确定计算工况。根据设计工况,针对 $0.1D$、$0.2D$、$0.3D$、$0.4D$、$0.5D$ 五种下穿净距以及四种预加固水平进行数值模拟。根据各工况计算所得的位移变形结果,按照单因素变量的原则,分析单因素变化下既有地铁构筑物的变形和受力变化规律以及地层和地表变形规律;同时将既有隧道沉降变形分为微弱变形区、施工扰动区和缓慢变形区,分析各区变形的变化规律及影响因素。根据各工况计算结果,结合相关规范及已有研究成果,对既有地铁隧道结构受力、变形特性进行评价。最后,汇总分析黄土地区地铁隧道近距离下穿既有地铁构筑物变形与力学行为,揭示新建隧道对既有地铁构筑物的影响机理与可能存在的破坏模式,为后续实体工程及类似工程的实施提供指导。

2.2　数值模拟基本原理

2.2.1　有限差分法软件简介

FLAC 是快速拉格朗日差分分析(fast Lagrangian analysis of continua)的简称。FLAC3D 程序自从被美国 ITASCA 公司推出以后,目前已成为岩土力学数值计算中的重要方法之一[67,68]。该软件具有以下特点:

1) 包含 11 种本构模型

软件所包含的本构模型可分为三大类:空模型、弹性模型和塑性模型。其中,空模型被广泛用于隧道、基坑等开挖模拟计算中。

2) 有 5 种计算模式

5 种计算模式分别为静力模式、动力模式、蠕变模式、渗流模式和温度模式。各种计算模式之间也可以进行耦合,用户可根据自己的需要选择相应模式进行计算,以模拟各种复杂的工程力学行为。

3) 可以模拟多种结构形式

软件中有实体单元、结构单元和接触面三大类结构形式。实体单元通常用于岩土体或者其他实体;结构单元主要有梁单元、锚索单元、桩单元、壳单元等,用于模拟实体工程中的人工构筑物;接触面通常用于模拟节理、断层、变形缝等结构,接触面两边网格可以分离,也可以发生滑动。

4) 具有多种边界条件

软件中给定了多种边界条件。模型的边界条件分为应力边界条件和速度边界条件两大类,单元内部还可以给定初始的应力条件,节点也可以给定初始位移、速度条件等。施加于边界上的力学条件主要有两大类:指定位移和指定应力。

5) 内嵌 FISH 语言

用户可以利用其内置程序语言 FISH 重新定义变量或函数,以适应特殊分析计算的需要,从而扩大了 FLAC3D 的应用。

2.2.2　有限差分法分析原理简介

有限差分法是指通过数值计算的方法求解偏微分方程时,将每一处的导数由一个有限差分近似的公式代替,目的是把求解偏微分方程的较难问题转换成计算机可有效实现的求解代数方程的简单问题。有限差分法在求解偏微分方程时主要有三大步骤:①区域离散化;②近似替代;③逼近求解[69,70]。

在 FLAC3D 中,区域的离散化采用的方法是混合离散法。其基本原理是适当调整四面体应变率张量中的第一不变量,使单元具有更多体积变形方面的灵活性。区域最终被离散为以多面体顶点为顶点的常应变四面体,取多面体内四面体应力、应变的加权平均值作为多面体单元的应力、应变值。

具体的求解过程如下所述。

1. 导数的有限差分近似

如图 2.1 所示,以四面体为例进行说明。节点编号为 1～4,第 n 面表示四面体中与节点 n 相对应的面,假设某一点的速率分量为 v_i,由高斯公式可得

$$\int_V V_{i,j} \mathrm{d}V = \int_S v_i n_j \mathrm{d}S \tag{2.1}$$

式中,V 为四面体体积;S 为四面体外表面;n_j 为外表面单位法向向量的分量。

对于常应变单元,v_i 是线性分布的,n_j 在每个面上是常量,由式(2.1)可得

$$v_{i,j} = -\frac{1}{3V} \sum_{i=1}^{4} v_i^l n_j^{(l)} S^{(l)} \tag{2.2}$$

式中,l 表示节点 l;(l) 表示面 l。

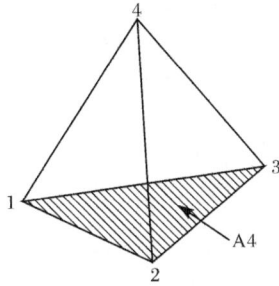

图 2.1　四面体

2. 运动平衡方程

FLAC 法将力和质量均集中在节点上,并以节点为分析和计算对象,然后通过运动方程进行求解。节点运动方程为

$$\frac{\partial v_i^l}{\partial t} = \frac{F_i^l(t)}{m^l} \tag{2.3}$$

式中,$F_i^l(t)$ 为 t 时刻 l 节点在 i 方向上的不平衡力的分量,可通过虚功原理求解;m^l 为节点 l 的集中质量,在静态问题的分析中采用虚拟质量来保证数值的稳定,在动态问题分析中则采用实际的集中质量。

将式(2.3)左端用中心差分来近似,可得

$$v_i^l\left(t + \frac{\Delta t}{2}\right) = v_i^l\left(t - \frac{\Delta t}{2}\right) + \frac{F_i^l(t)}{m^l}\Delta t \tag{2.4}$$

3. 应力、应变及节点不平衡力

FLAC 法是用速率大小来求解某一计算步时单元的应变增量:

$$\Delta e_{ij} = \frac{1}{2}(v_{i,j} + v_{j,i})\Delta t \tag{2.5}$$

有了应变增量之后,就可以通过模型的本构方程求出单元相应的应力增量,各个计算步的应力增量相互叠加之后就可以得到单元体的总应力,再通过虚功原理求解出下一计算步节点的不平衡力,进入下一计算步的计算。

4. 阻尼力

由于分析静态问题的需要,该计算软件在式(2.3)的不平衡力中加入了非黏性阻尼,目的是使系统的振动逐渐衰减,最终达到平衡,即最大不平衡力接近于零。此时式(2.3)就变为

$$\frac{\partial v_i^l}{\partial t} = \frac{F_i^l(t) + f_i^l(t)}{m^l} \tag{2.6}$$

阻尼力为

$$f_i^l(t) = -\alpha \left| F_i^l(t) \right| \mathrm{sign}(v_i^l) \tag{2.7}$$

式中，α 为阻尼系数，默认值为 0.8，而

$$\mathrm{sign}(y) = \begin{cases} 1, & y > 0 \\ -1, & y < 0 \\ 0, & y = 0 \end{cases} \tag{2.8}$$

FLAC 就是通过以上步骤的循环得到最终结果，计算循环如图 2.2 所示。

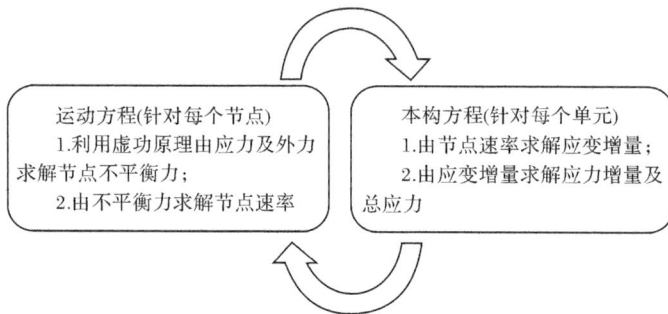

图 2.2　计算循环

2.3　依托工程概况

西安地铁 2 号线南稍门站前区间为南北走向，沿长安路地下敷设，该区间隧道采用单洞、单线标准马蹄形断面，如图 2.3 所示，标准断面开挖宽 6.2m，高 6.53m，初期支护厚 25cm，二次衬砌厚 30cm，二次衬砌按 C40 混凝土考虑。修建 2 号线时西安地铁规划线网中南稍门站未考虑换乘，南稍门站前后区间隧道无特殊加固手段。西安地铁 5 号线南稍门站—文艺路站区间隧道左、右线将横向垂直下穿 2 号线南稍门站前区间隧道。

拟建区间场地地貌单元属于渭河三级阶地，黄土梁洼区中的洼地，地表分布有厚薄不等的全新统人工填土（Q_4^{ml}）；其下为上更新统风积（Q_3^{eol}）新黄土及残积（Q_3^{1el}）古土壤，下部为中更新统风积（Q_2^{eol}）老黄土、冲积（Q_2^{al}）粉质黏土、砂土等地层。黄土状土具有 I 级非自重湿陷性。本章将依托该实体工程开展研究。

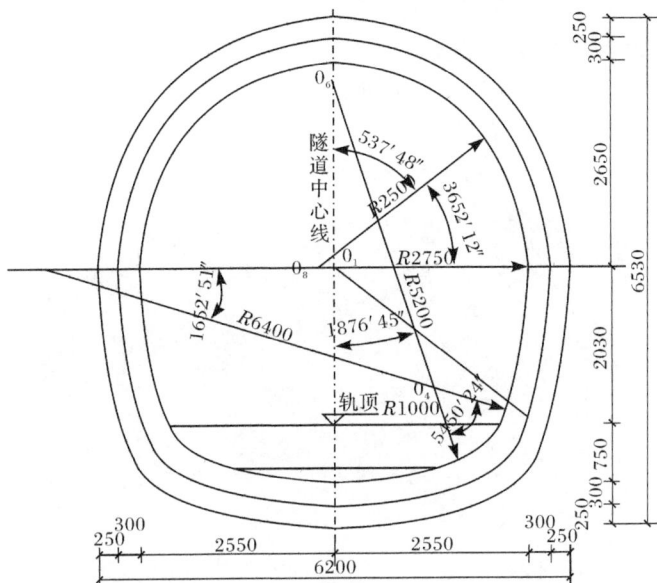

图 2.3　地铁隧道断面(单位:mm)

2.4　构建三维计算模型

2.4.1　模型概况

该模型采用标准马蹄形隧道断面结构,由于隧道断面较为复杂,直接在 FLAC3D 软件中建模有一定难度且很复杂,因此先在 ANSYS 中建模[71,72],再通过相关软件导入 FLAC3D 中。根据隧道结构实际尺寸及圣维南原理,沿既有隧道轴向取 30m,沿新建隧道轴向取 60m,既有隧道上部地层取至地表,既有隧道与新建隧道间距 0.6m,新建隧道下部地层厚度取 3 倍洞径,模型最终大小为 60m× 30m×40m(0.1D),模型共划分 86760 个单元。根据已有研究成果,浅埋暗挖法施工时既有地铁构筑物变形以沉降为主,双线之间影响较小,故模拟计算时对模型进行一定简化。计算模型如图 2.4 和图 2.5 所示。此次模拟新建隧道与既有隧道均采用台阶法施工,台阶长度 3m,预留核心土,每次开挖进尺 1m。

2.4.2　计算的基本假定及本构关系

本次模拟计算的基本假定与本构关系按如下原则确定[73]:

(1) 假定各个土层性质为水平均匀分布,地表水平且在整个模型范围内无任何建筑物存在。

（2）忽略地下水对隧道结构的影响。

（3）土体的变形为各向同性。

（4）土体的初始应力场仅考虑自重应力。

（5）土体采用莫尔-库仑模型。

（6）隧道支护结构的材料为弹性模型。

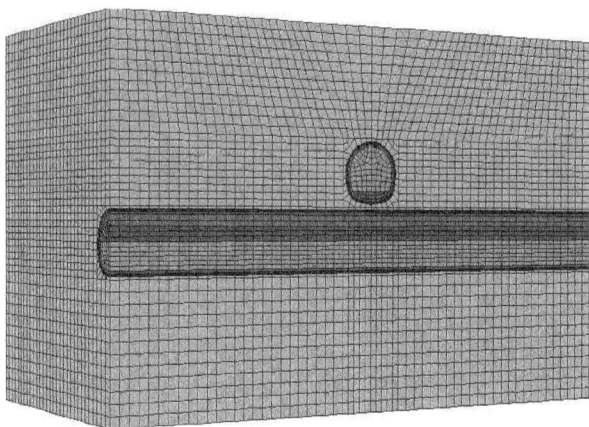

图2.4　计算模型(1)

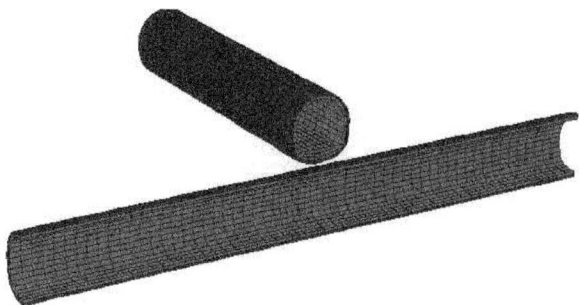

图2.5　计算模型(2)

2.4.3　模拟计算边界条件及物理力学参数

1. 边界条件

本次模拟采用地层结构法，可以认为隧道开挖引起的土体变形随着距离增大而逐渐减小，在边界处接近于零。所以在模型四周约束其法向位移，底部边界施加竖向约束，上边界取至地表，故为自由边界。

2. 衬砌结构材料参数

表 2.1 为初期支护和二次衬砌的材料参数。

表 2.1　初期支护和二次衬砌的材料参数

参数	K/MPa	ρ/(g/cm³)	φ/(°)	μ	G/MPa	E/MPa
初期支护	12512	2.45	55	0.167	10711	25000
二次衬砌	15015	2.50	55	0.167	12853	30000

体积模量 K 和切变模量 G 可根据弹性模量和泊松比求得,其转换关系如下:

$$K = \frac{E}{3(1-2\mu)} \tag{2.9}$$

$$G = \frac{E}{2(1+\mu)} \tag{2.10}$$

3. 围岩物理力学参数

参考既有资料,此次模拟围岩物理力学参数取值如表 2.2 所示。

表 2.2　围岩物理力学参数

地层	埋深/m	ρ/(g/cm³)	c/kPa	φ/(°)	μ	G/MPa	E/MPa
素填土	0~4	1.73	25	20	0.33	3.5	9.3
新黄土	4~8	1.78	35	22	0.32	4.2	10.8
古土壤	8~11	1.94	40	22	0.31	4.2	11
老黄土	11~21	1.98	40	25	0.31	4.6	12
粉质黏土	21~31	1.99	45	23	0.30	4.6	12
中砂	>31	2.30	0	30	0.29	5.8	15

4. 锁脚锚管物理力学参数

锁脚锚管物理力学参数取值如表 2.3 所示。

表 2.3　锁脚锚管物理力学参数

名称	长度/m	拉伸强度/kN	截面积/m²	μ	E/MPa
锁脚锚管	3	300	1.39×10^{-3}	0.2	190

2.4.4　模拟计算监测点布置

模拟计算中,分别沿既有隧道轴线和新建隧道轴线布置监测点,以记录既有隧道开挖时不同位置监测点的竖向位移与水平位移。

位移监测点布置如图 2.6 和图 2.7 所示,图中未加黑处为地表监测点。在监测方案中,地表共布置 24 个监测点,每个地表监测点向下每隔 3m 布置一个地层位移监测点,地层共设 4 条测线。沿既有隧道轴线、新建隧道轴线,每个监测点间距均为 3m。

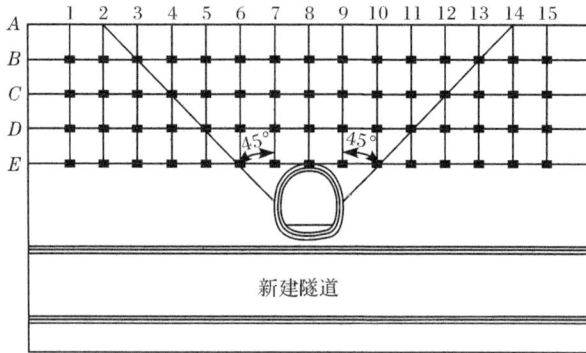

图 2.6　沿新建隧道轴线位移监测点布置

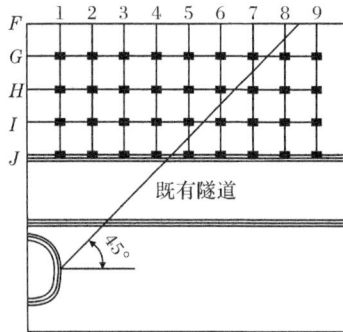

图 2.7　沿既有隧道轴线位移监测点布置

2.4.5　模拟计算工况

本章主要研究下穿净距与预加固刚度两个因素对既有地铁隧道变形的影响规律,下穿净距分别取 0.1D、0.2D、0.3D、0.4D 和 0.5D,预加固刚度取四个预加固水平,分别编号为 Ⅰ、Ⅱ、Ⅲ、Ⅳ,预加固刚度根据刚度等效换算取值。刚度等效换算是指,根据抗压刚度相等的原则,在开挖过程中按每段进尺分步将支护结构的弹性模量折算到围岩实体单元中,进行刚度等效换算,参数折算公式为[74]

$$E = E_0 + \frac{S_g E_g}{S_c} \tag{2.11}$$

式中,E 为折算后地层的弹性模量;E_0 为原地层的弹性模量;S_g 为支护体的等效截面积;E_g 为支护体的弹性模量;S_c 为支护体断面截面积。

根据实际工程常用的辅助施工方法,预加固措施采用小导管注浆,小导管采用 $\phi 42 \times 3.5$(壁厚 3.5mm)和 $\phi 42 \times 3.25$(壁厚 3.25mm)两种型号,长度 3m,预加固厚度取 1m,环向间距 30～50cm,弹性模量 $E = 200$GPa。注浆后加固体 c、φ 值按提高 30％考虑。此次模拟计算根据小导管型号、环向间距以及单、双排小导管注浆等因素进行等效,取 Ⅰ、Ⅱ、Ⅲ、Ⅳ 四种预加固刚度水平,取值分别为 94MPa、159MPa、244MPa、318MPa。按正交试验设计,此次模拟计算共计 20 个工况,为便于后续分析,对各工况进行编号,如表 2.4 所示。

表 2.4　模拟计算工况

工况	Ⅰ	Ⅱ	Ⅲ	Ⅳ
0.1D	工况 1	工况 2	工况 3	工况 4
0.2D	工况 5	工况 6	工况 7	工况 8
0.3D	工况 9	工况 10	工况 11	工况 12
0.4D	工况 13	工况 14	工况 15	工况 16
0.5D	工况 17	工况 18	工况 19	工况 20

根据已有研究成果可知,当地铁隧道施工采用盾构法、管片衬砌结构时,隧道结构整体表现为可以与土体协调变形的柔性特征。但当地铁隧道施工采用明挖法或者浅埋暗挖法时,衬砌结构一般为整体式浇筑结构或者复合式衬砌结构,其结构刚度大,与围岩相互作用时表现为刚性特征,衬砌与围岩在变形过程中可能产生局部脱离。此处需要特别说明的是,在下穿净距为 0.1D 时,新建地铁隧道的开挖对既有线的扰动最大,既有地铁线仰拱处可能与围岩产生脱离,这对既有隧道结构的变形、受力产生很大的影响,在模拟时,按最不利工况考虑,用 FLAC3D 中的接触面单元(interface)模拟衬砌与围岩脱离。FLAC3D 中,接触面单元可以模拟岩体中的节理、断层,还可以模拟地基与土体之间的接触、矿仓与仓储物的接触面等。由于关于此种结构面的模拟很少,未能找到类似力学参数,因此参考《FLAC/FLAC3D 基础与工程实例》[70]一书,其中,结构面法向刚度和剪切刚度取周围"最硬"相邻区域的等效刚度的 10 倍,c、φ 可以取相邻土层 c、φ 值的0.8倍左右。

2.5　既有地铁结构变形分析

2.5.1　既有地铁结构沉降变形分析

图 2.8 为 20 种工况下,新建地铁 5 号线隧道开挖稳定后,既有地铁 2 号线隧道二次衬砌结构沉降变形云图。可以看出,由于下部新建隧道的开挖,上部既有

隧道结构产生不均匀沉降,发生了一定的扭转变形,但变形幅度非常小;既有地铁隧道结构最大沉降发生在右侧边墙处(在图中下部新建地铁 5 号线隧道开挖方向为由左向右),最小沉降发生在既有地铁隧道结构远离新建隧道轴线一端的左侧边墙处,这是因为新建隧道开挖中,围岩和土体均会产生向新建隧道开挖掌子面运动的趋势,这就使得既有隧道结构右侧的土体对既有结构产生很大的围岩压力,所以此处沉降变形最大。

图 2.9 列举了在 0.1D、0.2D、0.3D、0.4D 和 0.5D 五种下穿净距,Ⅰ、Ⅱ、Ⅲ、Ⅳ四种预加固水平下,新建地铁 5 号线隧道开挖稳定后,既有地铁 2 号线隧道二次衬砌仰拱沉降变形趋势。可以看出,对于同一下穿净距、不同预加固水平下,既有隧道结构沉降变形曲线基本平行。表 2.5 列举了各工况下既有地铁结构沿纵向 0~30m 内的差异沉降变形。在实际施工时,对既有地铁隧道结构进行沉降变形(仰拱和拱顶沉降变形)监控量测时,应该合理确定监测基点的位置。

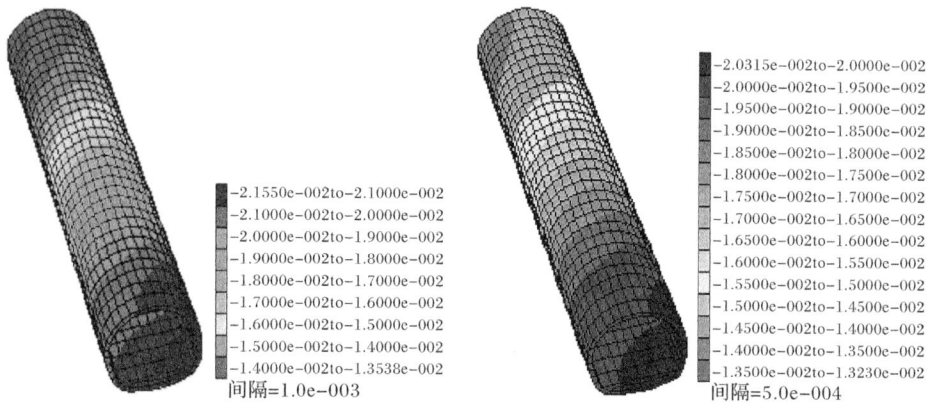

(a) 工况 1 　　　　　　　　　　　　　　(b) 工况 2

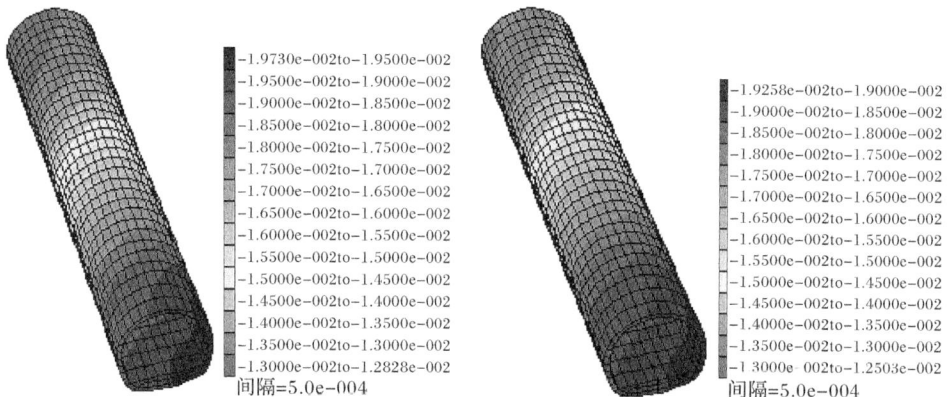

(c) 工况 3 　　　　　　　　　　　　　　(d) 工况 4

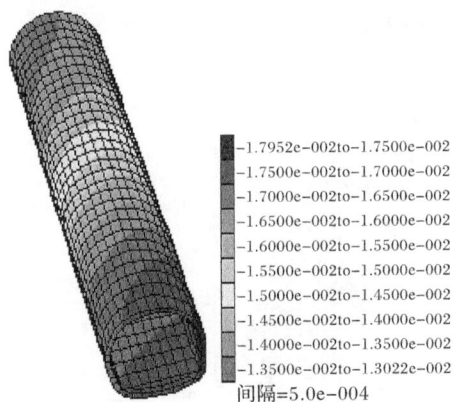

-1.7952e-002to-1.7500e-002
-1.7500e-002to-1.7000e-002
-1.7000e-002to-1.6500e-002
-1.6500e-002to-1.6000e-002
-1.6000e-002to-1.5500e-002
-1.5500e-002to-1.5000e-002
-1.5000e-002to-1.4500e-002
-1.4500e-002to-1.4000e-002
-1.4000e-002to-1.3500e-002
-1.3500e-002to-1.3022e-002
间隔=5.0e-004

(e) 工况 5

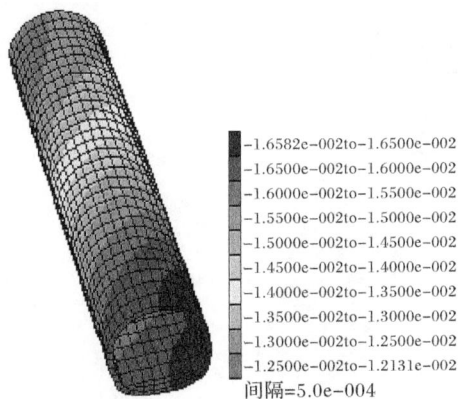

-1.6582e-002to-1.6500e-002
-1.6500e-002to-1.6000e-002
-1.6000e-002to-1.5500e-002
-1.5500e-002to-1.5000e-002
-1.5000e-002to-1.4500e-002
-1.4500e-002to-1.4000e-002
-1.4000e-002to-1.3500e-002
-1.3500e-002to-1.3000e-002
-1.3000e-002to-1.2500e-002
-1.2500e-002to-1.2131e-002
间隔=5.0e-004

(f) 工况 6

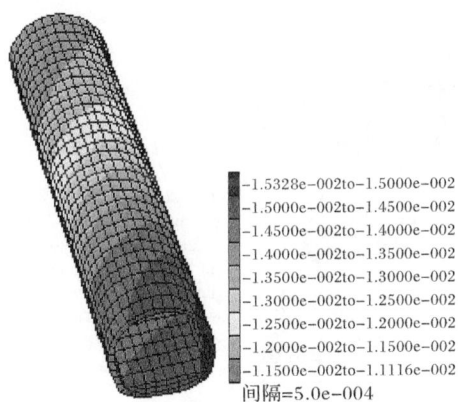

-1.5328e-002to-1.5000e-002
-1.5000e-002to-1.4500e-002
-1.4500e-002to-1.4000e-002
-1.4000e-002to-1.3500e-002
-1.3500e-002to-1.3000e-002
-1.3000e-002to-1.2500e-002
-1.2500e-002to-1.2000e-002
-1.2000e-002to-1.1500e-002
-1.1500e-002to-1.1116e-002
间隔=5.0e-004

(g) 工况 7

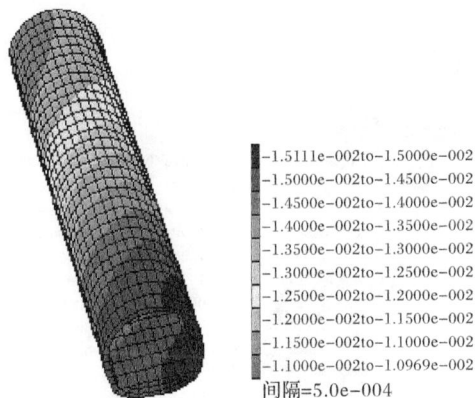

-1.5111e-002to-1.5000e-002
-1.5000e-002to-1.4500e-002
-1.4500e-002to-1.4000e-002
-1.4000e-002to-1.3500e-002
-1.3500e-002to-1.3000e-002
-1.3000e-002to-1.2500e-002
-1.2500e-002to-1.2000e-002
-1.2000e-002to-1.1500e-002
-1.1500e-002to-1.1000e-002
-1.1000e-002to-1.0969e-002
间隔=5.0e-004

(h) 工况 8

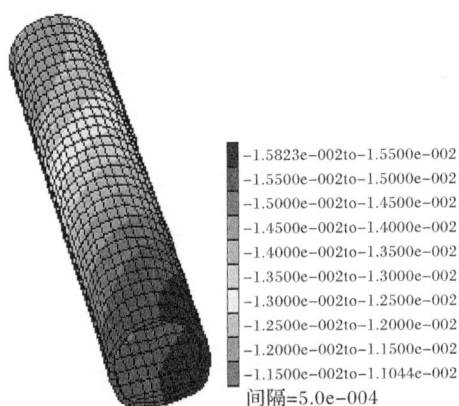

-1.5823e-002to-1.5500e-002
-1.5500e-002to-1.5000e-002
-1.5000e-002to-1.4500e-002
-1.4500e-002to-1.4000e-002
-1.4000e-002to-1.3500e-002
-1.3500e-002to-1.3000e-002
-1.3000e-002to-1.2500e-002
-1.2500e-002to-1.2000e-002
-1.2000e-002to-1.1500e-002
-1.1500e-002to-1.1044e-002
间隔=5.0e-004

(i) 工况 9

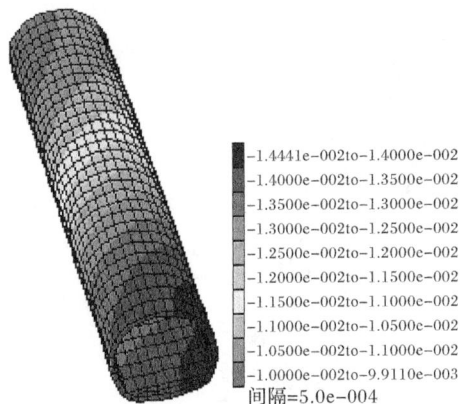

-1.4441e-002to-1.4000e-002
-1.4000e-002to-1.3500e-002
-1.3500e-002to-1.3000e-002
-1.3000e-002to-1.2500e-002
-1.2500e-002to-1.2000e-002
-1.2000e-002to-1.1500e-002
-1.1500e-002to-1.1000e-002
-1.1000e-002to-1.0500e-002
-1.0500e-002to-1.0000e-002
-1.0000e-002to-9.9110e-003
间隔=5.0e-004

(j) 工况 10

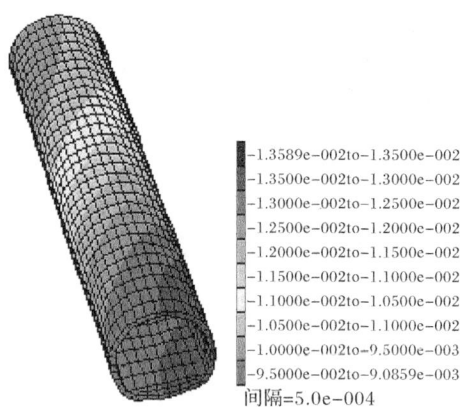

- -1.3589e-002to-1.3500e-002
- -1.3500e-002to-1.3000e-002
- -1.3000e-002to-1.2500e-002
- -1.2500e-002to-1.2000e-002
- -1.2000e-002to-1.1500e-002
- -1.1500e-002to-1.1000e-002
- -1.1000e-002to-1.0500e-002
- -1.0500e-002to-1.1000e-002
- -1.0000e-002to-9.5000e-003
- -9.5000e-003to-9.0859e-003
- 间隔=5.0e-004

(k) 工况 11

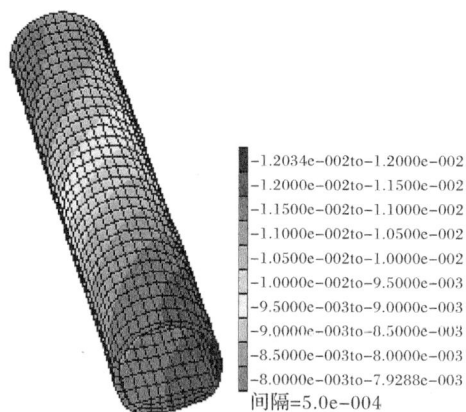

- -1.2034e-002to-1.2000e-002
- -1.2000e-002to-1.1500e-002
- -1.1500e-002to-1.1000e-002
- -1.1000e-002to-1.0500e-002
- -1.0500e-002to-1.0000e-002
- -1.0000e-002to-9.5000e-003
- -9.5000e-003to-9.0000e-003
- -9.0000e-003to-8.5000e-003
- -8.5000e-003to-8.0000e-003
- -8.0000e-003to-7.9288e-003
- 间隔=5.0e-004

(l) 工况 12

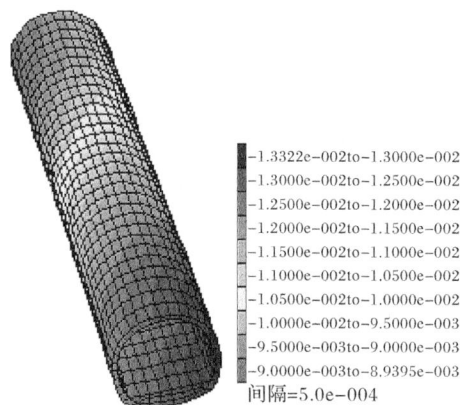

- -1.3322e-002to-1.3000e-002
- -1.3000e-002to-1.2500e-002
- -1.2500e-002to-1.2000e-002
- -1.2000e-002to-1.1500e-002
- -1.1500e-002to-1.1000e-002
- -1.1000e-002to-1.0500e-002
- -1.0500e-002to-1.0000e-002
- -1.0000e-002to-9.5000e-003
- -9.5000e-003to-9.0000e-003
- -9.0000e-003to-8.9395e-003
- 间隔=5.0e-004

(m) 工况 13

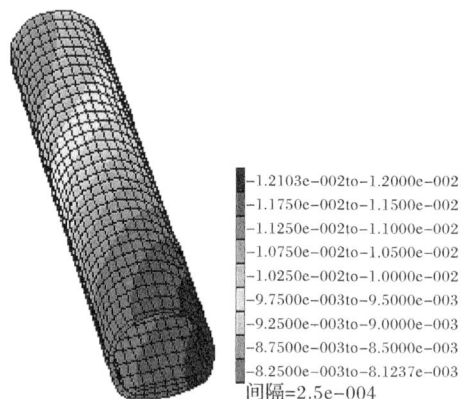

- -1.2103e-002to-1.2000e-002
- -1.1750e-002to-1.1500e-002
- -1.1250e-002to-1.1000e-002
- -1.0750e-002to-1.0500e-002
- -1.0250e-002to-1.0000e-002
- -9.7500e-003to-9.5000e-003
- -9.2500e-003to-9.0000e-003
- -8.7500e-003to-8.5000e-003
- -8.2500e-003to-8.1237e-003
- 间隔=2.5e-004

(n) 工况 14

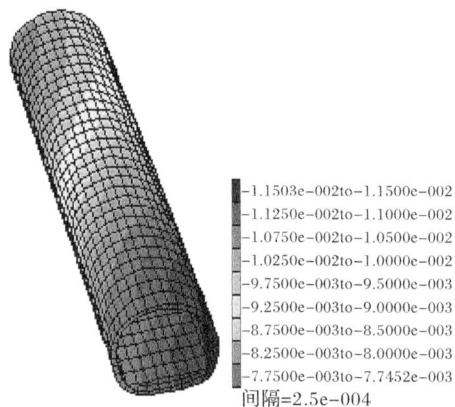

- -1.1503e-002to-1.1500e-002
- -1.1250e-002to-1.1000e-002
- -1.0750e-002to-1.0500e-002
- -1.0250e-002to-1.0000e-002
- -9.7500e-003to-9.5000e-003
- -9.2500e-003to-9.0000e-003
- -8.7500e-003to-8.5000e-003
- -8.2500e-003to-8.0000e-003
- -7.7500e-003to-7.7452e-003
- 间隔=2.5e-004

(o) 工况 15

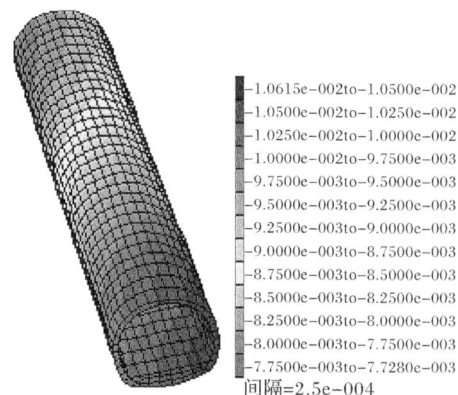

- -1.0615e-002to-1.0500e-002
- -1.0500e-002to-1.0250e-002
- -1.0250e-002to-1.0000e-002
- -1.0000e-002to-9.7500e-003
- -9.7500e-003to-9.5000e-003
- -9.5000e-003to-9.2500e-003
- -9.2500e-003to-9.0000e-003
- -9.0000e-003to-8.7500e-003
- -8.7500e-003to-8.5000e-003
- -8.5000e-003to-8.2500e-003
- -8.2500e-003to-8.0000e-003
- -8.0000e-003to-7.7500e-003
- -7.7500e-003to-7.7280e-003
- 间隔=2.5e-004

(p) 工况 16

　−1.0652e−002to−1.0500e−002
　−1.0500e−002to−1.0250e−002
　−1.0250e−002to−1.0000e−002
　−1.0000e−002to−9.7500e−003
　−9.7500e−003to−9.5000e−003
　−9.5000e−003to−9.2500e−003
　−9.2500e−003to−9.0000e−003
　−9.0000e−003to−8.7500e−003
　−8.7500e−003to−8.5000e−003
　−8.5000e−003to−8.2500e−003
　−8.2500e−003to−8.0000e−003
　−8.0000e−003to−7.7500e−003
　−7.7500e−003to−7.6946e−003
间隔=2.5e−004

(q) 工况 17

　−9.4528e−003to−9.2500e−003
　−9.2500e−003to−9.0000e−003
　−9.0000e−003to−8.7500e−003
　−8.7500e−003to−8.5000e−003
　−8.5000e−003to−8.2500e−003
　−8.2500e−003to−8.0000e−003
　−8.0000e−003to−7.7500e−003
　−7.7500e−003to−7.5000e−003
　−7.5000e−003to−7.2500e−003
　−7.2500e−003to−7.0000e−003
　−7.0000e−003to−6.8843e−003
间隔=2.5e−004

(r) 工况 18

　−8.8949e−003to−8.7500e−003
　−8.7500e−003to−8.5000e−003
　−8.5000e−003to−8.2500e−003
　−8.2500e−003to−8.0000e−003
　−8.0000e−003to−7.7500e−003
　−7.7500e−003to−7.5000e−003
　−7.5000e−003to−7.2500e−003
　−7.2500e−003to−7.0000e−003
　−7.0000e−003to−6.7500e−003
　−6.7500e−003to−6.5966e−003
间隔=2.5e−004

(s) 工况 19

　−8.4949e−003to−8.2500e−003
　−8.2500e−003to−8.0000e−003
　−8.0000e−003to−7.7500e−003
　−7.7500e−003to−7.5000e−003
　−7.5000e−003to−7.2500e−003
　−7.2500e−003to−7.0000e−003
　−7.0000e−003to−6.7500e−003
　−6.7500e−003to−6.5000e−003
　−6.5000e−003to−6.2500e−003
　−6.2500e−003to−6.1966e−003
间隔=2.5e−004

(t) 工况 20

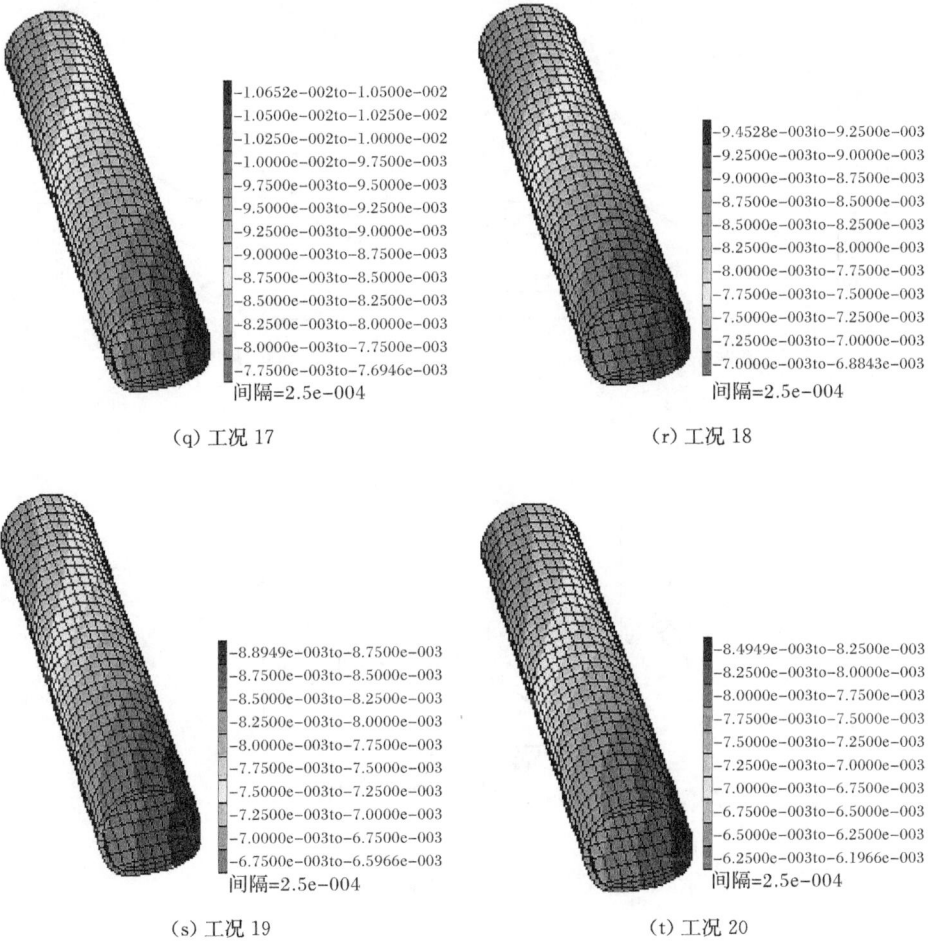

图 2.8　既有地铁 2 号线隧道二次衬砌结构沉降变形云图(单位：m)

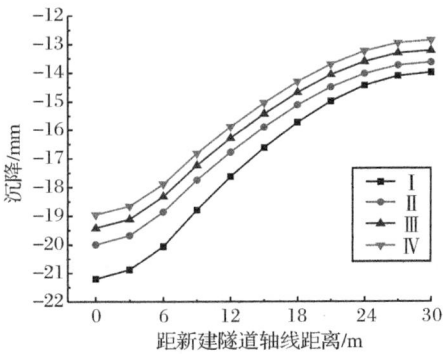

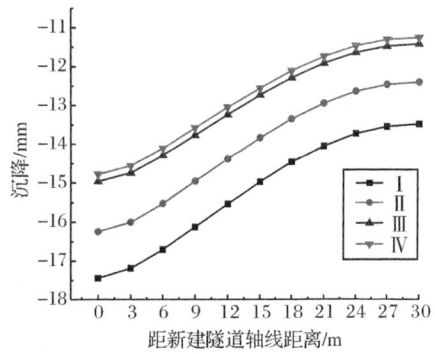

(a) 0.1D

(b) 0.2D

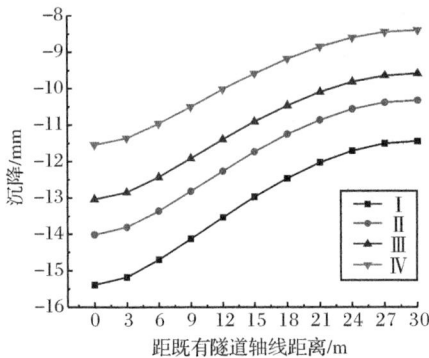

(c) 0.3D

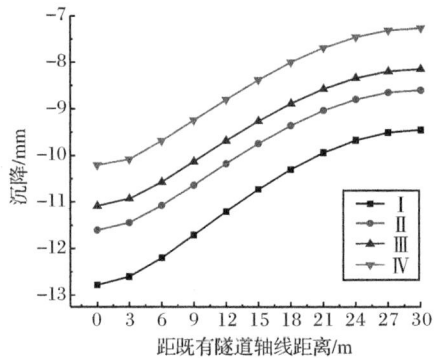

(d) 0.4D

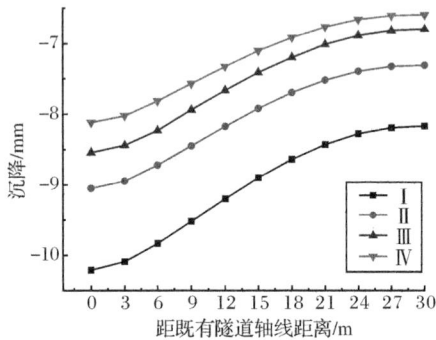

(e) 0.5D

图 2.9　既有地铁结构二次衬砌仰拱沉降变形

表 2.5　既有地铁结构沿纵向 0～30m 的差异沉降变形　　（单位：mm）

工况	I	II	III	IV
0.1D	7.22	6.36	6.20	6.09
0.2D	3.95	3.83	3.52	3.51
0.3D	3.94	3.69	3.45	3.15
0.4D	3.33	3.01	2.94	2.94
0.5D	2.04	1.74	1.74	1.52

　　表 2.6 列举了各工况下既有地铁结构沿纵向 0～30m 内的仰拱最大沉降变形。可以看出，新建隧道开挖时，单纯地在拱顶一定范围内进行小导管注浆预加固对既有地铁结构沉降变形的控制有限。当下穿净距为 0.1D 时，由于既有结构与围岩产生脱离，小导管注浆预加固并不能将结构沉降控制在允许范围内，此时，

应该采取其他施工方法或者预加固措施。结合孔恒等[75]的研究结果可知,若能有效避免既有结构与围岩之间的脱离,即采用沉降控制效果好的施工方法,以及预加固范围广、刚度大的预加固措施,当下穿净距为 0.1D 或者更小时,既有结构的沉降并不是最大。

表 2.6　既有地铁结构沿纵向 0~30m 的仰拱最大沉降变形（单位:mm）

工况	Ⅰ	Ⅱ	Ⅲ	Ⅳ
0.1D	21.21	20.00	19.42	18.96
0.2D	17.44	16.25	14.96	14.78
0.3D	15.39	14.02	13.04	11.55
0.4D	12.78	11.61	11.09	10.21
0.5D	10.21	9.06	8.55	8.12

　　表 2.7 列举了城市地铁区间隧道浅埋暗挖法施工常用的开挖方法,并对其利弊进行了比较[76]。表 2.8 列举了常用的超前预支护措施,并对其优缺点进行了对比[75]。通过分析可知在进行方案选择的时候,一般是根据现场实际工程概况,按序号从 1 号至 5 号选择施工方法。对于本章中下穿净距为 0.1D 的工况,采用正台阶法对上部隧道沉降的控制不能达到标准要求,此时就应该选择交叉中隔墙(cross diaphragm,CRD)法,其对沉降控制效果比其他几种方法好。与之相对应的预加固也应该采用加固效果易控制、施工质量有保证的方法,必要时可同时采用多种预加固方法进行地层预加固,确保施工安全,避免危险发生和造成不可挽回的损失。

表 2.7　城市地铁区间隧道浅埋暗挖法施工常用的开挖方法

序号	施工方法	适用条件	沉降	工期	防水	初期支护拆除量	造价
1	正台阶法	地层较差,开挖跨度≤12m	一般	短	好	无	低
2	上半断面临时封闭正台阶法	地层差,开挖跨度≤12m	一般	短	好	小	低
3	正台阶环形开挖法	地层差,开挖跨度≤12m	一般	短	好	无	低
4	中隔墙法	地层差,开挖跨度≤18m	较大	较短	好	小	偏高
5	CRD法	地层差,开挖跨度≤20m	较小	长	好	大	高

表 2.8　超前预支护的种类和特征

工法名称		工程特点
超前小导管注浆	单排超前小导管注浆	1. 提高岩体自身稳定性,抑制围岩弛松变形,增强了施工的安全性; 2. 施工技术成熟,加固效果可靠,注浆质量更易于控制; 3. 采用超前支护手段,可以通过调整凝固时间,大大缩短暗挖工序之间的间隔时间; 4. 采用常用小型机械施工,施工场地要求不高,无需配备专门设备,工艺操作较简便
	双排超前小导管注浆	1. 克服了单排小导管注浆加固厚度以及刚度不足的问题,同时又没有大管棚、水平旋喷和超前深孔注浆等施工的特殊要求,克服了大管棚在自身施工过程中产生沉降的问题; 2. 此种工法地层适应性强,可发挥小导管的高度灵活性; 3. 浆液选择与应用的高度具有调节性与灵活性,针对不同工程地质与水文地质条件可选择两种或者两种以上浆液; 4. 基于角度和长度的可调节性,可及时调整加固范围
管棚		1. 可防止大面积塌方; 2. 管棚预支护刚度大,使得拱顶沉降远小于地表沉降,具有隔断变形效应; 3. 管棚具有承托作用,使得沉降槽沉降的集中程度大大降低,减少了地层差异沉降; 4. 直接提高土层物理与力学参数,有效增大地层的自稳能力
超前深孔注浆	双重管注浆	1. 可实现长距离的深孔注浆,比小导管注浆范围大; 2. 注浆时采用电子监控,实施定量、定压、定向注浆; 3. 适用于盾构隧道及地下工程周围土层改良、地下管线保护、隧道通过地面建筑物基础的跟踪注浆,以及既有构筑物或拟建构筑物基础加固
	水平旋喷注浆	1. 加固效果直观,浆液固结体强度高,在隧道前方形成浆土加固混合体; 2. 适用软土地层,浆液回流损失率高,施工成本高,施工环境差
	水平袖阀管注浆	1. 能真正意义上实现定压、定域、往复和定量精细注浆,施工质量有保障; 2. 对机械设备要求高,往复注浆工期较长; 3. 适合水平注浆施工。由于施工成本高且施工速度慢,仅在特别困难的工况或具有重大风险的注浆加固中使用

　　处理运营地铁隧道沉降时我们还可以借鉴上海地区的成功经验,如采用防沉"微扰动"的注浆加固技术。上海隧道地基基础工程有限公司的冯师等[77]以"均匀、少量、多次、多点"的注浆原则,从注浆材料、注浆设备、开孔方案、注浆工艺和施工组织等多方面对该加固技术进行试验研究,并结合实体工程充分验证了该技术的可行性和可靠性。该注浆加固技术灵活、方便,设备体积小,可适用于较小的施工场地;同时,可根据土层的实际情况,分块、分层进行注浆处理,已成功运用于上海多个地铁隧道。

工程类比法是岩土、隧道工程中非常重要的方法,表 2.9 列举了北京新建隧道采用浅埋暗挖法下穿既有线时使用的开挖方法和预加固措施,这对西安地铁穿越工程有一定的借鉴意义[46]。

表 2.9　开挖方法和预加固措施(北京)

序号	工程实例	开挖方法及预加固措施
1	5 号线下穿 2 号线崇文门站	柱洞法＋大直径超前管棚支护＋跟踪补偿注浆＋注浆抬升
2	10 号线一期工程下穿 1 号线	6 导洞法施工＋袖阀式注浆＋背后回填注浆
3	5 号线车站结构下穿 2 号线	采用 CRD 平顶直墙＋背后及时注浆
4	6 号线下穿 5 号线东四站	CRD 工法＋千斤顶＋超前小导管注浆＋大管棚注浆＋帷幕注浆
5	机场线东直门站下穿 13 号折返线	洞桩托换法＋注浆加固
6	9 号线军事博物馆站(双洞)下穿 1 号线	6 导洞施工＋袖阀管补偿注浆＋注浆锚杆＋大管棚
7	崇文门热力隧道(单洞)下穿 2 号线	平顶直墙＋台阶法＋全断面注浆＋千斤顶支撑
8	郑常庄热力隧道下穿 1 号线区间	平顶直墙＋千斤顶＋注浆加固
9	崇文门污水隧道(单洞)下穿 2 号线	平顶直墙＋台阶法＋注浆加固

2.5.2　既有地铁结构水平变形分析

图 2.10 列举了在 $0.1D$、$0.2D$、$0.3D$、$0.4D$、$0.5D$ 五种下穿净距,Ⅰ、Ⅱ、Ⅲ、Ⅳ四种预加固水平下,新建地铁 5 号线隧道开挖稳定后,既有地铁 2 号线隧道二次衬砌仰拱水平变形趋势。可以看出,当下穿净距为 $0.1D$ 时,既有隧道结构水平变形与其他四个下穿净距时的变形规律刚好相反,这是因为预加固厚度取值为 1m,大于 $0.1D$(按 0.6m 计),预加固土体对既有结构产生了阻力。当下穿净距为 $0.1D$ 时,既有结构最大水平变形不足 0.5mm,对结构基本无影响;当下穿净距为 $0.2D$~$0.5D$ 时,既有结构水平变形也较小,最大值发生在下穿净距为 $0.2D$、预加固水平

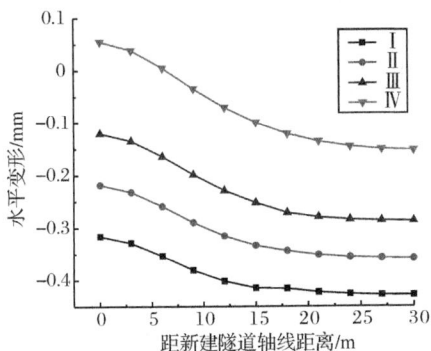

(a) $0.1D$

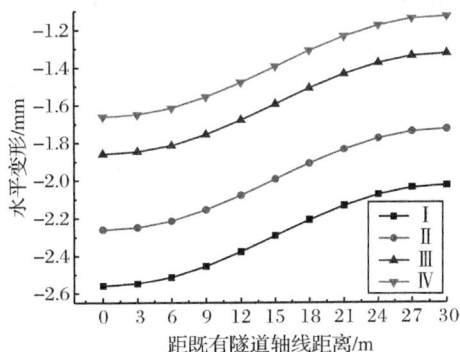

(b) $0.2D$

(c) 0.3D

(d) 0.4D

(e) 0.5D

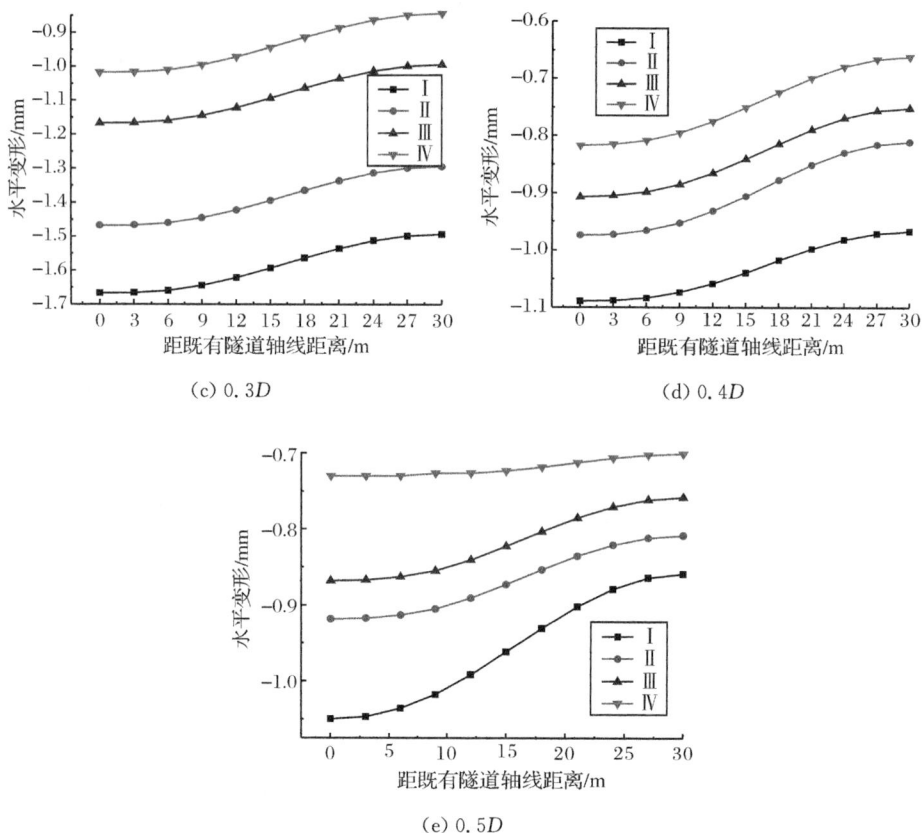

图 2.10　既有地铁结构二次衬砌仰拱水平变形

为Ⅰ时,其水平变形为 2.56mm,方向为新建隧道先施工一侧。

通过上述分析可以认为,新建地铁隧道在采用浅埋暗挖法施工时,既有地铁隧道的水平变形可不作为既有地铁隧道结构是否安全的影响因素。

2.6　地表变形分析

2.6.1　沿新建隧道轴线地表变形分析

1. 地表沉降变形分析

隧道开挖引起的围岩变形具有明显的时空效应,其变形发展规律与开挖掌子面及其移动过程有关。沿开挖隧道轴线,隧道围岩纵向变形如图 2.11 所示[78]。

本节主要分析既有隧道的存在对地表沉降变形的影响,对地层的影响变化规律将在 2.7 节进行论述。

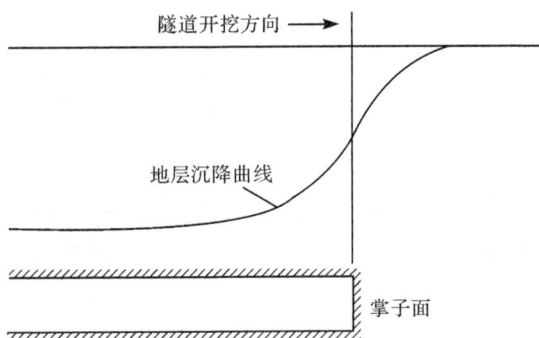

图 2.11　隧道围岩纵向变形

图 2.12 列举了在 0.1D、0.2D、0.3D、0.4D、0.5D 五种下穿净距,Ⅰ、Ⅱ、Ⅲ、Ⅳ四种预加固水平下,新建地铁 5 号线隧道开挖稳定后,沿新建隧道轴线的地表沉降变形曲线。可以看出,既有隧道的存在对地层有一定的加固效果。在下穿净距为 0.1D～0.4D 时,沿新建隧道轴向,地表沉降在既有线轴线正上方最小,远离既有线轴线处地表沉降不断增大,再远处就接近稳定状态,虽然既有隧道对右侧(新建隧道后开挖一侧)围岩土体向掌子面移动的趋势有一定的阻碍作用,但是由于两隧道净距较小,既有隧道本身沉降相对较大,阻碍作用不明显;在下穿净距为 0.4D,预加固水平为Ⅲ和Ⅳ时,随着预加固刚度的不断增加,既有隧道的阻碍作用逐渐显著,右侧沉降明显小于左侧沉降;在下穿净距为 0.5D 时,右侧地表沉降基本保持不变,而左侧地表沉降逐渐增大。

对于相同的下穿净距,预加固刚度的提高相应地减小了地表沉降,且在各预加固水平下,地表沉降曲线几乎平行。所以我们认为,在下穿净距一定时,既有隧道对地表沉降的影响程度不变(影响程度可以简单地理解为既有隧道轴线上方测点处

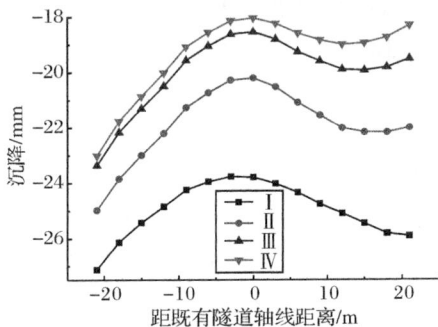

(a) 0.1D

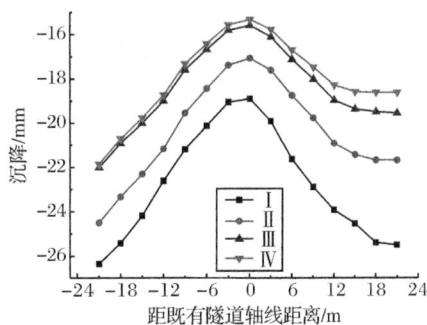

(b) 0.2D

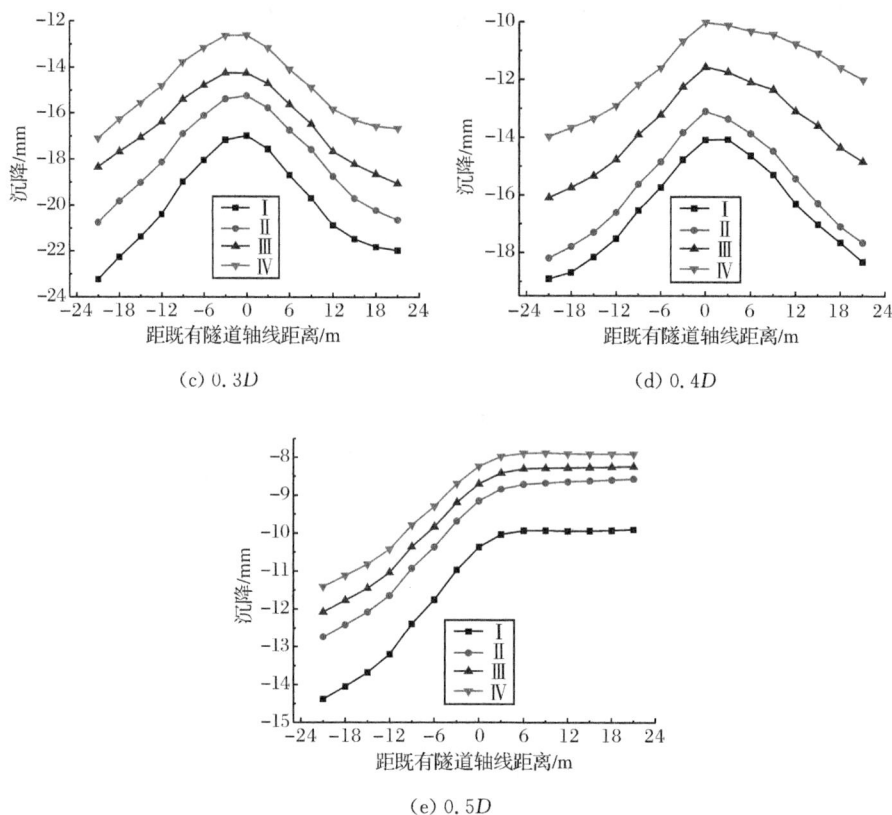

(c) 0.3D

(d) 0.4D

(e) 0.5D

图 2.12　沿新建隧道轴线地表沉降变形

沉降值与轴线两侧地表变形稳定后沉降最大值之间的位移差)。当下穿净距不断增加时,其影响程度减弱,主要有以下两个原因:①随着下穿净距的增加,新建隧道埋深不断增加,开挖对地面影响逐渐减小;②随着下穿净距的增加,新建隧道施工对既有隧道沉降影响逐渐减小,在既有隧道的最终沉降中,由施工扰动产生的沉降所占比例减小,两隧道之间土体的固结沉降所占比例增大。

2. 地表水平变形分析

图 2.13 列举了在 0.1D、0.2D、0.3D、0.4D、0.5D 五种下穿净距,Ⅰ、Ⅱ、Ⅲ、Ⅳ四种预加固水平下,新建地铁 5 号线隧道开挖稳定后,沿新建隧道轴线地表水平变形曲线。可以看出,下穿净距由 0.1D~0.5D 增大时,地表整体向既有隧道的右侧移动,但是整体水平位移不大,由此也可以看出地表变形以沉降为主。

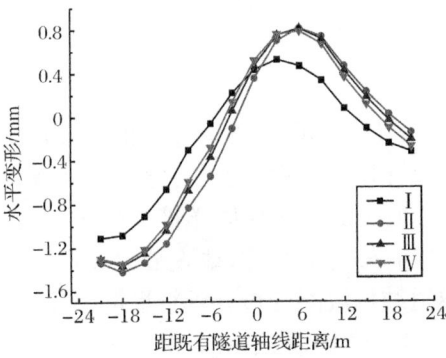

(a) 0.1D

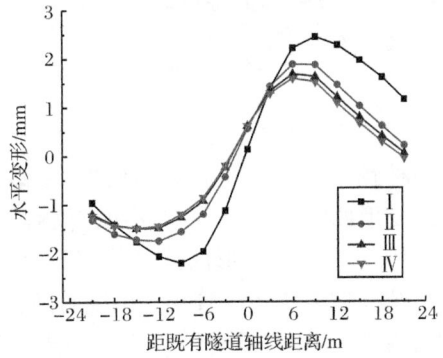

(b) 0.2D

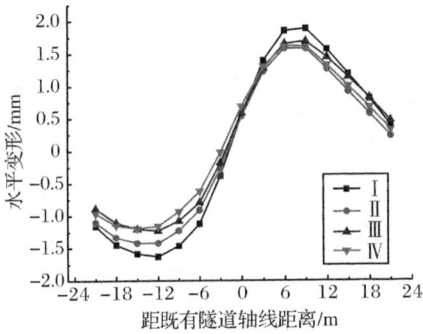

(c) 0.3D

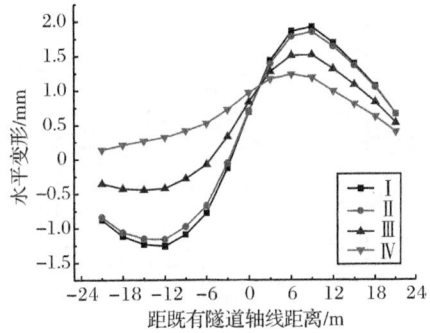

(d) 0.4D

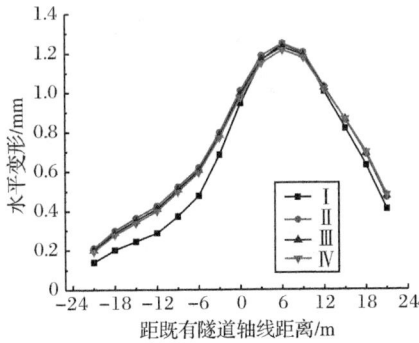

(e) 0.5D

图 2.13　沿新建隧道轴线地表水平变形

2.6.2　沿既有隧道轴线地表变形分析

1. 沿既有隧道轴线地表沉降变形分析

图 2.14 列举了在 $0.1D$、$0.2D$、$0.3D$、$0.4D$、$0.5D$ 五种下穿净距，Ⅰ、Ⅱ、Ⅲ、Ⅳ四种预加固水平下，新建地铁 5 号线隧道开挖稳定后，沿既有隧道轴线地表的沉降变形曲线。可以看出，沿既有隧道轴线地表沉降变形同样符合由 Peck 经验公式所得的地表变形曲线规律，只是由于既有隧道的存在，地表最大沉降值相对于无既有隧道的地方较小。由既有地铁隧道结构沉降变形分析结果可知，既有地铁结构刚度大时，其对地表变形的影响范围比无既有隧道时要大。图 2.15 直观地反映了有、无既有隧道时，新建隧道开挖引起的地表沉降规律及其影响范围。

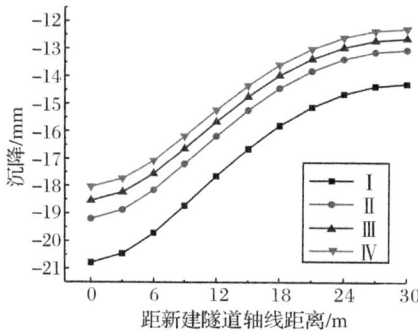

(a) 0.1D

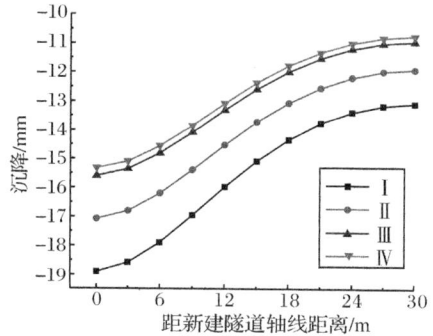

(b) 0.2D

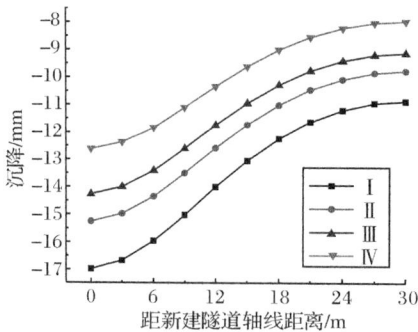

(c) 0.3D

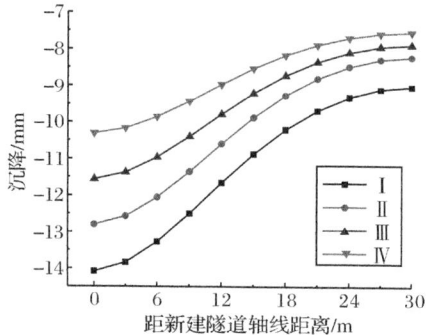

(d) 0.4D

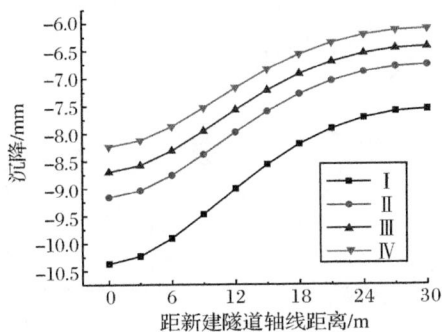

(e) 0.5D

图 2.14　沿既有隧道轴线地表沉降变形

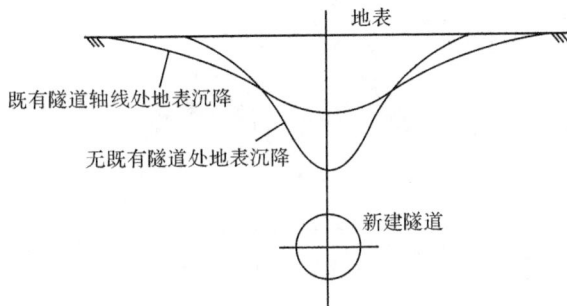

图 2.15　有、无既有隧道地表沉降

2. 沿既有隧道轴线地表水平变形分析

图 2.16 列举了在 0.1D、0.2D、0.3D、0.4D、0.5D 五种下穿净距，Ⅰ、Ⅱ、Ⅲ、

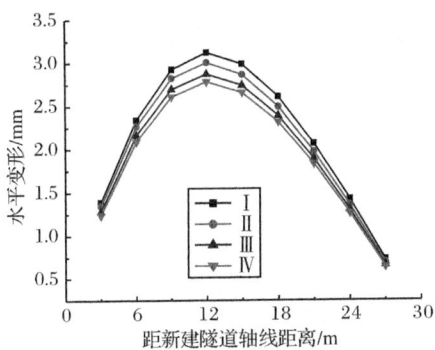

(a) 0.1D

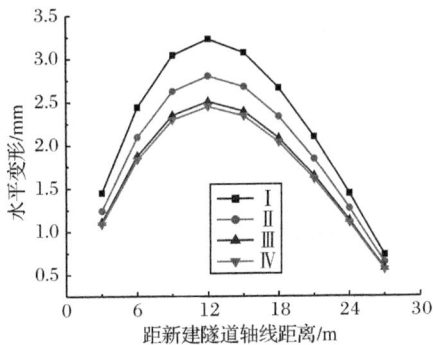

(b) 0.2D

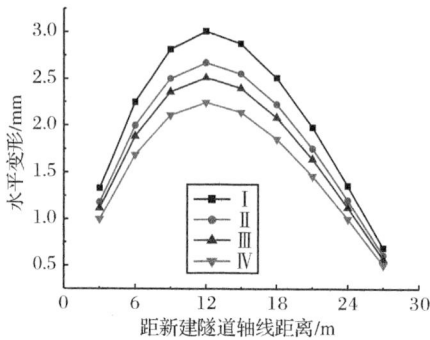

(c) 0.3D

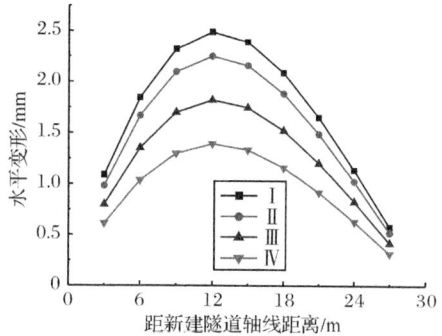

(d) 0.4D

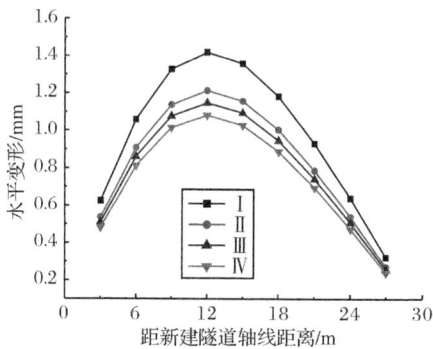

(e) 0.5D

图 2.16　沿既有隧道轴线地表水平变形

Ⅳ四种预加固水平下,新建地铁 5 号线隧道开挖稳定后,沿既有隧道轴线地表的水平变形曲线。可以看出,随着下穿净距的增加及预加固水平的提高,地表水平变形逐渐减小,且均在距新建隧道轴线距离 12m 处水平变形最大,移动方向均指向新建隧道轴向。同样的,地表水平变形均较小,以沉降变形为主。

2.7　地层变形分析

　　浅埋暗挖法施工引起地层变形的原因可概括为隧道施工中地层的损失和隧道周围围岩受扰动所产生的再固结,主要有以下四点:①隧道开挖引起围岩应力重分布,围岩产生移动、变形;②浅埋暗挖法施工初期为柔性支护,会产生变形和变位;③由于施工质量问题,初期支护与围岩之间会有间隙,因此回填压浆不充分;④地层损失的大小还与施工方法、辅助施工措施等有关。围岩受扰动产生的再次沉降固结程度与地下水、施工扰动程度等密切相关[79]。

　　图 2.17 和图 2.18 分别为在 0.1D、0.2D、0.3D、0.4D、0.5D 五种下穿净距，Ⅰ、Ⅱ、Ⅲ、Ⅳ四种预加固水平下，B、C、D、E 四条测线的沉降变形曲线和水平变形曲线。

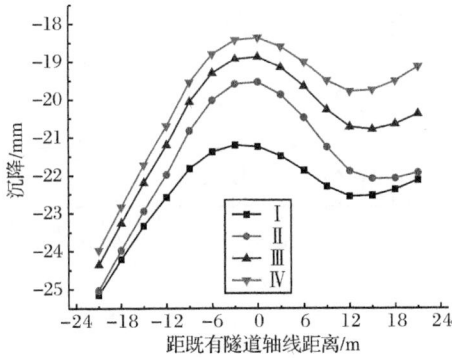

(a) 0.1D-B

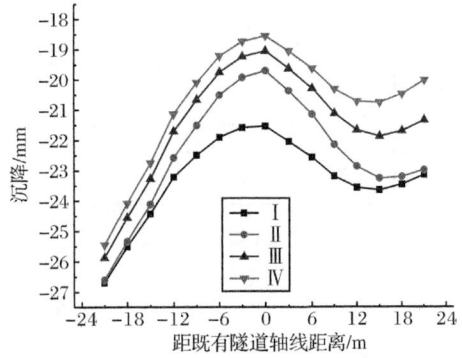

(b) 0.1D-C

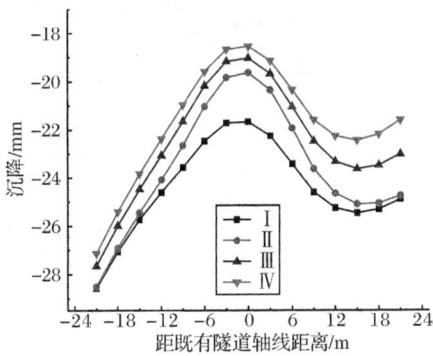

(c) 0.1D-D

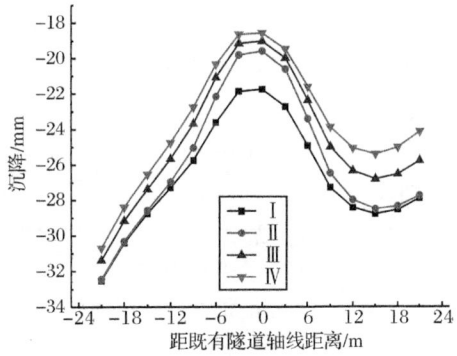

(d) 0.1D-E

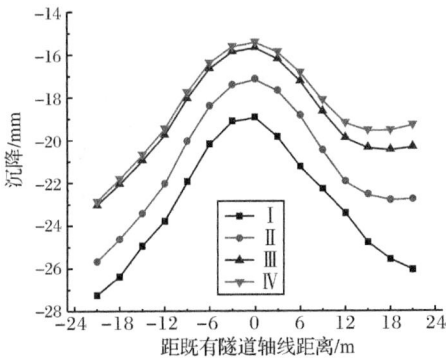

(e) 0.2D-B

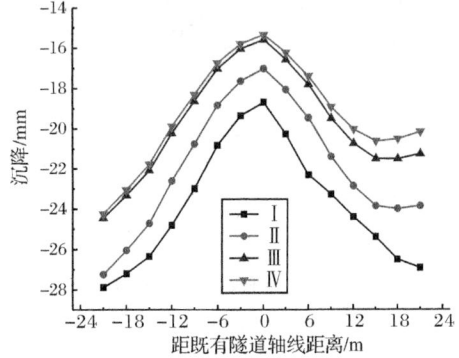

(f) 0.2D-C

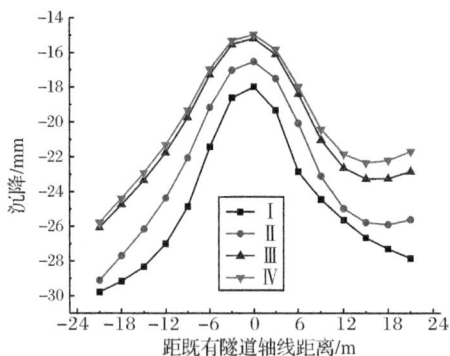

(g) 0.2D-D

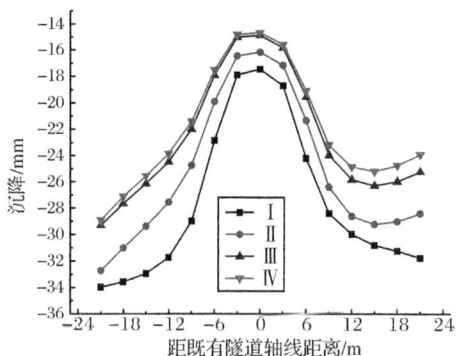

(h) 0.2D-E

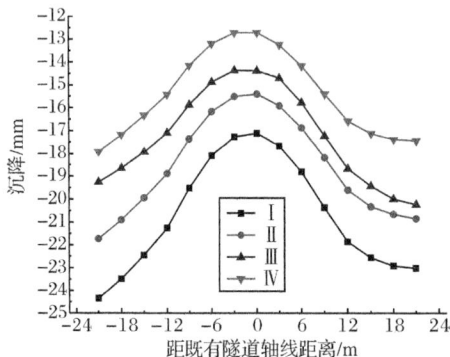

(i) 0.3D-B

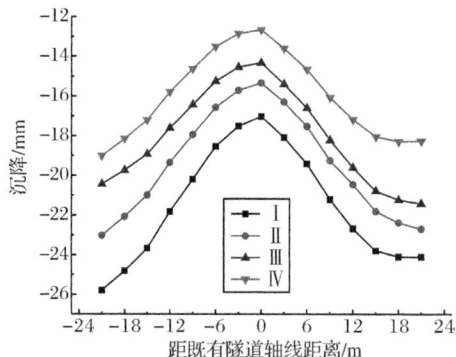

(j) 0.3D-C

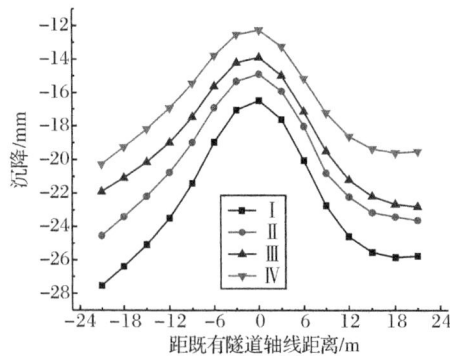

(k) 0.3D-D

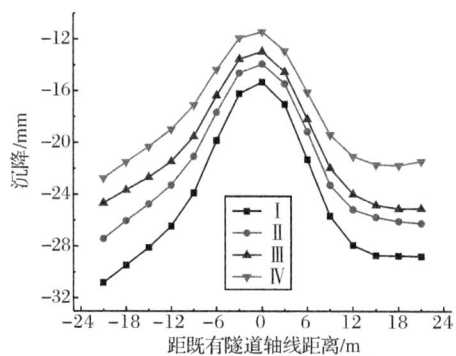

(l) 0.3D-E

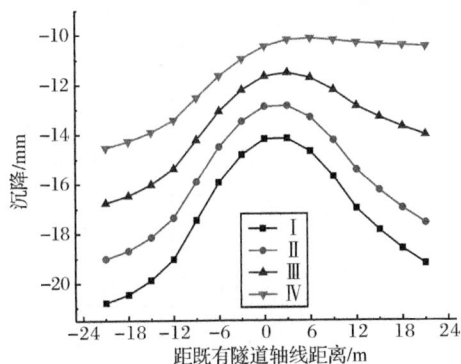

(m) 0.4D-B

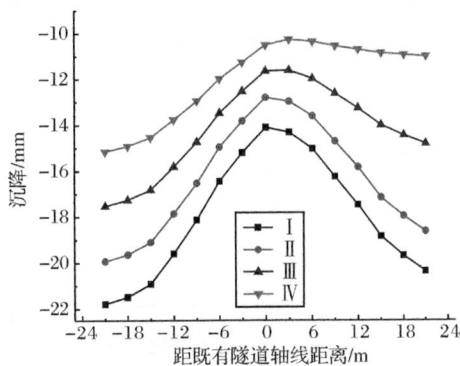

(n) 0.4D-C

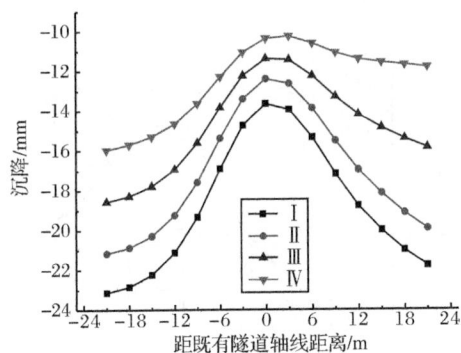

(o) 0.4D-D

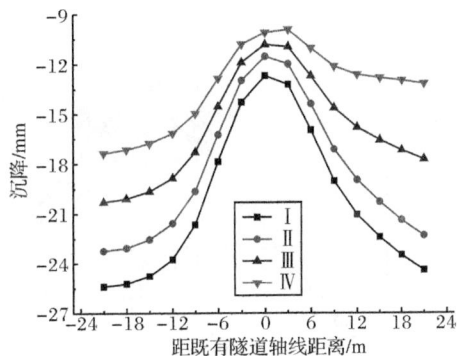

(p) 0.4D-E

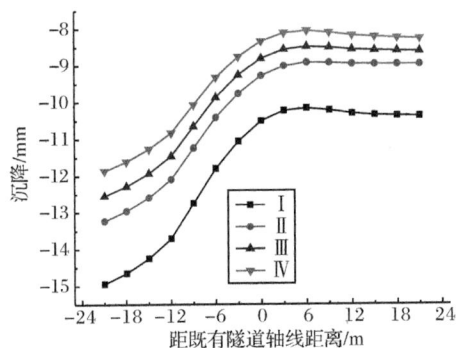

(q) 0.5D-B

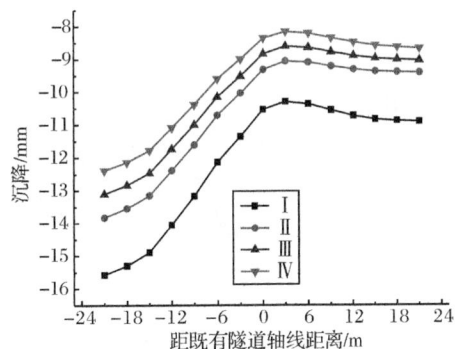

(r) 0.5D-C

(s) 0.5D-D

(t) 0.5D-E

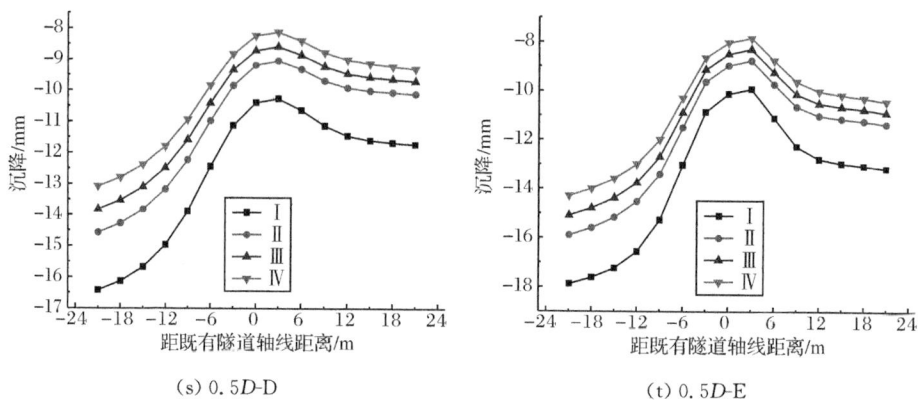

图 2.17　测线沉降变形曲线

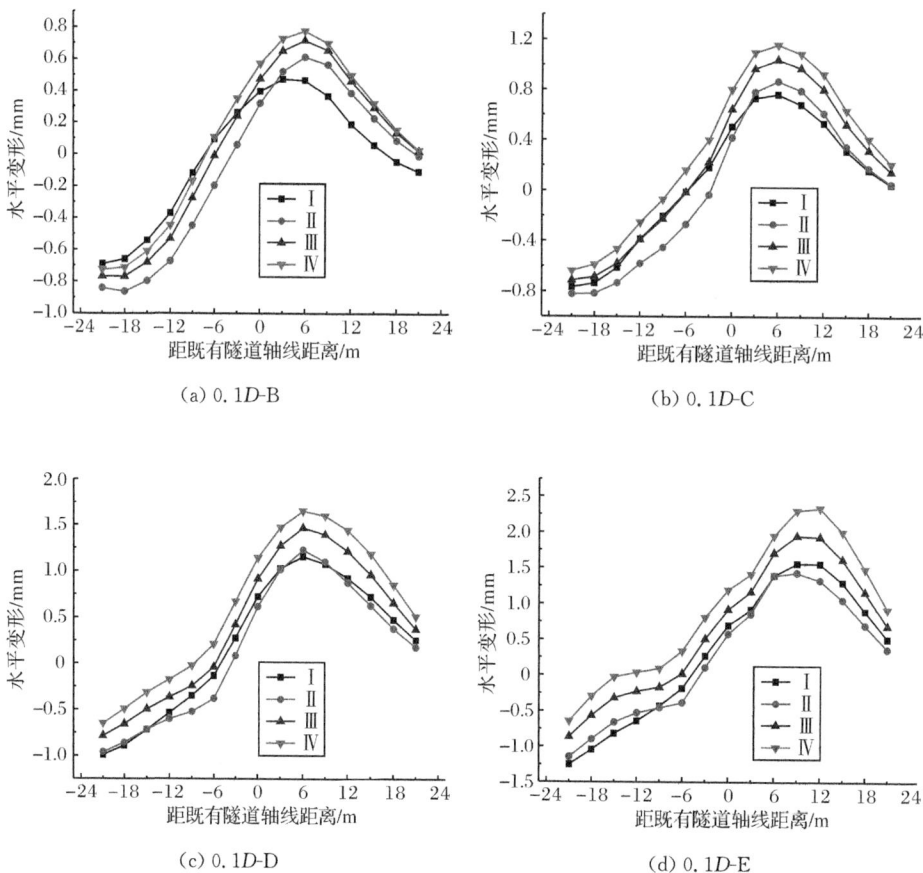

(a) 0.1D-B

(b) 0.1D-C

(c) 0.1D-D

(d) 0.1D-E

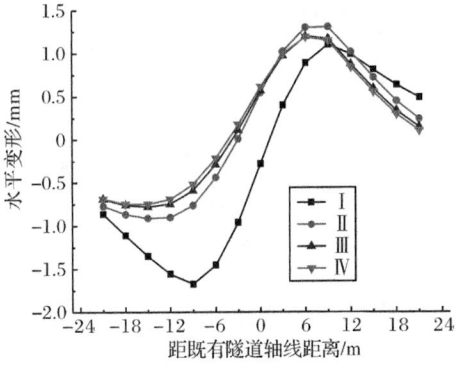

(e) 0.2D-B

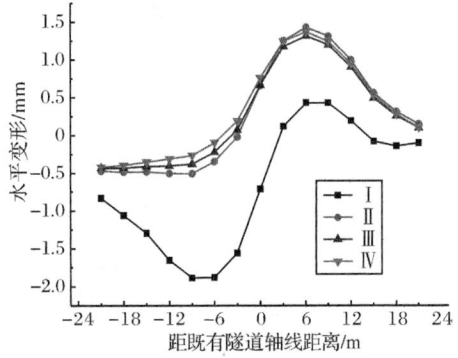

(f) 0.2D-C

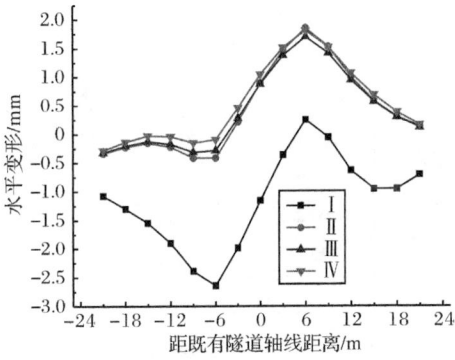

(g) 0.2D-D

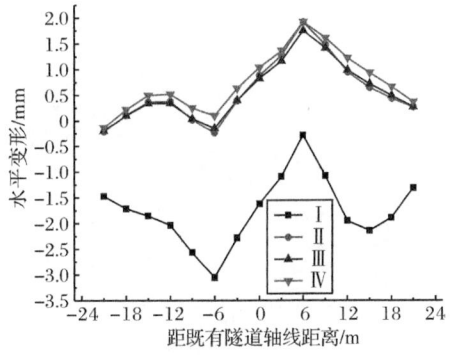

(h) 0.2D-E

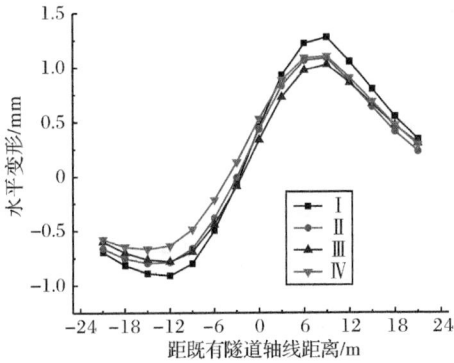

(i) 0.3D-B

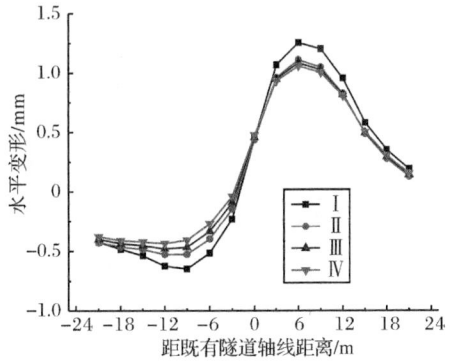

(j) 0.3D-C

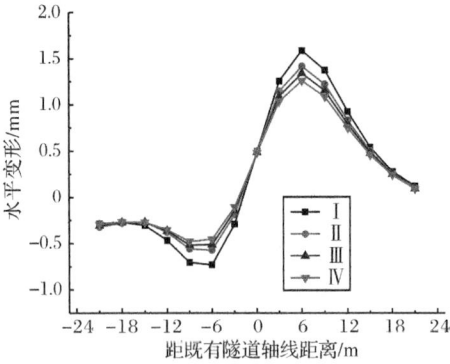

(k) 0.3D-D

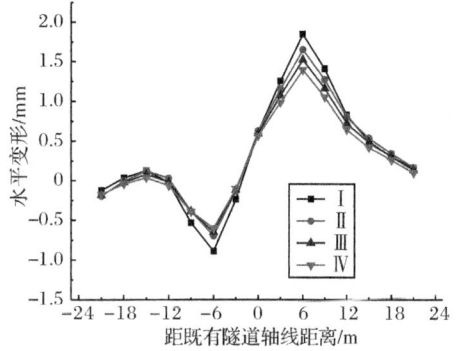

(l) 0.3D-E

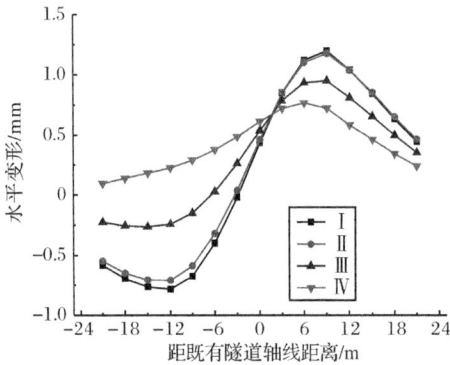

(m) 0.4D-B

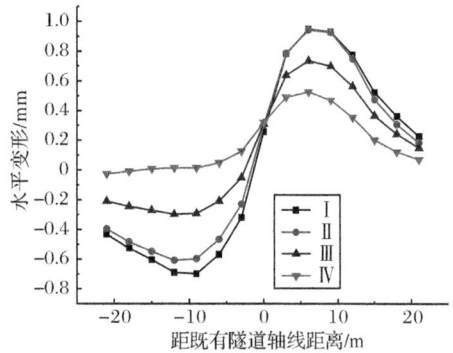

(n) 0.4D-C

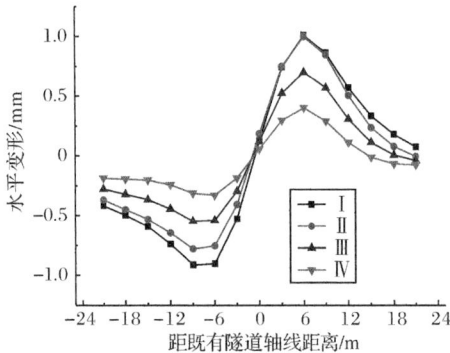

(o) 0.4D-D

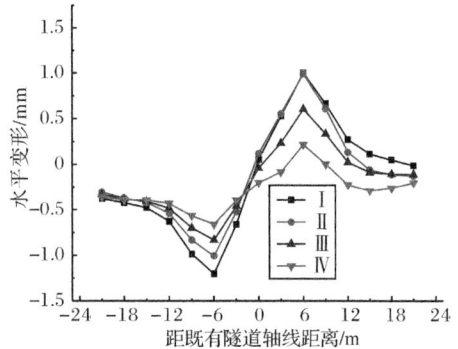

(p) 0.4D-E

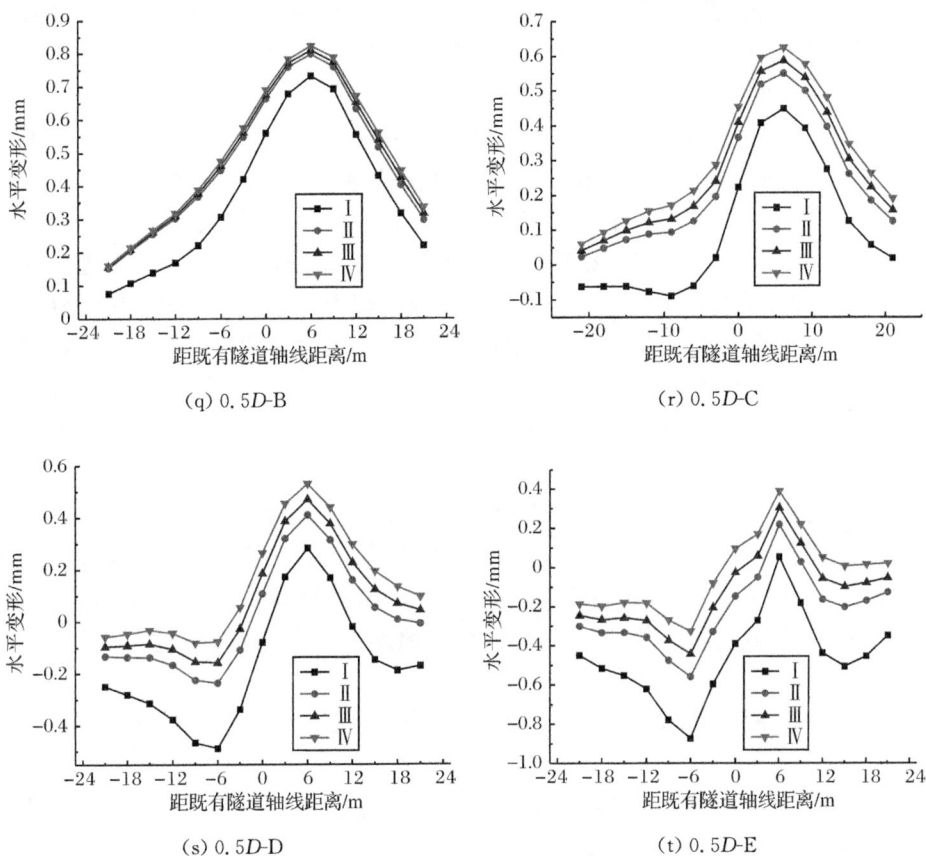

(q) 0.5D-B

(r) 0.5D-C

(s) 0.5D-D

(t) 0.5D-E

图 2.18　测线水平变形曲线

由图 2.17 可以看出，地层沉降变形规律与地表变形规律相似，随着深度的不断增加，地层沉降越来越大。与此同时，从 B、C、D、E 四条测线沉降曲线的变化趋势可以明显看出，随着测线深度的不断增加，既有隧道对地层沉降变形的影响效果也越来越明显。主要原因是对于同一下穿净距，随着测线深度的逐步变大，测线处因新建地铁隧道施工产生地层损失引起的沉降变形逐渐增大，因再次固结引起的沉降变形减小，而测线处最终沉降不断增加。由测线 B 到测线 E，其因地层损失产生的沉降变形所占比例增大，由于既有隧道的存在，既有隧道上部土体受新建隧道开挖影响小，所以随着测线深度的不断增加，既有隧道对地层沉降变形的影响效果也越来越显著。

相对于地层的竖向变形，水平变形均非常小。当下穿净距为 0.1D 时，四条测线变化差异不大，只是随着测线深度的增加，既有隧道两侧土体最大水平变形绝对值有所增加；当下穿净距为 0.2D 时，由于预加固水平 I 的刚度小，其对地层加固效果差,既有隧道自身结构也产生了约-2.55mm的水平变形,由测线 B 至测线 E,各测点向新建隧道最先开挖一侧移动,在图中表现为负值,当预加固水平为Ⅱ、Ⅲ、Ⅳ时,地层水平变形变化趋势与预加固水平为Ⅰ时大致相同,只是相应的曲线整体向上偏移;当下穿净距为0.3D 时,随着预加固水平的提高,既有隧道左侧地层水平变形逐渐减小,右侧地层水平变形逐渐增大,变形曲线近似整体向上偏移;当下穿净距为0.4D 时,预加固水平Ⅰ、Ⅱ下的变形规律与0.3D 时相同,预加固水平Ⅲ、Ⅳ下的水平变形相对较小,随着深度的增加,既有隧道左侧围岩水平变形变化较大;结合0.5D 时的水平变形曲线可以看出,当下穿净距为0.4D 时,预加固水平Ⅲ、Ⅳ可认为是一个过渡的阶段,随着深度的增加,地层水平位移由正值逐渐变为负值,地层整体移向先开挖一侧。由以上水平变形曲线来看,既有隧道两侧一定范围内地层表现为背向既有隧道移动,是松弛带。总体来看,地层水平变形非常小,变化规律不明显。

结合地表、地层变形规律可以看出,随着地层深度的增加,既有地铁隧道对其变形影响效果逐渐显著;当下穿净距较小或者预加固水平较低时,新建隧道的开挖对地层、既有隧道扰动较大;当下穿净距增加或者预加固水平较高时,新建隧道的开挖对地层、既有隧道的扰动较小,可直观地反映在地层变形值的大小上。

2.8　不同下穿净距既有地铁结构受力分析

本节模拟了0.1D、0.2D、0.3D、0.4D、0.5D 五种下穿净距,Ⅰ、Ⅱ、Ⅲ、Ⅳ四种预加固水平下,既有地铁2号线隧道二次衬砌及既有隧道与新建隧道轴线交叉处的断面最大拉应力与最大压应力计算,计算结果列于表2.10和表2.11。

表 2.10　既有地铁结构最大拉应力　　（单位:MPa）

工况	Ⅰ	Ⅱ	Ⅲ	Ⅳ
0.1D	3.486	3.200	3.120	3.070
0.2D	1.823	1.845	1.719	1.719
0.3D	1.639	1.548	1.438	1.344
0.4D	1.323	1.204	1.190	0.884
0.5D	0.886	0.765	0.748	0.693

表 2.11　既有地铁结构最大压应力　　（单位:MPa）

工况	Ⅰ	Ⅱ	Ⅲ	Ⅳ
0.1D	4.532	4.094	3.983	3.902
0.2D	2.739	2.595	2.389	2.366
0.3D	2.427	2.258	2.111	1.918

续表

工况	I	II	III	IV
0.4D	1.972	1.780	1.735	1.326
0.5D	1.337	1.150	1.119	1.026

从表 2.10 和表 2.11 可以看出,除下穿净距为 0.1D 工况外,其余工况由于既有隧道差异沉降小,既有结构所受压应力与拉应力均较小,对结构安全无较大影响,唯一要注意的就是在施工时,既有隧道仰拱可能会出现沿地铁隧道横断面方向的裂缝,要多加注意,对现场进行实地、实时监测及观察,以便及时采取应对措施,保证既有线安全及正常运营。

2.9　新建隧道施工步序对既有地铁结构变形和受力影响分析

2.9.1　新建隧道施工步序对既有地铁结构变形影响分析

《城市地下工程邻近施工关键技术与应用》[75]一书中,根据地层的移动特性,对浅埋暗挖隧道掌子面附近地层进行了分区,沿隧道开挖方向,将其划分为三个区,分别为超前变形影响区(A)、松弛变形区(B)和滞后变形稳定区(C),其中,松弛变形区又可以分为相对稳定区和相对易失稳区。同时,根据松弛变形区的特点,将地层剖面划分为五个带,由上到下分别为弯曲下沉带(I)、压密带(II)、松弛带(III)、工作面影响带(IV)和基底影响带(V)。具体分区、分带如图 2.19 所示。本节将根据以上分区、分带,并结合 2.7 节中的地层变形特征,对既有地铁隧道结构在新建地铁隧道施工掌子面不断推进过程中的变形规律进行分析研究。

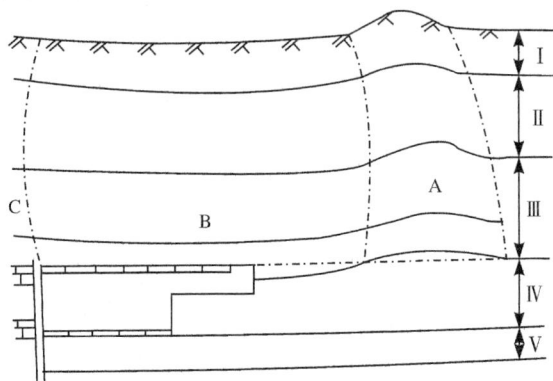

图 2.19　浅埋暗挖隧道地层变形特征分区、分带

　　图 2.20 列举了在 0.1D、0.2D、0.3D、0.4D、0.5D 五种下穿净距，Ⅰ、Ⅱ、Ⅲ、Ⅳ四种预加固水平下，既有地铁 2 号线隧道仰拱最大沉降随新建地铁 5 号线隧道开挖变化趋势。可以看出，当下穿净距为 0.1D 和 0.2D 时，由于既有地铁结构距离新建隧道较近，新建隧道开挖对既有线的施工扰动较大，既有地铁结构在新建地铁隧道穿过时会产生急速变形，基本在既有线轴线两侧 2 倍洞径范围内；当下穿净距为 0.4D 和 0.5D 时，既有结构沉降变形的速率基本保持不变，这时既有线结构沉降变形主要是围岩受新建隧道施工扰动产生再次固结沉降引起的；下穿净距为 0.3D 时基本处于一个过渡的阶段，当预加固刚度较小时，还可明显地看出既有结构有急速变形的趋势，当预加固刚度较大时，则不明显。下穿净距从 0.2D 变化到 0.5D 时，既有结构所要达到稳定状态所需的时间越来越久，这是因为随着下穿净距的不断增加，土体固结沉降达到稳定所需时间不断增加；下穿净距为 0.1D 时，由于既有隧道仰拱处可能已产生空洞，与下部围岩脱离，其衬砌结构达到稳定所需时间比 0.2D 稍长。

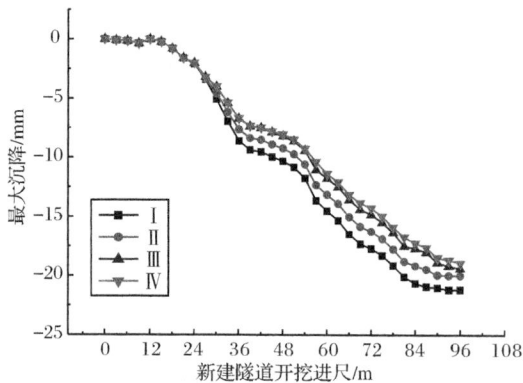

(a) 0.1D

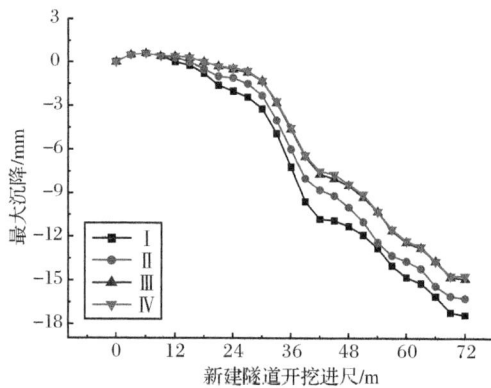

(b) 0.2D

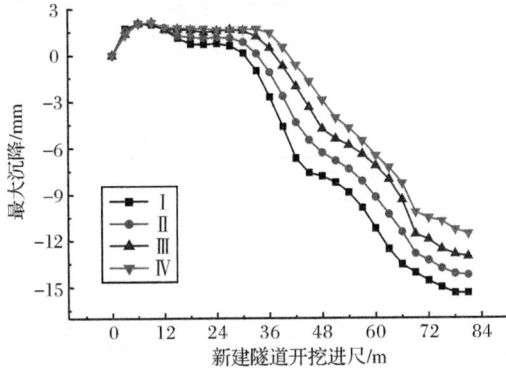

(c) 0.3D

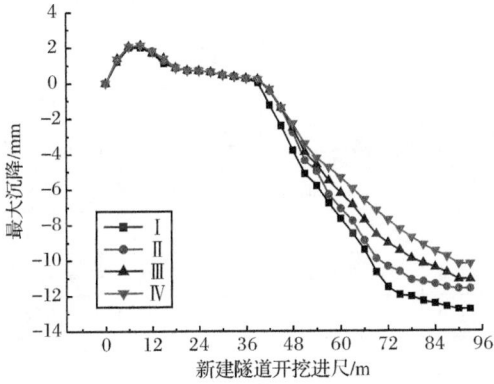

(d) 0.4D

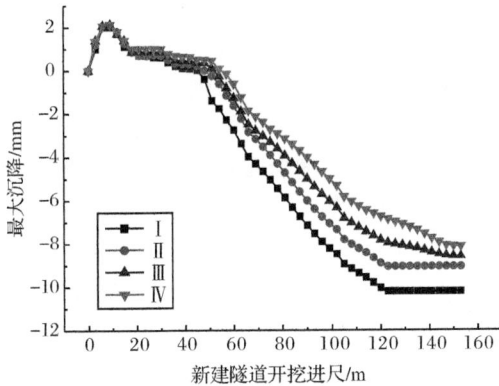

(e) 0.5D

图 2.20　既有隧道仰拱最大沉降随新建隧道开挖变化趋势

本章以既有隧道轴线两侧 2 倍洞径为界,将既有隧道变形趋势分为微弱变形区、施工扰动区和缓慢变形区,表 2.12 为 20 种工况下各个分区的累计沉降及所占比例。

表 2.12　各区间累计沉降及所占比例

项目		0.1D		0.2D		0.3D		0.4D		0.5D	
		累计沉降 /mm	比例 /%	累计沉降 /mm	比例 /%	累计沉降 /mm	比例 /%	累计沉降 /mm	比例 /%	累计沉降 /mm	比例 /%
微弱变形区	I	−0.8	3.8	−0.8	4.6	0.7	−4.6	0.7	−5.5	0.6	−5.9
	II	−0.8	4.0	−0.5	3.1	1.2	−8.4	0.7	−6.0	0.7	−7.7
	III	−0.8	4.1	0	0	1.6	−12.3	0	−8.1	0.7	−8.1
	IV	−0.8	4.2	0	0	1.7	−14.7	0.9	−8.8	0.8	−9.8
施工扰动区	I	−9.5	41.0	−10.8	57.5	−6.7	48.1	−1.3	15.6	0	4.9
	II	−8.5	38.5	−8.8	51.1	−4.4	39.4	−0.5	10.3	0.3	4.4
	III	−7.5	34.5	−7.7	51.7	−2.0	27.7	−0.4	11.7	0.4	3.5
	IV	−7.4	34.8	−7.5	51.0	−0.6	19.8	−0.4	12.7	0.6	2.5
缓慢变形区	I	−21.2	55.2	−17.4	37.9	−15.4	56.5	−12.8	89.9	−10.2	101.0
	II	−20.0	57.5	−16.3	45.8	−14.2	69.0	−11.6	95.7	−9.1	103.3
	III	−19.4	61.3	−14.9	48.3	−13.0	84.6	−11.1	96.4	−8.6	104.6
	IV	−19.0	61.0	−14.7	49.0	−11.6	94.8	−10.2	96.1	−8.1	107.3

由表 2.12 可以看出,既有结构在微弱变形区(超前变形影响区)地层的作用下,有微弱的抬升趋势,当下穿净距为 0.3D、0.4D、0.5D 时,新建地铁隧道对既有线影响小,抬升效果明显,但整体抬升量很小,所占总沉降比例也较小,对结构基本无影响。施工扰动区对应的是松弛变形区的相对易失稳区,下穿净距从 0.2D 到 0.5D,其沉降变形所占比例逐步减小,到 0.5D 时,结构甚至为负沉降,造成这种现象的原因主要有两方面,一方面是随着下穿净距的增加及预加固刚度的提高,施工扰动程度减弱,另一方面是围岩变形具有一定的滞后性,随着新建隧道的不断开挖,其影响才慢慢显露出来。与缓慢变形区相对应的是松弛变形区的相对稳定区,下穿净距从 0.2D 到 0.5D,其沉降变形所占比例逐步增大,到 0.5D 时,结构累计沉降比例甚至超过了 100%。下穿净距为 0.1D 时,其施工扰动区所占比例约为 40%,缓慢变形区约为 55%,这主要是因为既有衬砌结构刚度大,不会产生快速、过大变形,最终表现为差异沉降大。

由以上分析可知,对于下穿净距为 0.1D～0.3D 的工程,选择合适的开挖方法和可靠的地层预加固措施非常重要,同时也要注意预加固沿纵向的加固范围,避免衬砌结构与围岩的脱离;对于下穿净距为 0.4D 及以上的工程时,在保证安全、规范施工的同时,进行有效的地层预加固显得更为重要,例如,增加预加固的厚度将会减少土体的固结沉降,这对控制既有地铁结构的沉降有帮助且效果显著。

2.9.2　新建隧道施工步序对既有地铁结构受力影响分析

根据既有地铁结构沉降变化趋势,本节对既有地铁结构的受力进行统计和分析。表 2.13 和表 2.14 分别为各区间最大拉应力、最大压应力及其受力最大部位。为了统计方便,将隧道断面进行分块并编号,如图 2.21 所示。

表 2.13　各区间最大拉应力及其受力部位

项目		0.1D		0.2D		0.3D		0.4D		0.5D	
		累计受力/MPa	受力部位	累计受力/MPa	受力部位	累计受力/MPa	受力部位	累计受力/MPa	受力部位	累计受力/MPa	受力部位
微弱变形区	Ⅰ	2.003	8	0.096	2/6W	0.147	4	0.241	4N	0.103	4N
	Ⅱ	1.792	8	0.060	2/6W	0.173	4	0.229	4N	0.127	4N
	Ⅲ	1.782	8	0.060	2/6W	0.204	4	0.247	4N	0.126	4N
	Ⅳ	1.772	8	0.063	2/6W	0.234	4	0.105	4N	0.137	4N
施工扰动区	Ⅰ	2.992	8	1.355	1/8	0.897	8	0.707	8	0.366	4N
	Ⅱ	2.763	8	1.263	1/8	0.821	8	0.542	8	0.279	4N
	Ⅲ	2.658	8	1.075	1/8	0.830	8	0.581	8	0.260	4N
	Ⅳ	2.590	8	1.120	1/8	0.695	8	0.352	4	0.215	4N
缓慢变形区	Ⅰ	3.486	8	1.823	8	1.639	8	1.323	8	0.886	8
	Ⅱ	3.200	8	1.845	8	1.548	8	1.204	8	0.765	8
	Ⅲ	3.120	8	1.719	8	1.438	8	1.190	8	0.748	8
	Ⅳ	3.070	8	1.719	8	1.344	8	0.884	8	0.693	8

注:N 表示内侧,W 表示外侧。

表 2.14　各区间最大压应力及其受力部位

项目		0.1D		0.2D		0.3D		0.4D		0.5D	
		累计受力/MPa	受力部位	累计受力/MPa	受力部位	累计受力/MPa	受力部位	累计受力/MPa	受力部位	累计受力/MPa	受力部位
微弱变形区	Ⅰ	2.378	4	0.131	4W	0.107	8	0.164	3/5W	0.097	3/5W
	Ⅱ	2.046	4	0.061	4W	0.124	8	0.154	3/5W	0.106	3/5W
	Ⅲ	2.032	4	0.070	4W	0.142	8	0.167	3/5W	0.107	3/5W
	Ⅳ	2.017	4	0.072	4W	0.173	8	0.099	3/5W	0.108	3/5W

项目		0.1D		0.2D		0.3D		0.4D		0.5D	
		累计受力/MPa	受力部位	累计受力/MPa	受力部位	累计受力/MPa	受力部位	累计受力/MPa	受力部位	累计受力/MPa	受力部位
施工扰动区	Ⅰ	3.794	4	1.907	5/4	1.277	4	0.949	4	0.256	3/5W
	Ⅱ	3.432	4	1.709	5/4	1.116	4	0.711	4	0.187	3/5W
	Ⅲ	3.289	4	1.381	5/4	1.116	4	0.757	4	0.158	3/5W
	Ⅳ	3.188	4	1.396	5/4	0.885	4	0.231	8	0.140	3/5W
缓慢变形区	Ⅰ	4.532	4	2.739	4	2.427	4	1.972	4	1.337	4
	Ⅱ	4.094	4	2.595	4	2.258	4	1.780	4	1.150	4
	Ⅲ	3.983	4	2.389	4	2.111	4	1.735	4	1.119	4
	Ⅳ	3.902	4	2.366	4	1.918	4	1.326	4	1.026	4

注:W 表示外侧。

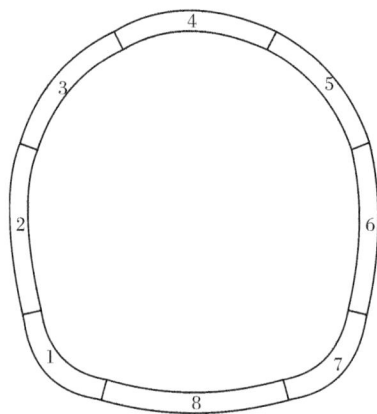

图 2.21　隧道断面分块编号

　　从表 2.12～表 2.14 可以看出,在既有地铁隧道沉降或者抬升位移均比较小时,结构受力均非常小,主要是以环向受力为主;当既有结构沉降或者抬升位移较大时,结构受力明显增大,且主要以轴向受力为主。当下穿净距为 0.2D 时,施工扰动区受力部位出现了一定程度的偏移,这是水平变形和沉降变形共同作用的结果,当结构变形稳定后,沉降变形远大于水平变形,其受力最大部位在仰拱和拱顶处。受力量值的变化规律基本和位移变化规律一致。

2.10　本 章 小 结

本章利用已建的有效三维计算模型进行数值计算,从沉降变形和水平变形的角度,分析了既有地铁构筑物及地层的变化规律,对既有地铁沉降进行分区,并分析影响因素及既有地铁隧道结构的受力过程和所处的应力状态,主要结论如下:

(1) 新建隧道的施工对既有地铁结构会造成一定程度的影响,从既有结构的最终变形来看,当新建地铁结构采用浅埋暗挖法施工时,既有地铁结构以沉降变形为主。

(2) 由模拟计算所得的地层变形曲线来看,既有隧道的存在对地层具有一定的加固作用,且随着深度的增加,既有隧道对地层变形的影响效果越明显。地层变形以沉降为主,水平位移较小。

(3) 将既有地铁沉降分为微弱变形区、施工扰动区和缓慢变形区,并分析了影响因素。通过对既有地铁结构随新建隧道开挖的变形趋势分析可知,在微弱变形区,既有地铁结构有微弱的抬升趋势;在施工扰动区,由于下穿净距的增加及预加固刚度的提高,施工扰动程度减弱;在缓慢变形区,除下穿净距为 $0.1D$ 的工况外,其他工况下,随着下穿净距的不断增加,既有地铁结构由于围岩再次固结所产生的沉降变形所占比例逐渐增加。

(4) 结构受力是波浪形的,在新建地铁隧道轴线两侧一定范围内,既有结构仰拱受拉,拱顶受压,在远处受力相反。最大值出现在新建地铁隧道轴线所在断面,且结构的安全性取决于所受最大拉应力的大小。

第3章 新建隧道下穿既有线地层沉降计算方法

3.1 概　　述

新建地铁隧道下穿既有地铁线路区间结构的过程中不可避免地要对既有地铁线路区间结构产生影响,引起既有地铁线路区间结构产生变形和沉降,而过大的变形和沉降将会对既有地铁线路区间结构产生破坏性影响,有些破坏性影响甚至是不可逆的,一旦发生将会带来不可预估的后果。既有隧道结构的变形和沉降可以说是土体内部力学机制的一个直观反映,通过控制下穿过程中的地层沉降来制约既有隧道结构的变形是一个非常有效的策略,而怎样进一步给出预测新建区间隧道施工产生的地层沉降是控制既有线路区间结构变形的重中之重。截至目前,在所有预测隧道施工过程中引起的变形和沉降的计算方法中,经验公式法[80,81]以简便的计算过程和较为准确的预测结果在地层沉降的研究中被广泛采用。尤其是 Peck 经验理论公式,自从引入国内之后就被工程界和学术界广为使用和研究,至今仍然是确定地下构筑物施工过程中引起地层沉降最为可靠实用的预测理论公式。本章主要以 Peck 经验理论公式作为研究手段,对该公式进行详细地分析和研究,结合新建地铁隧道下穿既有地铁线路过程中涉及的影响因素,推导新建单洞地铁隧道近距离下穿既有线地层沉降计算公式,同时依据北京地铁 10 号线正交下穿 1 号线的工程实测资料,对单洞隧道下穿既有线路地层沉降计算公式进行验证。本章还详细分析现有双洞隧道施工引起的地层沉降公式,按照沉降曲线类型的不同将其分为两类,又对新建双洞地铁隧道下穿既有线彼此之间的影响区域进行分类,着重推导出强影响类双洞地铁隧道下穿既有地铁线路结构的地层沉降计算公式和弱影响类双洞地铁隧道下穿既有地铁线路结构的地层沉降计算公式。最后以北京地铁 6 号线区间地铁隧道下穿 4 号线既有区间隧道作为计算案例,对提出的双洞地铁隧道下穿既有地铁线路的计算方法及经验理论公式进行验证。

3.2 单洞隧道下穿既有线地层沉降计算方法

3.2.1 单洞隧道 Peck 经验理论公式

Peck[82]认为隧道开挖过程中产生的地层损失相当于从地层土体中挖去一部

分土体,所以导致上覆土体地层发生移动,而如果忽略土体自身的蠕变和排水固结的影响,可以认为地层土体的位移是一个随机发生的过程,那么在地表处形成的横向沉降槽是一个近似正态分布的变形曲线,如图 3.1 所示,预测地表沉降的理论公式为

$$S = S_{max} \exp\left(\frac{-x^2}{2i^2}\right) \tag{3.1}$$

$$S_{max} = \frac{0.313 V_i D^2}{i} \tag{3.2}$$

式中,S 为与隧道轴线直线距离为 x 处的地表沉降值,mm;S_{max} 为沉降曲线对称轴处对应的地表土体沉降,客观上来说是最大沉降值,mm;x 为计算点到隧道轴线对应的地面点之间的水平直线距离,m;i 为隧道轴线所对应的地面点到沉降曲线拐点之间的水平直线距离,称为沉降槽宽度,m;V_i 为隧道施工过程中引起的单位长度内的地层土体损失率,即隧道施工过程中实际开挖的岩土体的体积与竣工隧道体积之间的差值;D 为隧道施工的开挖半径,m。

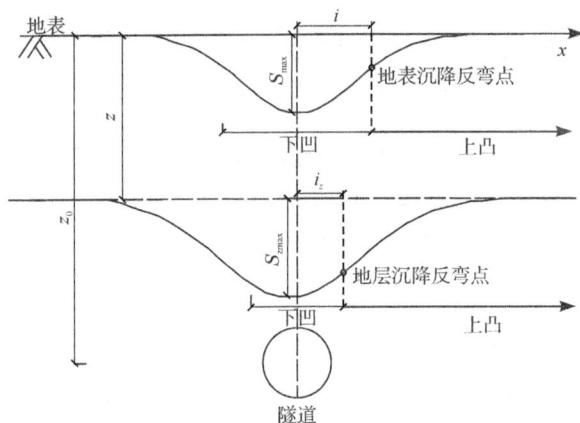

图 3.1　单洞隧道地层沉降横断面分布示意图

分析图 3.1 可得如下结论:

(1)地表及地表以下某深度 z 处地层在隧道中心线处均取得最大沉降值,随着与隧道中心线间距的不断增大,沉降值呈逐渐减小的趋势,直至减小为 0,地表沉降曲线和地层沉降曲线的变形趋势相同。

(2)地表及地层沉降曲线的斜率在隧道轴线处取值为 0,随着与隧道轴线间距的增加,斜率呈先增加后减小的趋势,最后减小为 0。其中,曲线斜率在沉降槽宽度的反弯点处取得最大值;地表及地层沉降曲线的曲率在沉降槽宽度处取值为 0,而在隧道中心线处凹曲率取值达到最大值。

(3)地表及地层土体在沉降槽宽度范围内产生压缩变形,并且在隧道中心线处压

缩变形取得最大值,而在沉降槽宽度范围外的区域内地层产生了拉伸变形的倾向。

(4)土体横断面内任意一点的地表及地层沉降主要由地层损失率和沉降槽宽度两个影响因素进行控制,前者确定了沉降曲线的形状,后者则决定了沉降的大小。

Mair 等[83]将地表以下某深度地层沉降曲线用类似高斯分布函数进行了描述,成功地将地表沉降公式引入地层沉降的计算中,得出了地表以下 z 深度处的沉降槽宽度 i 的计算公式:

$$i = K(z_0 - z) \tag{3.3}$$

式中,K 为沉降槽宽度参数;z_0 为隧道轴线埋深;z 为地层埋深。

之后 Mair 又通过离心试验以及现场实测,进一步给出了地表以下 z 深度处沉降槽宽度参数 K 的计算公式:

$$K = \frac{0.5 - 0.325\dfrac{z}{z_0}}{1 - \dfrac{z}{z_0}} \tag{3.4}$$

将式(3.3)和式(3.4)代入式(3.1)可得地表以下任意深度处与隧道轴线距离为 x 的地层沉降的计算公式:

$$S(x) = \frac{0.313V_iD^2}{0.5z_0 - 0.325z}\exp\left[\frac{-x^2}{2(0.5z_0 - 0.325z)}\right] \tag{3.5}$$

由式(3.5)可以看出,隧道施工过程中横断面内任意一点的地层沉降预测都只与隧道施工引起的土体地层损失率和地层沉降槽宽度参数这两个因素息息相关。

3.2.2　新建单洞地铁隧道近距离下穿既有线地层沉降计算公式

在新建单洞地铁隧道下穿既有线路区间结构的过程中,两者不可避免地产生相互影响,新建隧道的施工必然会对既有线路区间结构产生扰动,而既有线路区间结构的存在也会对新建隧道施工后的地层变形规律产生影响。土体地层的变形规律是分析新建隧道对既有线路区间结构影响的基础,也是分析既有线路区间结构存在对新建隧道施工影响的媒介,是两者相互作用过程中的一个重要纽带,因此地层沉降规律预测显得尤为重要,Peck 经验理论公式凭借其简便的计算过程及较为准确的预测结果,在地层变形的研究中广泛采用。然而 Peck 经验理论公式是在某一特定地区实测沉降资料的基础上提出的,具有一定的地域经验性,应用于特定地层时需进行修正,使之适用于该地层的特性。针对具体围岩的特性,结合其他地区同类工程的实体案例对 Peck 公式进行修正。在修正 Peck 公式的过程中一般都是基于沉降槽宽度参数这个关键因素展开的,新建隧道下穿掘进施工导致地层沉降变形和隧道围岩收敛变形的影响因素很多,主要有隧道埋深、上覆地层力学特性和既有隧道结构刚度的影响等,所以在修正沉降槽宽度参数的过程中需要考虑的修正因素主要是特定地层中新建隧道埋深的影响及既有隧道结构刚度的影响,因此沉降槽宽度参数的修正公式为

$$K = \varphi^M K_z \tag{3.6}$$

式中,φ^M 为既有线路区间结构刚度作用下地层沉降槽宽度参数的修正系数;K_z 为具体地层中新建隧道施工引起的不同埋深条件下的沉降槽宽度参数。

1. 既有隧道刚度下沉降槽宽度参数的修正

新建地铁隧道开挖过程中,既有地铁区间隧道的存在会进一步对沉降槽宽度产生影响,改变沉降槽曲线的形状。既有地铁线路区间一般是管状线形结构,以发生弯曲变形为主,可以选取区间截面的抗弯刚度来表征既有线路区间结构刚度。针对新建单洞地铁隧道近距离下穿既有区间隧道的实体工程,定义刚度修正系数为 φ^M,并采用式(3.7)～式(3.9)分析既有隧道刚度对沉降槽宽度参数的影响。

1) 既有地铁区间隧道弯曲刚度的计算公式

地铁隧道的截面形状主要为圆形、矩形和马蹄形这些经典形状。针对地铁区间隧道结构的经典形状计算出隧道截面的惯性矩(以圆形地铁隧道为例),之后将既有地铁区间隧道的惯性矩和弹性模量代入刚度公式,得出既有地铁区间隧道弯曲刚度的计算公式:

$$W = EI = \frac{\pi D^4 E}{64}(1 - \alpha^4) \tag{3.7}$$

$$\alpha = \frac{d}{D} \tag{3.8}$$

式中,W 为地铁隧道的弯曲刚度;D 为地铁隧道毛洞开挖直径;d 为地铁隧道支护后的直径。

2) 既有线路结构刚度下沉降槽宽度参数修正系数的计算公式

王剑晨[84]针对新建隧道下穿既有地铁区间隧道的施工案例进行了调查研究,得出既有隧道结构刚度与沉降槽宽度修正系数基本呈线性关系:

$$\varphi^M = 1.1 + 4.5W \tag{3.9}$$

将式(3.7)和式(3.8)代入式(3.9),整理可得既有区间隧道存在时对沉降槽宽度影响的修正系数:

$$\varphi^M = 1.1 + 4.5\frac{\pi D^4 E}{64}(1 - \alpha^4) \tag{3.10}$$

2. 地层中不同埋深下沉降槽宽度系数的修正

杨万精[85]针对西安黄土地区隧道开挖过程中的地层沉降规律,利用模型试验

分析给出了黄土隧道上覆土层不同埋深条件下沉降槽宽度的计算公式:

$$i = \frac{0.476 - 0.297 \frac{z}{z_0}}{1 - \frac{z}{z_0}} (z_0 - z) \tag{3.11}$$

韩煊等[43]针对隧道下穿既有线的案例进行分析,给出了地表以下 z 深度处的沉降槽宽度系数影响因素的计算公式:

$$\eta^d = \frac{1 - a \frac{z}{z_0}}{1 - \frac{z}{z_0}} \tag{3.12}$$

式中,η^d 为土层埋深影响修正系数;a 为考虑地层土质情况的参数。

分析上述两个公式可以发现,沉降槽宽度随着地层埋深的增加及与开挖隧道间隔的不断减小而减小,针对这种情况本节给出了地层沉降槽宽度参数的计算表达式:

$$K_z = \frac{1 - \varphi \frac{z}{z_0}}{1 - \frac{z}{z_0}} K_f \tag{3.13}$$

式中,K_z 为新建隧道施工引起的自然土体地表以下地层埋深为 z 处的沉降槽宽度参数;K_f 为新建隧道施工引起的自然土体地表沉降槽宽度参数;φ 为土层埋深条件下沉降槽宽度修正系数。

地层沉降槽宽度修正系数的确定,主要是基于地区的实际经验获得的。如果没有地区实际经验,对于黏性土,φ 一般可取 0.65,而对于砂类土,φ 一般取 0.50[43]。例如,没有工程经验时,西安黄土地区隧道施工 φ 可取 0.624 进行计算。

3. 新建单洞隧道近距离下穿既有线 Peck 经验公式

综上所述,新建隧道下穿过程中考虑新建隧道埋深、上覆地层力学特性和既有隧道结构刚度等影响因素的地层变形公式为

$$S(x) = \frac{\pi R^2 V_i}{i_{am} \sqrt{2\pi}} \exp\left(\frac{-x^2}{2i_{am}^2}\right) \tag{3.14}$$

$$i_{am} = \left[1.1 + 4.5 \frac{\pi D^4 E}{64}(1 - \alpha^4)\right] \frac{1 - \varphi \frac{z}{z_0}}{1 - \frac{z}{z_0}} K_f (z_0 - z) \tag{3.15}$$

3.2.3 工程实例分析

选取北京地铁 10 号线国贸站—双井站隧道区间垂直下穿 1 号线国贸站—大

望路站隧道区间[34]作为算例进行验证。新建地铁 10 号线隧道区间施工采用浅埋暗挖法,中间夹层土体全部不留,既有地铁 1 号线隧道底板刚性接触新建地铁 10 号线隧道顶板,相应的平面布置如图 3.2 所示。

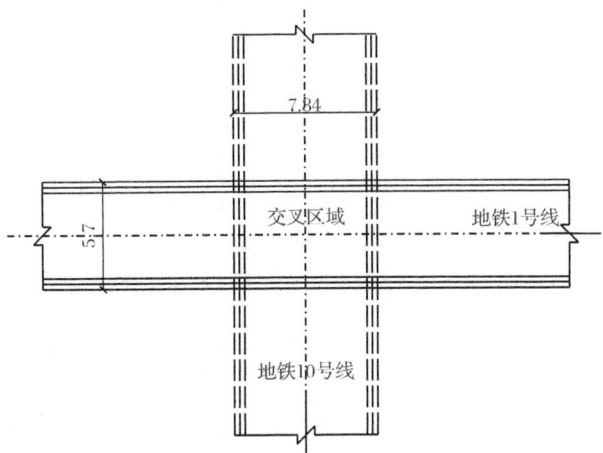

图 3.2　北京地铁 10 号线下穿 1 号线平面布置(单位:m)

参考北京地铁 10 号线隧道区间下穿 1 号线工程地质资料可知,该下穿工程中地铁 10 号线隧道上部的覆土厚度为 10.6m,地层土体分布从上到下分别为:粉土填土、粉土、粉质黏土、卵石、粉质黏土等,围岩整体稳定性比较差。地铁 1 号线隧道区间结构的横断面为矩形,断面尺寸为 5.7m×6.1m,复合式衬砌,施作 0.3m C20 喷射混凝土为初期支护,施作 0.25m C30 模筑混凝土为二次衬砌,隧道底板埋深约 16.7m。地铁 10 号线隧道区间结构同样采用矩形断面,断面尺寸为 7.84m×6.1m,复合式衬砌,浅埋暗挖法施工,轴线埋深为 19.75m。新建地铁 10 号线隧道与既有地铁 1 号线路横断面位置关系如图 3.3 所示。

要计算既有地铁隧道底板处的沉降槽宽度,首先要计算底板埋深处的沉降槽宽度系数,将 $z_0=19.75$m 和 $z=16.7$m 代入式(3.13),得到既有地铁隧道底板埋深处沉降槽宽度系数 $K_z=1.865$;其次需要计算既有地铁隧道刚度对沉降槽宽度的影响,由于该既有地铁隧道断面为矩形,此时已不能采用式(3.7)来计算既有地铁隧道的惯性矩,需要采用矩形断面惯性矩的计算公式:

$$I=\frac{bh^3}{12} \tag{3.16}$$

式中,b 为既有地铁隧道的宽度;h 为既有地铁隧道的高度。

支护完成后的既有地铁隧道是一个矩形环状断面,而计算既有地铁隧道结构的抗弯刚度时需要的是矩形环的惯性矩,因此将式(3.16)整理可得矩形环的惯性矩计算公式:

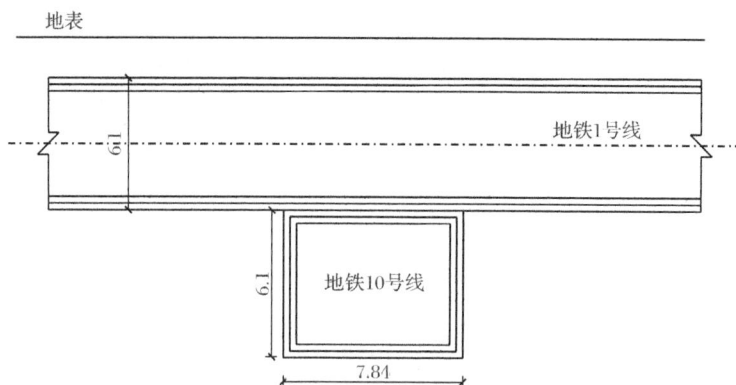

图 3.3　北京地铁 10 号线下穿 1 号线横断面示意图（单位：m）

$$I_c = \frac{b_1 h_1^3 - b_2 h_2^3}{12} \tag{3.17}$$

式中，I_c 为矩形环的惯性矩；b_1 为既有地铁隧道的开挖宽度；b_2 为既有地铁隧道支护完成后的宽度；h_1 为既有地铁隧道的开挖高度；h_2 为既有地铁隧道支护完成后的高度。

将既有地铁隧道的形状参数代入式（3.17），得到既有地铁隧道惯性矩为 59.90m^4。

既有地铁线路区间隧道初期支护采用 C20 的喷射混凝土，二次衬砌采用 C30 的模筑混凝土，而计算既有地铁隧道结构刚度影响时需要综合考虑初期支护和二次衬砌弹性模量不同所造成的影响，因此将初期支护和二次衬砌弹性模量加权得到的弹性模量定义为综合弹性模量，如式（3.18）所示：

$$E = \frac{T_1 E_1 - T_2 E_2}{T_1 + T_2} \tag{3.18}$$

式中，E 为既有地铁隧道综合弹性模量（加权弹性模量）；T_1 为既有地铁隧道初期支护厚度；T_2 为既有地铁隧道二次衬砌厚度；E_1 为既有地铁隧道初期支护弹性模量；E_2 为既有地铁隧道二次衬砌弹性模量。

依据《混凝土结构设计规范》（GB 50010—2010）[86]，查阅相应的混凝土弹性模量取值，如表 3.1 所示，将既有地铁隧道初期支护和二次衬砌的厚度及弹性模量代入式（3.18），得到综合弹性模量为 $2.75 \times 10^4\text{MPa}$。

表 3.1　混凝土的弹性模量　（单位：$\times 10^4$MPa）

混凝土强度等级	C15	C20	C25	C30	C35	C40
E	2.20	2.55	2.80	3.00	3.15	3.25

将计算得到的既有地铁隧道惯性矩以及既有地铁综合弹性模量代入式（3.15），得到新建地铁隧道下穿既有地铁隧道沉降槽宽度 $i_{an} = 11.68\text{m}$。北京地铁 10 号

线零距离下穿 1 号线的过程中预加固刚度较大,将沉降槽宽度系数代入式(3.2),计算得到地层损失率 $V_i = 0.40$,地层损失率也可以依据地区经验获得。最后将以上计算得到的所有影响参数代入式(3.14),对北京地铁 10 号线零距离下穿 1 号线过程中既有地铁 1 号线底板变形进行预测,实测变形和预测变形如图 3.4 所示。

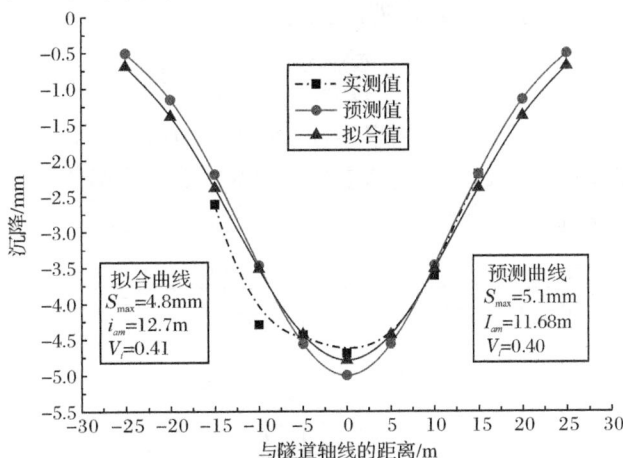

图 3.4　既有地铁隧道实测及预测变形

由图 3.4 可以看出,预测变形曲线与实测变形曲线的变形趋势及沉降范围一致,预测最大沉降为 5.1mm,实测最大沉降为 4.8mm,实测变形略小于预测变形。分析误差产生的原因,可能与下穿工程施工过程中地铁 10 号线的施工管理、施工质量、施工方法和地层均匀性有关。预测与实测误差小于 1mm,完全可以满足下穿过程中对既有地铁线路区间结构变形预测的需要。所以,本章提出的沉降计算理论公式可较为准确地预测既有线路区间结构的变形。

3.3　双洞隧道下穿既有线地层沉降计算方法

3.3.1　双洞隧道地层沉降计算

当两条隧道之间的间隔较小时,沉降曲线呈单凹槽的形式,即 V 形沉降;当两条隧道之间的间隔较大时,呈双凹槽的形式,即 W 形沉降。基于不同的沉降曲线类型,目前预测双洞隧道施工引起地层沉降的经验理论公式一般也分为两类。

1. 上、下行线地铁隧道近距离平行建设

Peck 通过对美国芝加哥地铁双洞隧道的研究发现,地铁隧道施工过程中引起的沉降槽依然呈对称分布的状态。所以计算沉降槽宽度时,可以用一个大圆等效

代替双洞隧道的开挖,用于解释双洞地铁隧道施工时沉降槽宽度的增加,如图3.5所示,依据Peck的描述,令大圆半径为

$$R' = R + \frac{L}{2} \tag{3.19}$$

相应的双洞隧道的Peck经验理论公式为

$$S(x) = \frac{\pi R'^2 V_g}{i_g \sqrt{2\pi}} \exp\left(\frac{-x^2}{2i_g^2}\right) \tag{3.20}$$

式中,R为双洞隧道施工时的开挖半径,m;R'为等效大圆半径,m;L为双洞隧道轴线之间的距离,m;i_g为双洞隧道施工过程中基于等效大圆的计算沉降槽宽度参数,m;V_g为双洞隧道施工过程中造成的土体地层损失率。

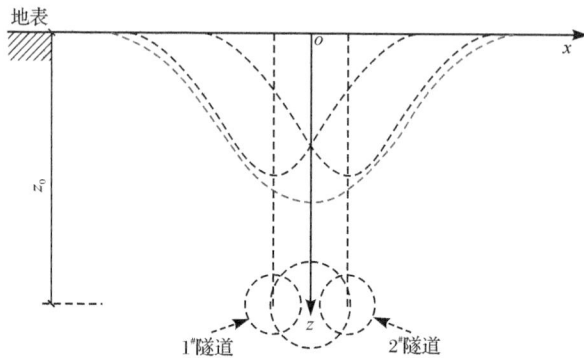

图3.5　大圆等效双洞隧道地层沉降横断面分布

式(3.20)假定总体最大沉降值位于双洞隧道轴线的对称中心处(沉降曲线对称分布),但是部分实测沉降值却呈非对称分布,即最大沉降值会偏离原来的对称中线。

因此New等[81]考虑到最大沉降值相对于原对称轴线会有所偏移,继续对Peck经验理论公式进行修正,提出了相应的计算公式:

$$S(x) = \frac{\pi R^2 V_g}{i_g \sqrt{2\pi}} \exp\left[\frac{-(x-a)^2}{2i_g^2}\right] \tag{3.21}$$

式中,a为双洞隧道总体最大沉降值偏离双线隧道中轴线对称中心的距离,m。

式(3.21)虽然很好地诠释了双洞隧道施工时最大沉降值偏离原对称中心的曲线分布方式,但并未具体给出如何确定偏移距离a的计算方法和取值范围。

2. 上、下行线地铁隧道远距离平行建设

刘波等[87]依据Peck经验公式的基本理论,假设两平行隧道对地层沉降的影响可以相互叠加,提出了双洞平行隧道施工时地表沉降的预测方法,基于图3.6

所示的笛卡儿坐标系,修正了同一埋深双洞平行隧道的 Peck 经验理论公式:

$$S(x) = \frac{\pi R^2 V_i}{i \sqrt{2\pi}} \exp\left[\frac{-(x+0.5L)^2}{2i^2}\right] + \frac{\pi R^2 V_i}{i \sqrt{2\pi}} \exp\left[\frac{-(x-0.5L)^2}{2i^2}\right]$$

$$(3.22)$$

式中,$S(x)$ 为地层土体横断面内与新建双洞隧道轴线对称中心水平直线距离为 x 位置处的地面点的沉降值,mm;V_i 为新建双洞隧道单线施工过程中引起的隧道单位长度的地层损失;i 为新建双洞隧道单线施工过程中从隧道轴线对应的地面点到沉降曲线拐点的水平直线距离,称为单洞隧道施工引起的土体地层沉降槽宽度,m;L 为新建双洞隧道水平直线中心距,m。

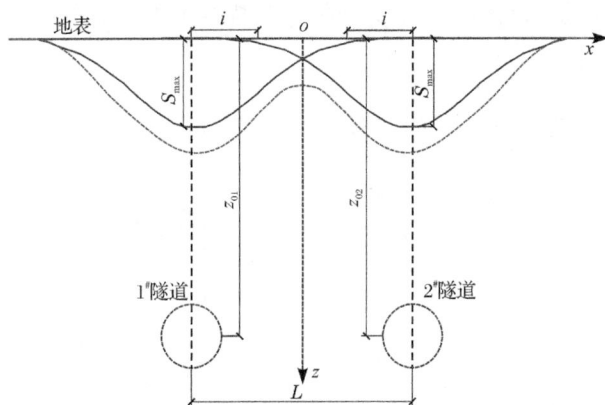

图 3.6 同一埋深双洞平行隧道横断面地表沉降

式(3.22)假定先行施工的隧道对后行修建的隧道不产生扰动影响,认为两者施工引起的地面沉降相同,即 S_{max} 与 i 相同。如果 L 较大,该方法比较符合实际情况;但如果 L 变得足够小,该计算公式则忽视了先行施工隧道对后行修建隧道的扰动影响,仍然假定土层总体地面沉降曲线是呈对称分布的状态,这与双洞隧道下穿的实际情况不符。所以当 L 比较小,在计算后行隧道施工过程中引起的地面沉降时,必须考虑先行施工隧道对后行修建隧道的扰动影响。计算过程中,假定后行修建隧道的沉降槽宽度 i 和地层损失率 V_i 的取值与先行施工隧道引起的土层参数的取值不完全相同,认为后行修建隧道施工造成的地面变形曲线依然对称分布,但是先行施工隧道与后行修建隧道施工造成的地面沉降曲线不一致,致使差异沉降叠加后得到的总体地面沉降曲线呈非对称分布。依据马可栓[88]的论述,可以采用超几何方法来计算双洞隧道施工引起的地层沉降,基于图 3.7 可得相应的预测公式为

$$S(x) = \frac{V_{i1}}{i_1 \sqrt{2\pi}} \exp\left[\frac{-(x+0.5L)^2}{2i_1^2}\right] + \frac{V_{i2}}{i_2 \sqrt{2\pi}} \exp\left[\frac{-(x-0.5L)^2}{2i_2^2}\right]$$

$$\tag{3.23}$$

式中，$S(x)$ 为地层土体横断面内与新建双洞隧道轴线对称中心水平直线距离为 x 位置处的地面点的沉降值，mm；i_1 为 1# 隧道施工过程中从隧道轴线对应的地面点到沉降曲线拐点的水平直线距离，称为 1# 沉降槽宽度，m；i_2 为 2# 隧道施工过程中从隧道轴线对应的地面点到沉降曲线拐点的水平直线距离，称为附加沉降槽宽度，m；L 为新建双洞隧道水平直线中心距离，m；V_{i1} 为 1# 隧道施工时引起的隧道单位长度的地层损失率（1# 隧道是先行隧道）；V_{i2} 为 2# 隧道施工时造成的附加地层损失率（2# 隧道是后行隧道）；x 为土体地表横断面内的计算点到双洞隧道轴线对称点之间的水平直线距离，m。

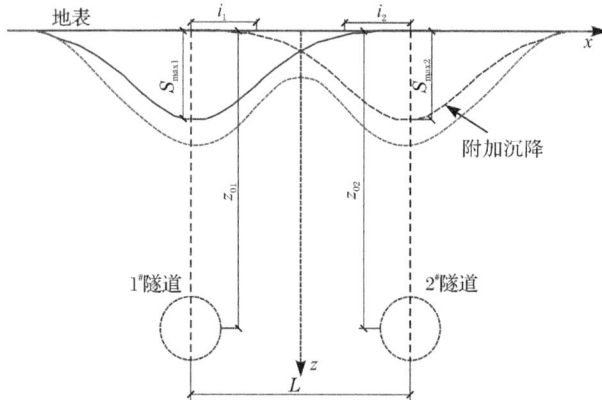

图 3.7　基于附加沉降双洞隧道的总体沉降计算示意图

采用式（3.23）预测双洞隧道施工时的地层沉降，优点是既能考虑双洞隧道轴线中心距离 L 的影响，即充分考虑先行施工隧道对后行修建隧道建设的扰动影响，又能表达总体地层沉降曲线呈非对称分布的状态。利用该式计算地层沉降时需要给出四个参数，而其中最为关键的是求得 2# 隧道（后行隧道）施工过程中造成的附加沉降，但是该式既没有明确给出附加沉降槽宽度 i_a 和附加地层损失率 V_{la} 的取值范围，也没给出相应的确定方法。

3.3.2　新建双洞地铁隧道近距离下穿既有线地层沉降计算公式

两平行隧道之间由于开挖先后顺序的不同所产生的叠加效应会对既有地铁线路结构产生严重影响，由前述分析可知，先行隧道施工对既有隧道结构扰动产生的地层沉降可以采用修正的单洞地铁隧道近距离下穿既有线 Peck 经验理论公式计算，而后行隧道下穿掘进施工导致地层沉降变形和隧道围岩收敛变形的影响因素有很多,主要包括隧道埋深、上覆地层力学特性、既有隧道结构刚度及新建两地铁隧道结构之间的距离等,所以必须对后行隧道施工对既有地铁线路结构扰动产生的地层沉降的分布形式及计算方法进行深入的研究与分析。

1. 双洞隧道建设相互影响类型划分

V 形沉降与 W 形沉降的分界线确定一直以来是隧道工程界的一个难题,因为双洞隧道施工引起的地层沉降曲线类型的确定大部分是基于具体工程得出的,至今没有统一的标准。李倩倩等[89]提出采用双洞隧道之间的绝对距离作为地层沉降曲线类型的分界线;而吴华君等[90]认为地层沉降曲线类型的分界线不仅与双洞隧道之间的绝对距离有关,还受到隧道轴线埋深的影响,主要体现在埋深不同的地层得到的沉降槽宽度也不相同。因此,吴华君等[90]提出采用双洞隧道之间的绝对距离与沉降槽边缘点到隧道轴线的水平距离(沉降槽宽度的一半)的比值作为地层沉降曲线类型的分界线。对地层沉降曲线类型的分界线取值进行统计,得出国内现有的双洞地铁隧道沉降曲线形式的划分,如表 3.2 和表 3.3 所示。

表 3.2　双洞平行隧道不同绝对间距沉降曲线形式划分

两隧道绝对间距	间距划分	沉降曲线形式
$L < 2D$	近距离	V 形沉降(单凹形沉降槽)
$L > 2D$	远距离	W 形沉降(双凹形沉降槽)

表 3.3　双洞平行隧道不同相对间距沉降曲线形式划分

两隧道相对间距	间距划分	沉降曲线形式
$C < 0.6$	近距离	V 形沉降(单凹形沉降槽)
$C > 0.8$	远距离	W 形沉降(双凹形沉降槽)

注:C 是双洞隧道之间的绝对直线距离与沉降槽边缘点到隧道轴线的水平直线距离的比值。

影响双洞地铁隧道近距离下穿既有地铁线区间结构的地层沉降曲线类型分界线的因素很多,主要包括新建隧道埋深、既有地铁线路的埋深、新建双洞隧道之间的距离、新建隧道与既有隧道之间的下穿净距、上覆地层的力学特性和既有隧道结构刚度等,本节充分考虑以上多重因素的耦合作用,尝试给出新建双洞地铁隧道下穿既有地铁线路地层沉降曲线类型分界线的取值方法。

后行地铁隧道掘进过程中会受到先行地铁隧道建设的扰动,同样先行地铁隧道也会受到后行地铁隧道施工的影响。本节拟采用 3.2 节已修正过的新建单洞隧道下穿既有隧道结构过程中沉降槽宽度的计算方法(因为计算修正的 i 综合考虑了影响新建地铁隧道下穿既有地铁线路结构的主要耦合因素)并结合两地铁隧道之间的轴线距离对双洞地铁隧道相互影响区域进行分类,将影响区域分为强影响区域、弱影响区域和互不影响区域,相应的影响分区公式如式(3.24)～式(3.26)所示,强影响类如图3.8所示,图中的阴影部分面积为双洞隧道施工时地层沉降叠加扰动区域。

$$L < 0.5W \tag{3.24}$$

$$0.5W \leqslant L < W \tag{3.25}$$

$$L \geqslant W \tag{3.26}$$

式中,L 为新建双洞隧道水平直线中心距,m;W 为总体沉降影响范围,即真正意义上的沉降槽宽度,可以由沉降槽宽度 i 来进行计算,m。

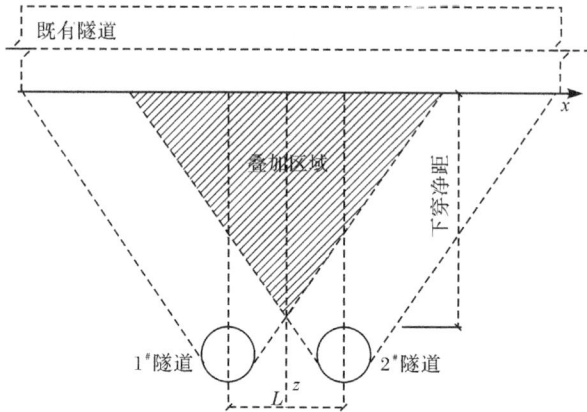

图 3.8　双洞隧道强影响类示意图

1) 强影响类

由图3.8可以看出,先行隧道掘进开挖时其主要影响范围超过了后行隧道的轴线位置,即先行隧道开挖影响扰动的地层范围覆盖了后行施工隧道的两侧(以隧道轴线为分界线,将隧道施工扰动范围分为左右两部分),所以后行隧道下穿施工穿越时,已经被扰动过的土体将会发生更加复杂的地层沉降。后行隧道施工掘进的影响范围同样会覆盖到先行隧道土体周围两侧,先行隧道两侧已经产生沉降的土体将再次受到扰动而发生变形。综上所述,先行隧道与后行隧道双侧土体均会受到彼此施工扰动的影响,影响程度深,波及范围广,定义为强影响区。

由以上分析可知,总体沉降曲线类型在该区域既可能呈 V 形分布,也可能呈 W 形分布,即在其他影响因素相同的情况下,随着双洞隧道轴线间的距离不断减小,总体沉降曲线由 W 形分布过渡到 V 形分布,且隧道施工对地层扰动的影响是由近隧道处向远隧道处逐级传递和逐级减弱的。因此,双洞隧道总体沉降曲线随着计算地层与隧道距离的不断增大,呈现由窄而深逐步向宽而浅的形式变化,相应地层埋深处的最大沉降值也呈逐渐减小的趋势,具体如图3.9所示。如果再考虑既有地铁结构存在的影响,那么既有地铁隧道结构底部以下总体沉降曲线形式和顶部以上总体沉降曲线形式也不尽相同。由于不同的下穿实体工程项目的多种影响因素耦合形式比较复杂,不同地区、不同施工方法、不同管理措施等条件下得到的分界线不同,因此很难确定出一个普遍适用的标准。

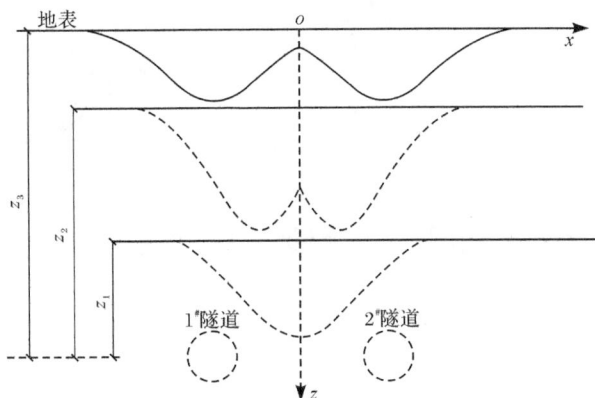

图 3.9　不同地层埋深处总体沉降曲线示意图

本节给出一个估算双洞地铁隧道下穿既有地铁线路总体沉降曲线 V 形分布和 W 形分布分界线的确定方法,相应的计算步骤如下:

(1) 分别计算 $1^{\#}$ 隧道和 $2^{\#}$ 隧道下穿施工时,既有地铁隧道结构底板处的参数 W_1、W_2、i_1 和 i_2。

(2) 令 $W=0.5(W_1+W_2)$,比较新建双洞地铁隧道轴线之间的距离 L 与 $0.5W$ 的大小,若 $L\geqslant0.5W$,则停止计算;若 $L<0.5W$,则继续比较 L 与 i_1+i_2 之间的关系。

(3) 依据图 3.10 所示的坐标系,令 $1^{\#}$ 隧道沉降曲线的位置保持不变,$2^{\#}$ 隧道与 $1^{\#}$ 隧道轴线之间的距离不断增大,此时 i_1 与 i_2 有三种关系:

① $L<i_1+i_2$,即 i_2 边缘点位于 i_1 的内部;

② $L=i_1+i_2$,即 i_2 边缘点与 i_1 边缘点坐落于同一横坐标位置处;

③ $L>i_1+i_2$,即 i_2 边缘点位于 i_1 的外部。

大部分双洞隧道下穿既有地铁构筑物总体沉降曲线 V 形分布和 W 形分布的分界线位于 $L=i_1+i_2$ 附近,由于多种耦合因素的复杂性,分界线会在 $L=i_1+i_2$ 的一个小范围内变化,所以一般以 $L=i_1+i_2$ 作为计算基准,计算该条件下的总体沉降曲线,如果该条件下的总体沉降曲线呈 V 形分布,那么在该基础上增加一个小的距离 δ_1,计算 $L=i_1+i_2+\delta_1$ 条件下总体沉降曲线的分布形式,一直试算到总体沉降曲线呈 W 形分布,找到分界线 $L=i_1+i_2+\delta_j$;如果在该条件下总体沉降曲线已经呈 W 形分布,那么在该基础上缩短一个小的距离 δ_1,计算 $L=i_1+i_2-\delta_1$ 条件下总体沉降曲线的分布形式,用同样的方法找到分界线 $L=i_1+i_2-\delta_j$。所以双

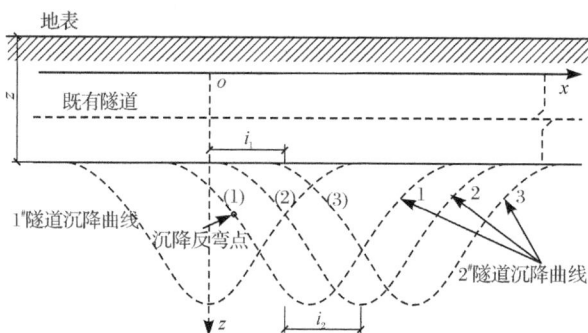

图 3.10 双洞隧道沉降槽宽度 i_1 与 i_2 位置关系示意图

洞隧道下穿既有地铁构筑物总体沉降曲线 V 形分布和 W 形分布的分界线 $L \in [i_1 + i_2 - \delta_j, i_1 + i_2 + \delta_i]$。

2) 弱影响类

由图 3.11 可以看出,当新建双洞隧道轴线之间的距离继续增大直到落在式(3.21)的计算范围内时,$1^\#$ 隧道和 $2^\#$ 隧道施工掘进时造成的沉降曲线的沉降槽之间只在两隧道周围土体一侧形成交集,即只有双洞隧道之间的土体经历了非同期隧道建设的多次扰动,地层沉降的叠加效应主要局限于双洞隧道的中间土体,造成彼此之间的影响范围减小、影响程度弱化,此时的总体地层沉降曲线基本都是呈 W 形分布的。

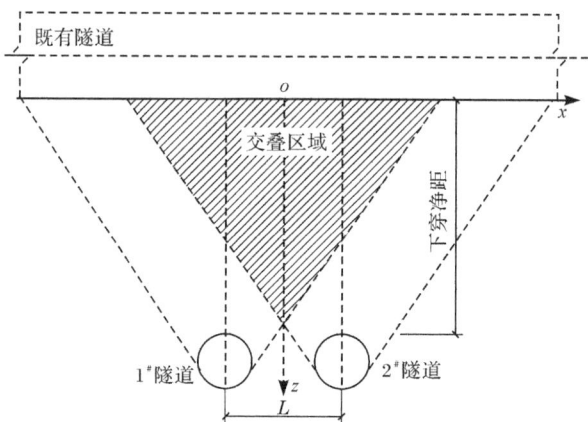

图 3.11 双洞隧道弱影响类示意图

3) 互不影响类

由图 3.12 可以看出,当新建双洞隧道轴线之间的距离超过式(3.26)给出的范围时,$1^\#$ 隧道和 $2^\#$ 隧道施工掘进造成的地层沉降曲线的沉降槽无交集,新建双洞隧道在该范围内建设时，隧道对其周围土体造成的扰动很小，这种情况就无需考虑双洞隧道掘进开挖对土体扰动的叠加效应，完全可以直接采用 3.2 节已修正过的新建单洞隧道下穿既有隧道结构的 Peck 经验理论公式，计算新建隧道施工掘进时的地层沉降和既有隧道结构沉降。

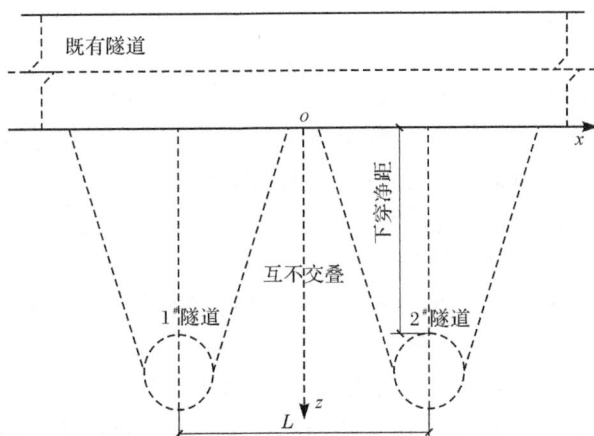

图 3.12　双洞隧道互不影响类示意图

在实体下穿工程建设过程中，预测地层沉降或者计算既有地铁隧道结构变形时，一般要先依据新建双洞地铁隧道下穿时的多种耦合因素判断其位于哪一个影响区域，并且进一步判断总体沉降曲线呈何种状态分布。为了便于判断，作者将以上内容整理得到双洞地铁隧道下穿既有地铁隧道结构影响分区及总体沉降曲线形状分布，如表 3.4 所示。

由表 3.4 可知，当 $L \geqslant W$ 时，上行线和下行线地铁隧道施工掘进时隧道之间几乎无影响（由图 3.8 分析也可得到），此时就可以采用单洞地铁隧道下穿时的 Peck 经验理论公式，而无需考虑土体之间的叠加效应；当 $L < W$ 时，为了进一步确定双洞地铁隧道近距离下穿时的预测公式，本章将双洞隧道形成强影响区的施工定义为近距离建设，而将形成弱影响区的施工定义为远距离建设，所以沉降预测公式的确定也主要是基于以上两个方面进行的。

表 3.4　双洞地铁隧道下穿既有地铁隧道结构影响分区及总体沉降曲线形状

双洞隧道轴线间隔	$L < 0.5W$	$0.5W \leqslant L < W$	$L \geqslant W$
先行与后行隧道周围	双侧土体	单侧土体	周围土体
土体互相影响范围	受到影响	受到影响	不受影响
影响区分类	强影响区	弱影响区	互不影响区
总体沉降曲线形状	V&W	W	W

2. 近距离双洞地铁隧道下穿既有线地层变形计算

先行修建的地铁区间隧道施工引起的地层沉降曲线是对称分布的,造成的土体扰动是非均匀的,离地铁隧道距离越近,扰动越大。当两地铁隧道轴线距离足够近时,先行地铁隧道施工引起的土体扰动会对中间土体强度产生影响,造成后行地铁隧道再次施工引起的土体扰动更加复杂多变。后行地铁隧道开挖时,朝向先行地铁隧道一侧的土体扰动程度与另一侧土体的扰动程度存在差异,造成施工过程中该侧的土体损失与另一侧的土体损失完全不同。后行地铁隧道施工引起的最大地层沉降值和沉降槽宽度与先行地铁隧道施工引起的沉降变形并不完全相同,造成土体地层总体沉降曲线呈非对称状态分布,使沉降最大值点偏向先行地铁隧道侧而与后施工地铁隧道距离较远。

针对双洞地铁隧道下穿既有地铁线路的特点,在计算总体地层沉降或者既有地铁线路结构的变形时,一般将其分成两部分进行考虑:先行地铁隧道施工掘进时的地层沉降和扰动地层中后行地铁施工时的地层沉降。将先行隧道和后行隧道各自施工掘进时引起的地层沉降叠加即可得到总体地层沉降,鉴于此,以下给出预测总体地层沉降的经验理论公式的计算方法和计算步骤。

$1^{\#}$ 地铁隧道下穿既有地铁线路区间施工时,可以利用修正的新建单洞地铁隧道近距离下穿既有线的 Peck 经验理论公式计算既有地铁线路结构沉降值,为了区分,令 $V_g = V_{i1}$,$i_{am} = i_1$,相应的计算公式如式(3.27)所示,将得到的沉降值 $S_1(x)$ 绘成相应的沉降曲线,如图 3.13 所示。

$$S_1(x) = \frac{\pi R^2 V_{i1}}{i_1 \sqrt{2\pi}} \exp\left(\frac{-x^2}{2i_1^2}\right) \tag{3.27}$$

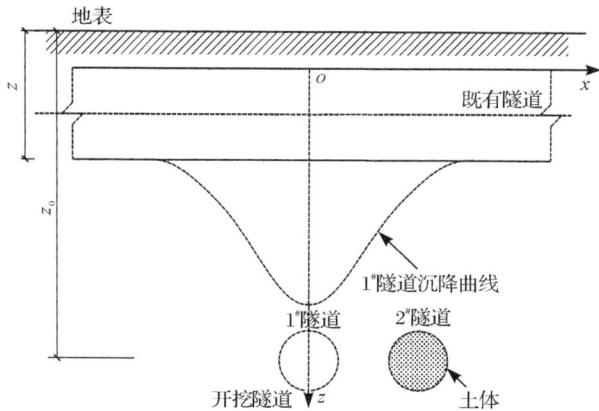

图 3.13　$1^{\#}$ 地铁隧道施工引起既有隧道结构的沉降分布

当两条新建地铁隧道轴线距离较近($L < 0.5W$)时,由图 3.14 可以计算得到先施工 1# 地铁隧道在后施工 2# 地铁隧道侧的扰动区边缘点。根据极限平衡原理,此处的既有地铁线路结构沉降不受 1# 地铁隧道施工的扰动影响,即该点的沉降值等于采用新建单洞地铁隧道近距离下穿既有线的计算方法(土体损失量仍取为 1# 地铁隧道的地层损失量)计算得到的沉降值,2# 地铁隧道引起的既有地铁线路沉降槽在远离 1# 地铁隧道一侧的边界不变。由此,结合修正的新建单洞地铁隧道下穿既有线的经验公式,提出 2# 地铁隧道下穿施工引起既有地铁线路结构沉降的近似计算方法,具体计算步骤如下:

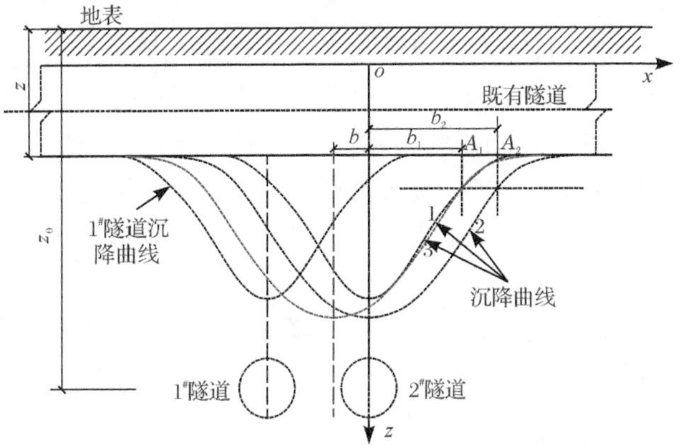

图 3.14　2# 地铁隧道施工引起既有隧道结构变形曲线计算示意图

(1) 用新建单洞地铁隧道近距离下穿既有线的 Peck 经验理论公式计算出 1# 地铁隧道修建时既有地铁结构的变形值(1# 地铁隧道施工时土体损失率取为 V_{i1},对应的计算沉降槽宽度为 i_1),然后求出 1# 地铁隧道施工时位于 2# 地铁隧道侧扰动区边缘点的位置,即图 3.14 中 A_1 点所处位置,进而求得 A_1 点到 1# 地铁隧道轴线的距离 $b_1 = 0.5W - L$。

(2) 依据新建单洞地铁隧道近距离下穿既有线的 Peck 经验理论公式的计算方法,令 2# 地铁隧道施工时土体损失率依然为 V_{i1},对应的计算沉降槽宽度仍为 i_1,得到 2# 地铁隧道施工时既有隧道结构的理想沉降曲线,如图 3.14 中沉降曲线 1 所示,然后计算出 1# 地铁隧道施工时边缘点 A_1 对应沉降曲线 1 上既有地铁结构的沉降值 S_1。

(3) 根据经验及施工现场情况,可以估算得到 2# 地铁隧道施工时引起的土体损失率为 V_2。计算时假定 2# 地铁隧道施工过程中引起的土体损失率 $V_g = V_2$,对应的计算沉降槽宽度仍为 i_1,依据单洞地铁隧道近距离下穿既有线的 Peck 经验理论公式,得到相应的既有地铁结构的沉降曲线,如图 3.14 中沉降曲线 2 所示。计算得到既有隧道结构沉降值等于 S_1 的点到 2# 地铁隧道轴线的距离 b_2,命名该

点为 A_2。

（4）由理论分析可知，$2^{\#}$ 地铁隧道实际施工时，在点 A_1 处的沉降值应为 S_1，所以将沉降曲线 2 向 $1^{\#}$ 地铁隧道侧平移，使点 A_1 处的沉降值等于 S_1，命名平移曲线为沉降曲线 3，令既有隧道地铁线路结构最大沉降值偏离 $2^{\#}$ 隧道轴线的距离为 b，则 $b=b_2-b_1$。

（5）新建双洞地铁隧道的中间土体受到 $1^{\#}$ 地铁隧道先施工的扰动影响，造成 $2^{\#}$ 地铁隧道后施工引起的既有地铁线路结构处的沉降槽宽度增大，将新的沉降槽宽度命名为 i_2，则 $i_2=i_1+b$，可以计算求得后行地铁隧道开挖在既有隧道结构处引起的沉降槽宽度 i_2。

（6）将坐标 (b_2,S_1) 代入新建单洞地铁隧道近距离下穿既有线的 Peck 经验理论公式中，求得实际土体损失率 V_{i2}。如果实际的地层损失率 V_{i2} 与给定的 $2^{\#}$ 隧道施工引起的地层损失率 V_2 相差较大，那么应该调整相应的地层损失率 V_2，重新计算得到一个新的地层损失率 V_{i2}，继续比较 V_2 与 V_{i2}，如果还是相差较大，继续重复以上的步骤，使 V_2 无限趋近于实际的地层损失率 V_{i2}，最终得到一个与 V_2 近似的 V_{i2}。

已知 L、V_{i2}、i_2，使 $2^{\#}$ 隧道沉降曲线上沉降值最大的点偏离原轴线距离为 b，采用式（3.28）就可以计算求得 $2^{\#}$ 地铁隧道施工后造成的既有线路结构的沉降曲线。

$$S_2(x) = \frac{\pi R^2 V_{i2}}{i_2 \sqrt{2\pi}} \exp\left[\frac{-(x+b)^2}{2i_2^2}\right] \tag{3.28}$$

$1^{\#}$ 地铁隧道施工引起的既有地铁线路结构的沉降采用单洞隧道近距离下穿既有地铁线路的 Peck 经验理论公式计算，参数取 V_{i1}、i_1，将 $1^{\#}$ 地铁隧道施工和 $2^{\#}$ 地铁隧道施工造成的既有地铁隧道结构的沉降值叠加可得到双线隧道施工造成的既有地铁隧道线路结构的最终沉降曲线，相应的总体沉降的计算公式为

$$S(x) = \frac{\pi R^2 V_{i1}}{i_1 \sqrt{2\pi}} \exp\left[\frac{-(x+a)^2}{2i_1^2}\right] + \frac{\pi R^2 V_{i2}}{i_2 \sqrt{2\pi}} \exp\left[\frac{-(x+b)^2}{2i_2^2}\right] \tag{3.29}$$

式中，$S(x)$ 为地层土体横断面内与新建双洞隧道轴线对称中心水平直线距离为 x 位置处的地面点的沉降值，mm；a 为 $1^{\#}$ 地铁隧道中心线与坐标轴线的距离，即新建地铁隧道之间的中心距离，m；b 为 $2^{\#}$ 地铁隧道施工时沉降曲线对称轴与坐标轴的距离，即沉降曲线 2 对称轴偏移原地铁隧道中心线的距离，m；R_1 为 $1^{\#}$ 地铁隧道的施工半径，m；R_2 为 $2^{\#}$ 地铁隧道的施工半径，m；i_1 为 $1^{\#}$ 地铁隧道施工时隧道中心轴线到沉降曲线拐点处的水平距离，称为 $1^{\#}$ 沉降槽宽度，m；i_2 为 $2^{\#}$ 地铁隧道施工时沉降曲线对称轴到该曲线拐点处的水平距离，称为 $2^{\#}$ 沉降槽宽度，m；V_{i1} 为 $1^{\#}$ 地铁隧道施工过程中造成的新建隧道单位长度内的地层损失率；V_{i2} 为 $2^{\#}$ 地铁隧道施工过程中造成的新建隧道单位长度内的地层损失率；x 为土体地层横断面内的计算点到坐标轴之间的水平直线距离，m。该式是基于图 3.14 所示的笛

卡儿坐标系进行计算的。

3. 远距离双洞地铁隧道下穿既有线地层变形计算

双洞隧道下穿既有地铁线路远距离建设的过程中,先行隧道与后行隧道施工掘进时造成的沉降曲线彼此之间只在两隧道周围土体一侧形成交叠区域,造成地层沉降的叠加效应主要局限于双洞隧道的中间土体,并且隧道施工对地层扰动的影响由近隧道处向远隧道处逐级传递和减弱,即隧道间产生的扰动效应的程度将大大弱化,造成先行隧道与后行隧道地层沉降的最大值一般位于各自隧道轴线处,总体地层沉降曲线基本呈 W 形分布向外侧延伸,如图 3.15 所示。因此,将 $1^{\#}$ 地铁隧道施工扰动的地层沉降与 $2^{\#}$ 地铁隧道施工扰动的地层沉降进行叠加,得到总体地层沉降的计算公式:

$$S(x) = \frac{V_{i1}}{i_1\sqrt{2\pi}}\exp\left[\frac{-(x+0.5L)^2}{2i_1^2}\right] + \frac{V_{i2}}{i_2\sqrt{2\pi}}\exp\left[\frac{-(x-0.5L)^2}{2i_1^2}\right] \quad (3.30)$$

式中,L 为新建双洞地铁隧道水平直线之间的距离,m。该式是基于图 3.15 所示的笛卡儿坐标系提出的,参数含义同式(3.29)。

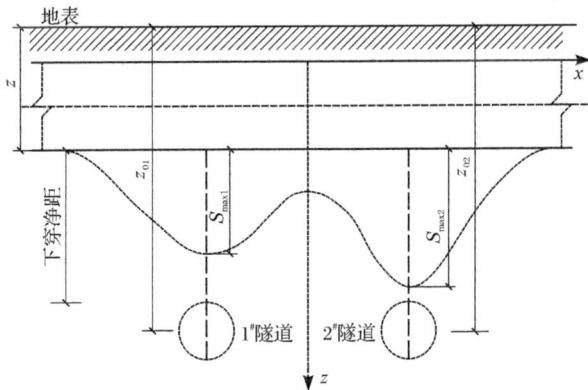

图 3.15　远距离双洞地铁隧道下穿既有线时地层沉降曲线分布

式(3.30)中涉及的参数有 V_{i1}、V_{i2}、i_1 和 i_2,如果存在地区经验参数,可以直接采用地区经验参数进行计算;如果获取这些地区经验参数比较困难,可以采用单洞地铁隧道下穿既有地铁线路结构的计算方法。然后将所得相关参数代入式(3.30)即可得到双洞地铁隧道下穿既有线路结构时的总体地层沉降。该情况下最大地层沉降值的确定步骤如下:

(1) 当 $x=-0.5L$ 时,代入式(3.30)可计算出双洞地铁隧道在 $1^{\#}$ 地铁隧道轴线处引起的最大地层沉降值 S_{max1}。

(2) 当 $x=0.5L$ 时,代入式(3.30)可计算出双洞地铁隧道在 $2^{\#}$ 地铁隧道轴线处引起的最大地层沉降值 S_{max2}。

（3）比较 S_{max1} 和 S_{max2} 可得出双洞地铁隧道下穿既有地铁线路引起的最大地层沉降值 S_{max}，并将地层沉降的最大值控制在安全范围内。

3.3.3 工程实例分析

本章选取北京地区第一例采用浅埋暗挖法施工的下穿工程[89]——新建地铁6号线平安里站—北海北站线路隧道区间下穿既有地铁4号线隧道区间作为计算案例，对前面提出的双洞地铁隧道下穿既有地铁线路的计算方法及修正的经验理论公式进行验证。

1. 工程概况

新建地铁6号线平安里站—北海北站线路隧道区间顺着地安门大街东西方向延伸，采用浅埋暗挖法进行施工，辅以复合式衬砌进行支护，施工断面呈马蹄形，开挖尺寸为 $6.2m \times 6.5m$，开挖面积约 $33.12m^2$。地铁6号线隧道区间顶板埋深为 $16.6 \sim 20.32m$，区间左线与右线间距为 $12 \sim 16m$，且隧道区间主要处于圆砾卵石和粉细砂层的包裹中，相应土层的分布形式如图3.16所示。

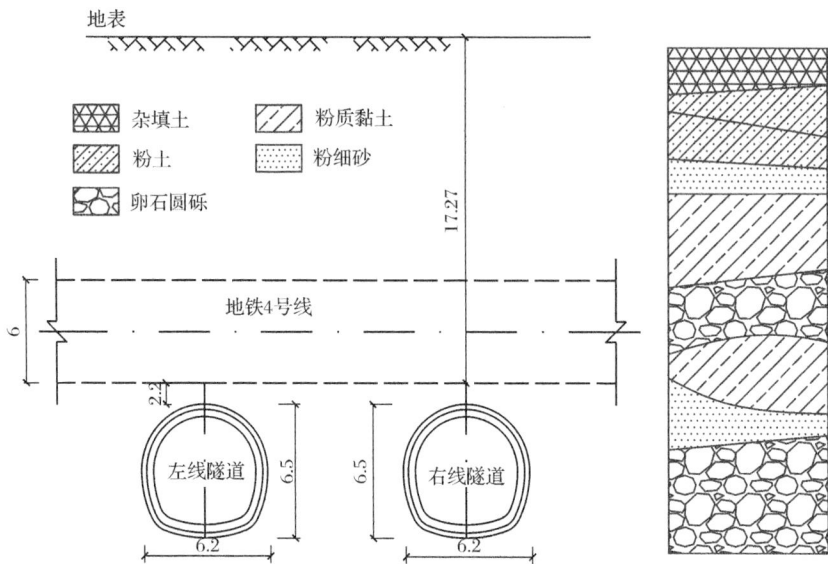

图 3.16　北京地铁6号线下穿4号线横断面示意图（单位：m）

既有地铁4号线隧道区间是采用盾构法施工的，施工过程中辅以单层平板式预制钢筋混凝土衬砌管片进行支护，衬砌管片内部直径为 5400mm，外部直径为 6000mm，环向宽度为 1200mm，衬砌厚度为 300mm。衬砌管片使用 C50 混凝土，配合以 HRB335、HPB235 型钢筋,防水等级达到 S10。

新建地铁 6 号线隧道区间垂直下穿既有地铁 4 号线隧道区间交叠区域处,4 号线隧道底板埋深为 17.27m,6 号线隧道轴线埋深约 23.12m,6 号线双洞隧道之间的中心距离约 16m,4 号线隧道区间仰拱与 6 号线隧道区间拱顶之间的最小净距仅为 2.613m,6 号线地铁隧道与 4 号线地铁隧道位置关系如图 3.16 和图 3.17 所示。

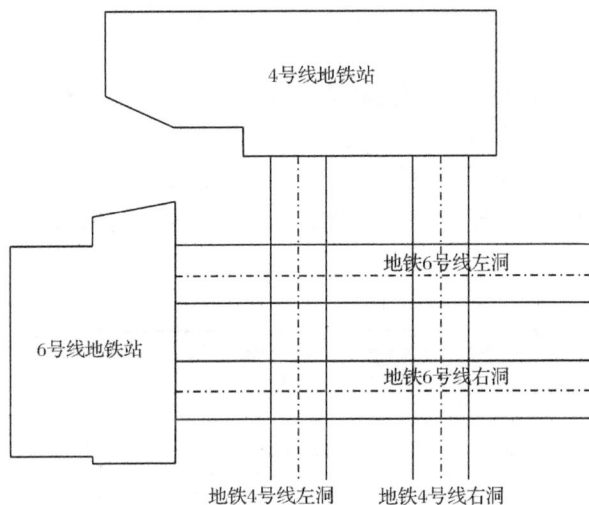

图 3.17　北京地铁 6 号线下穿 4 号线平面位置示意图

2. 下穿区域既有地铁结构变形预测

基于北京地铁 6 号线近距离下穿 4 号线的工程地质概况,依据《混凝土结构设计规范》(GB 50010—2010)[86],C50 混凝土的弹性模量约为 $3.75 \times 10^4 \mathrm{N/mm^2}$,既有盾构地铁隧道外径 $D=6\mathrm{m}$,内径 $d=5.4\mathrm{m}$,将以上参数代入式(3.10),计算得到既有区间隧道刚度对沉降槽宽度影响的修正系数 $\varphi^M=1.47$。新建隧道埋深 $z_0=23.12\mathrm{m}$,既有隧道底板埋深 $z=17.27\mathrm{m}$,新建地铁隧道开挖断面土体及上覆土体中既有黏性土又有砂类土,所以 φ 取 0.575,依据北京地区天然地表沉降槽宽度系数的取值经验,此处天然地表沉降槽宽度参数 K_f 取 0.352,将以上各参数代入式(3.13),计算得到新建隧道施工过程造成的地层沉降槽宽度参数 $K_z=4.6428$。最后将 φ^M 和 K_z 代入式(3.15),计算得到新建地铁隧道下穿既有地铁线路修正沉降槽宽度 $i_{am}=6.82\mathrm{m}$。新建两地铁隧道之间的中心间距 $L=16\mathrm{m}$,而总体沉降槽半宽 $0.5W=23.87\mathrm{m}$,可以看出 $L<0.5W$,所以新建两地铁隧道双侧土体均受到彼此施工扰动的影响,分别处于对方的强烈影响区域内,属于双洞地铁隧道的近距

离建设。在该影响区内计算土体沉降时,一定要考虑先行地铁隧道施工对后行地铁隧道侧土体的扰动影响,因此本章采用该影响区域对应的地层沉降的计算方法,计算过程和步骤如下所述:

(1)利用新建单洞地铁隧道近距离下穿既有线的 Peck 经验理论公式计算出先行地铁隧道修建时既有地铁结构的变形值(先行地铁隧道施工时土体损失率 $V_{i1}=0.4$,对应的计算沉降槽宽度 $i_1=6.82\text{m}$),然后求出先行地铁隧道施工时位于后行地铁隧道侧扰动区边缘点的位置,即图中 A_1 点所处位置,进而求得 A_1 点到后行地铁隧道轴线的距离 $b_1=7.87\text{m}$。

(2)依据新建单洞地铁隧道近距离下穿既有线的 Peck 经验理论公式的计算方法,令后行地铁隧道施工时土体损失率为 V_{i1},对应的计算沉降槽宽度仍为 i_1,得到后行地铁隧道施工时既有隧道结构的理想沉降曲线,如图 3.18 中沉降曲线 1 所示,然后计算出先行地铁隧道施工时边缘点 A_1 对应沉降曲线 1 上既有地铁结构的沉降值 $S_1=3.4\text{mm}$。

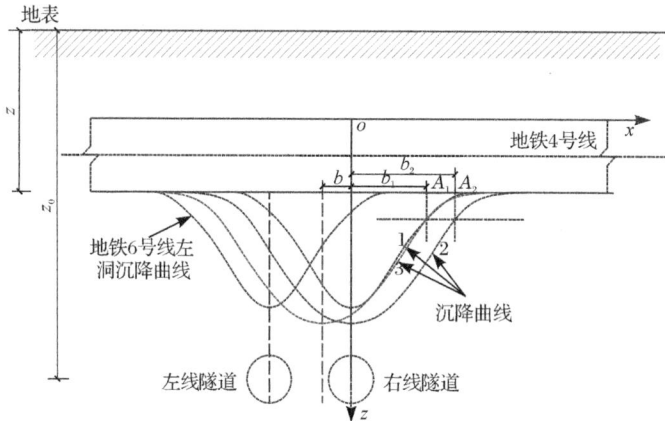

图 3.18　6 号线后行隧道施工引起既有隧道结构变形计算示意图

(3)根据经验及施工现场情况,可以估算得到后行地铁隧道施工时引起的土体损失率 V_2。计算时假定后行地铁隧道施工时引起的土体损失率 $V_g=V_2=0.5$,对应的计算沉降槽宽度仍为 i_1,依据单洞地铁隧道近距离下穿既有线的 Peck 经验理论公式得到相应的既有地铁结构的沉降曲线,如图 3.18 中沉降曲线 2 所示。计算得到既有隧道结构沉降值为 S_1 的点到后行地铁隧道轴线的距离 $b_2=9.09\text{m}$,并命名该点为 A_2。

(4)由理论分析可知,实际后行地铁隧道施工时在 A_1 点处的沉降值应为 S_1,所以将沉降曲线 2 向先行地铁隧道侧平移,使 A_1 点处的沉降值等于 S_1,命名沉降平移曲线为沉降曲线 3,令既有隧道地铁线路结构最大沉降值偏离后行隧道轴线

的距离为 b，可计算求得 $b=1.22\text{m}$。

（5）因为新建两地铁隧道中间土体受到先行地铁隧道先施工的扰动，造成后行地铁隧道后施工引起的既有地铁线路结构处的沉降槽宽度增大，命名新的沉降槽宽度为 i_2，计算求得后行地铁隧道的沉降槽宽度 $i_2=8.04\text{m}$。

（6）将坐标（9.09m，3.4mm）代入新建单洞地铁隧道近距离下穿既有线的 Peck 经验理论公式中，计算求得实际的地层损失率 $V_{i2}=0.55$。实际的地层损失率 V_{i2} 与给定的后行隧道施工引起的地层损失率 V_2 相差还比较大，调整 V_2，重新计算得到一个新的 V_{i2}，继续比较 V_2 和 V_{i2}，如果还是相差较大，继续重复以上步骤，使 V_2 无限趋近 V_{i2}，最终可以得到一个与 V_2 近似的 V_{i2}。

将计算所得的 L、V_{i2}、i_2 和 b 代入式（3.28），可计算求得后行地铁隧道施工后造成的既有线路结构的沉降曲线。先行地铁隧道施工引起的既有地铁线路结构的沉降采用式（3.9）计算，相应参数为 V_{i1}、i_1，将先行地铁隧道施工和后行地铁隧道施工造成的既有地铁隧道结构的沉降值叠加可得到双线隧道施工造成的最终的既有地铁隧道线路结构的沉降曲线，如图 3.19 所示。

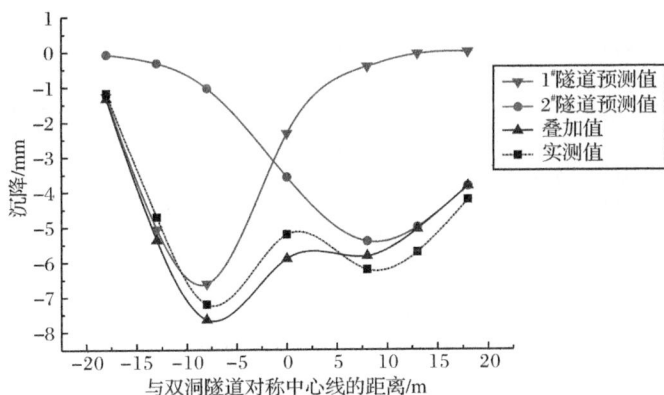

图 3.19　北京地铁 6 号线下穿 4 号线结构变形曲线

图 3.19 中，预测变形曲线与实测变形曲线的形状和沉降范围一致，都呈 W 形并向周围延伸，预测的最大沉降为 7.65mm，实测的最大沉降为 7.32mm，实测变形小于预测变形。误差的产生可能与下穿工程施工过程中地铁 10 号线的施工管理、施工质量、施工方法、左右线施工顺序和地层均匀性有关。预测值与实测值误差小于 1mm，完全可以满足下穿过程中对既有地铁线路区间结构变形预测的需要。所以，本章提出的沉降计算理论公式可较为准确地预测既有线路区间结构的变形。

3. 下穿区域地表沉降预测

依据北京地铁 6 号线的工程资料,计算得到既有区间隧道刚度对沉降槽宽度影响的修正系数 $\varphi^M = 1.4690$。新建隧道埋深 $z_0 = 23.12\text{m}$,由于新建地铁隧道开挖断面土体和上覆土体中既有黏性土又有砂类土,并且依据北京地区天然地表沉降槽宽度系数的取值经验,计算得到地表沉降槽宽度参数 $K = 0.517$。最后将得到的刚度影响系数 φ^M 和地表影响沉降槽宽度参数 K 代入式(3.15),计算得到新建地铁隧道下穿既有地铁线路地表处修正沉降槽宽度 $i_{am} = 11.95\text{m}$。新建两地铁隧道的中心间距 $L = 16\text{m}$,而总体沉降槽半宽 $0.5W = 41.83\text{m}$,可以看出 $L < 0.5W$,新建两地铁隧道双侧土体均受到彼此施工扰动的影响,分别处于对方的强烈影响区内,属于双洞地铁隧道的近距离建设。该影响区内计算土体沉降时,一定要考虑先行地铁隧道施工对后行地铁隧道侧土体的扰动影响,因此,参照前述关于既有隧道结构变形区域的计算方法,此处不再赘述,相应的地表沉降曲线如图 3.20 所示。

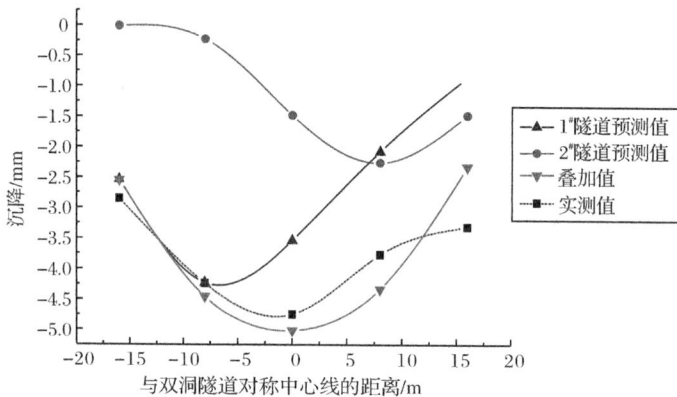

图 3.20　北京地铁 6 号线下穿 4 号线下穿区域地表沉降曲线

图 3.20 中,北京地铁 6 号线近距离下穿 4 号线过程中引起的地表预测变形曲线与实测变形曲线的形状和沉降范围一致,都呈 V 形并向周围延伸,预测最大沉降为 5.02mm,实测最大沉降为 4.56mm,实测变形小于预测变形。误差的产生可能与下穿工程施工过程中地铁 10 号线的施工管理、施工质量、左右线施工顺序、施工方法和地层均匀性有关。预测值与实测值误差小于 1mm,完全可以满足下穿过程中对既有地铁线路区间结构变形预测的需要。所以,本章提出的沉降计算理论公式可较为准确地预测既有线路区间结构的变形。

3.4　本 章 小 结

本章基于 Peck 经验理论公式,分别分析了新建单洞、双洞地铁隧道下穿既有地铁线路的影响因素,推导出新建单洞地铁隧道近距离下穿既有线地层沉降计算公式和不同影响类别下双洞地铁隧道下穿既有线地层沉降计算公式。主要得出以下结论:

(1) 针对既有区间隧道结构对沉降槽宽度参数的影响,给出考虑既有地铁隧道结构刚度影响的沉降槽宽度修正系数的计算公式;针对新建隧道埋深对沉降槽宽度的影响,给出考虑新建隧道埋深影响的沉降槽宽度修正系数的计算公式。结合沉降槽宽度参数的修正公式,推导出新建单洞地铁隧道近距离下穿既有线地层沉降计算公式。由相关公式可以看出,下穿过程中土体内任一点地层沉降都将受到新建隧道埋深、上覆土体特征、既有地铁隧道服役状态、地层损失率及与新建隧道中心线的距离的影响。

(2) 考虑先行隧道-中间土体-后行隧道-中间土体-既有隧道五部分之间的互相耦合作用,将双洞地铁隧道下穿既有线路的影响区域分为强影响类、弱影响类和互不影响类。结合单洞隧道下穿既有隧道结构时的沉降槽宽度计算方法,给出了估算双洞地铁隧道下穿既有线路总体沉降曲线 V 形分布和 W 形分布的分界方法。分别针对下穿既有线路的双洞地铁隧道强影响类和弱影响类,推导出近距离上、下行线地铁隧道下穿既有线经验理论公式及远距离上、下行线地铁隧道下穿既有线经验理论公式。互不影响类可以采用单洞隧道下穿既有隧道结构的沉降计算方法进行计算。

第4章 暗挖隧道下穿既有线路沉降控制标准研究

4.1 概　　述

新建地铁隧道下穿既有地铁线路掘进过程中,会不可避免地引起既有地铁线路的局部变形,进一步造成隧道结构沉降以及轨道变形等一系列风险,尤其是对地铁列车的安全运营造成严重的威胁。保证地铁列车正常、安全、舒适的运营及既有地铁隧道结构稳定是现今面临的最大挑战,因此研究新建地铁隧道下穿既有地铁线路的沉降标准显得尤为重要。但由于工程地质、水文地质、既有地铁构筑物以及新建地铁隧道结构的差异性,至今仍未给出新建隧道下穿过程中既有地铁线路变形统一的取值标准,而不同的取值标准之间差异又比较大。例如,某地区的沉降控制标准值对一些地层中地铁隧道的建设可能显得过于保守,无形之中造成工程造价的提高,对于另一些地区地铁隧道的建设则会触发危险,严重时会造成灾难性的后果。本章基于保证既有地铁线路区间结构的运营安全和降低新建地铁隧道施工过程中工程造价这个基本原则,对新建地铁隧道下穿既有地铁线路区间结构的沉降控制标准值进行了深入的研究和分析,将西安地铁5号线近距离下穿2号线作为依托工程,首先对新建地铁隧道下穿既有地铁线路区间结构的判断准则进行系统的分类和研究;其次依据不同的判断准则计算出新建地铁隧道下穿既有地铁线路过程中既有区间结构的允许变形值,然后选取其中的最小值作为计算控制标准值;最后参考其他黄土地区下穿工程及国内相关规定和标准,结合第3章给出的计算控制标准值,确定出既有地铁隧道结构的计算沉降控制基准,并且进一步给出下穿过程中既有地铁线路区间结构的预警体系和变形安全等级评价。

4.2 新建地铁隧道下穿既有线路判断准则

新建地铁隧道近距离下穿既有地铁线路区间结构施工过程中面临的主要任务是:既要确保既有地铁线路区间结构的安全稳定,如道床结构变形、区间结构沉降和变形缝等变形指标必须符合相关控制标准的规定,又要进一步保证地铁列车运营满足日常工作的安全性与高效性,即要求既有线路区间的轨距变形、轨道结构纵向和横向高差一定要满足轨道结构相关技术标准的条件。判断新建地铁隧道下穿施工对既有地铁区间结构是否有影响及影响程度有多大,就需要一定的准则来进行描述和判断,相应的判断准则如表 4.1 所示。

表 4.1　判断准则选用

准则类型	序号	基本准则	准则适用情况
地层准则	1	应力准则	用应力重分布时梯度变化和应力集中系数来判断;弹性准则(Ⅰ、Ⅱ级围岩);弹塑性准则(Ⅲ~Ⅵ级围岩)
	2	位移准则	以既有隧道结构和土体的位移变化程度表示,包括地层位移、地表沉降、既有隧道结构纵向和环向变形等
	3	塑性区准则	依据塑性区不叠加原则来判断,只有出现与既有侧连通的塑性区时,才会对既有隧道结构产生较大影响
既有隧道结构准则	4	强度准则	基于既有隧道结构承载能力的改变程度来判断
	5	刚度准则	基于新建隧道下穿施工引起既有隧道结构形状的改变程度及容许变形要求进行判断
复合准则	6	—	某些类型条件下,同时考虑以上多种准则的联合运用

不同判断准则之间不是绝对独立的,应力准则、应变准则、位移准则彼此之间是互相联系的,通过物理方程可以将应变与应力联系起来,而应变与位移则需要满足几何方程。工程概况比较简单时,可以采用单一判断准则进行分析,通过联立不同的方程组,辅以其他判断准则进行验证,一般情况下不同判断准则之间可以互相验证;工程概况比较复杂时,需要依据多种判断准则全面地分析研究,对实体工程进行立体判断,选取出恰当的控制标准值。对于新建地铁隧道下穿既有地铁线路施工,工程概况复杂,地铁隧道运营要求严苛,需要依据多种判断准则全面地分析,与应力相比,位移可以更加直观地反映开挖施工对既有隧道结构及周围地层的影响。除此之外,既有地铁线路区间结构刚度也可以通过隧道结构位移来进行判断,所以本章拟将不同的判断准则全部转化为位移准则进行比较分析,选取合理的控制标准值。

4.3　基于不同因素下穿既有线路沉降控制基准研究

新建地铁隧道下穿既有地铁线路区间结构是风险等级非常高的工程之一,施工过程中稍有不慎就会对既有地铁线路产生破坏,所以应该综合采用多种判断准则对既有地铁线路进行多角度、全方位、深层次的立体式俯瞰,将不同的判断准则全部转化为易于观测的位移准则进行直观比较。新建地铁隧道下穿既有地铁线路区间结构过程中位移准则的研究对象主要是既有地铁线路区间结构的竖向变形,也就是要确定出既有地铁线路区间结构的沉降变形控制标准。本章基于西安地铁 5 号线近距离下穿地铁 2 号线的依托工程,旨在研究得出西安黄土地区新建地铁隧道下穿过程中既有地铁线路的沉降控制标准。因此,需要综合考虑下穿过程中涉及的新建地铁隧道、地层土体和既有地铁线路三者之间的耦合作用,利用不同的判断准则分别确定出既有地铁线路结构的允许沉降值,然后选取最小值作为计算控制标准值。

4.3.1　基于既有隧道结构最大弯矩沉降研究

当既有地铁隧道结构与下部土体的相对刚度非常大时,可以认为其下部土体沉降影响区内既有地铁隧道结构与下部土体处于完全脱离的状态,即既有地铁隧道结构只受到上方土体压力及自重的作用,可将其等效为三次超静定梁进行研究。定义既有地铁隧道结构下部土体沉降影响区边缘处对应的位置为计算时的固定端,相应的计算方法和计算步骤如下所述。

1. 既有隧道结构的力学模型等效

新建地铁隧道未施工之前,既有地铁隧道在土层中已经处于受力平衡状态,变形已经基本稳定,相应的受力状态如图 4.1 所示。

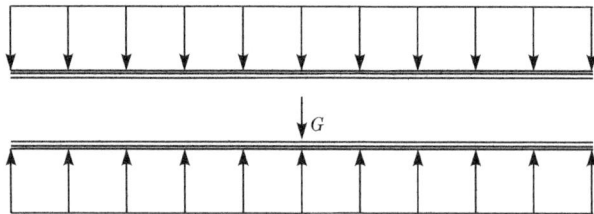

图 4.1　既有隧道受力平衡状态

新建隧道施工造成隧道周围原有土体处的受力平衡状态被打破,发生应力释放,且应力释放是从新建地铁隧道处呈辐射状态向外逐级减弱并不断衍生的,相对于既有地铁隧道是从下到上逐渐减弱的而言,当其传递到既有隧道结构处时,既有隧道与其围岩原有的受力平衡状态被打破,造成在沉降影响范围内既有隧道结构下部的地基反力减小,相应的受力分布如图 4.2 所示。

当既有地铁隧道与下部土体的相对刚度非常大时,可以认为在一定范围内既有隧道与下部土体完全脱离,既有隧道可以看成只受上方土压力及自重的作用,而将土体沉降影响较小处作为固定端,将其等效为两端固定的梁进行计算,并将既有地铁隧道结构上部所受的土体压力和既有隧道结构的自重等效为均布荷载施加到梁上,最终得到一个受均布荷载的三次超静定梁,相应的受力等效和力学模型如图 4.3 和图 4.4 所示。

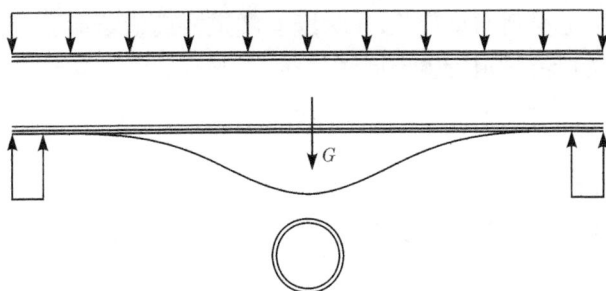

图 4.2　既有隧道受新建隧道开挖影响受力分布

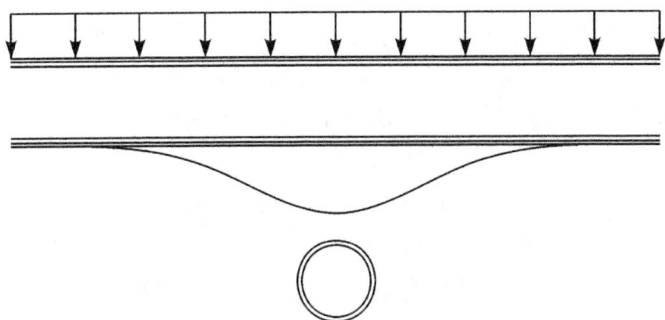

图 4.3　既有隧道受新建隧道开挖影响受力等效

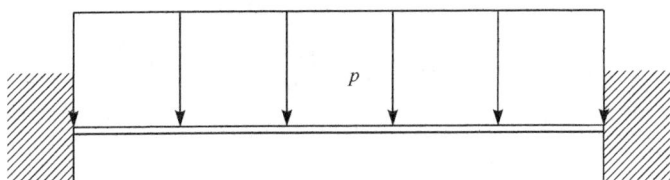

图 4.4　既有隧道受新建隧道开挖影响力学模型

2. 超静定结构力法方程求解多余约束力

针对图 4.4 给出的三次超静定结构的力学模型,一般情况下只要求出多余约束力,将多余约束力视为一般外荷载作用在基本结构上,则静定基本结构力学模型在已知荷载和多余约束力共同作用下的位移就是原超静定结构的位移。因此,依据超静定结构的一般解法,可将受均布荷载的三次超静定梁转化为均布荷载及约束力共同作用下的简支梁(见图 4.5),该均布荷载由既有地铁隧道的结构自重及其上部所受土体压力共同构成,相应的计算公式为

$$p = A\rho_{\text{c}}g + \sum_{i=1}^{n}\rho_i g h_i \tag{4.1}$$

式中，p 为既有隧道受到的总荷载；A 为既有隧道衬砌横断面面积；ρ_C 为既有隧道衬砌的密度；ρ_i 为既有隧道上覆土层密度；h_i 为既有隧道上覆土层厚度。

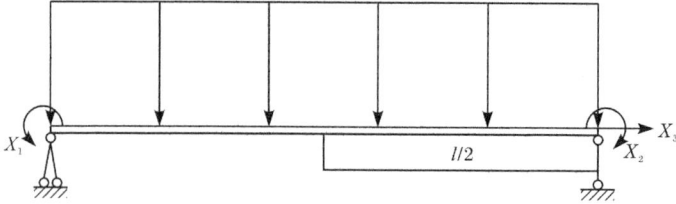

图 4.5　基本力学体系模型

采用力法的典型方程对三次超静定梁进行求解，力法的典型方程为

$$\delta_{11}X_1+\delta_{12}X_2+\delta_{13}X_3+\Delta_{1p}=0 \tag{4.2}$$

$$\delta_{21}X_1+\delta_{22}X_2+\delta_{23}X_3+\Delta_{2p}=0 \tag{4.3}$$

$$\delta_{31}X_1+\delta_{32}X_2+\delta_{33}X_3+\Delta_{3p}=0 \tag{4.4}$$

式中，δ_{11}、δ_{12} 和 δ_{13} 分别为基本结构在 $X_1=1$ 单独作用下引起的沿 X_1、X_2 和 X_3 方向的位移；δ_{21}、δ_{22} 和 δ_{23} 分别为基本结构在 $X_2=1$ 单独作用下引起的沿 X_1、X_2 和 X_3 方向的位移；δ_{31}、δ_{32} 和 δ_{33} 分别为基本结构在 $X_3=1$ 单独作用下引起的沿 X_1、X_2 和 X_3 方向的位移；Δ_{1p}、Δ_{2p} 和 Δ_{3p} 分别为基本结构在荷载单独作用下引起的沿 X_1、X_2 和 X_3 方向的位移。

其中，

$$\delta_{ii}=\sum\int\frac{\overline{M_i^2}}{EI}\mathrm{d}s+\sum\int\frac{K\overline{Q_i^2}}{GA}\mathrm{d}s+\sum\int\frac{\overline{N_i^2}}{EA}\mathrm{d}s \tag{4.5}$$

$$\delta_{ij}=\sum\int\frac{\overline{M_iM_j}}{EI}\mathrm{d}s+\sum\int\frac{K\overline{Q_iQ_j}}{GA}\mathrm{d}s+\sum\int\frac{\overline{N_iN_j}}{EA}\mathrm{d}s \tag{4.6}$$

$$\Delta_{ip}=\sum\int\frac{\overline{M_i}M_p}{EI}\mathrm{d}s+\sum\int\frac{K\overline{Q_i}Q_p}{GA}\mathrm{d}s+\sum\int\frac{\overline{N_i}N_p}{EA}\mathrm{d}s \tag{4.7}$$

联立式(4.2)～式(4.7)可解得多余约束力：

$$X_1=\frac{pl^2}{12}, \quad X_2=\frac{pl^2}{12}, \quad X_3=0$$

由以上方程得出约束力后，把约束力作为外加荷载加到静定结构上，应用平衡条件求出结构的支座反力和内力，然后利用式(4.8)便可求出结构的总弯矩，弯矩图如图 4.6 所示。

$$M=\sum\overline{M_i}X_i+M_p \tag{4.8}$$

式中，X_i 为多余约束力($i=1,2,3$)；$\overline{M_i}$ 为多余约束力作用下既有区间结构产生的弯矩；M_p 为均布荷载作用下既有区间结构产生的弯矩。

由图 4.6 可以看出，新建隧道轴线处对应的弯矩为最大正弯矩，而既有隧道

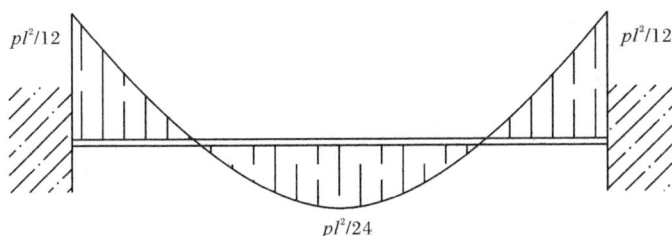

图 4.6　总弯矩图

两端一定范围处对应的弯矩为最大负弯矩,相应的最大弯矩取值公式为

$$M_{\max}^{+}=\frac{pl^2}{24} \tag{4.9}$$

$$M_{\max}^{-}=\frac{pl^2}{12} \tag{4.10}$$

3. 静定结构单位荷载法求解变形

为了得到结构中心处最大弯矩对应的位移值,即为了得到新建隧道轴线处对应的既有隧道结构的位移值,取荷载 $F=1$ 加到结构的中心处,求出单位荷载作用下结构的弯矩,然后利用位移计算公式求出结构中心处的位移值,即

$$\Delta = \sum \int \frac{\overline{M_i}M_p}{EI}\mathrm{d}s + \sum \int \frac{K\overline{Q_i}Q_p}{GA}\mathrm{d}s + \sum \int \frac{\overline{N_i}N_p}{EA}\mathrm{d}s \tag{4.11}$$

式中,Δ 为既有区间结构的变形;$\overline{M_i}$ 为单位荷载作用下既有区间结构产生的弯矩;M_p 为均布荷载作用下既有区间结构产生的弯矩;E 为既有区间结构的弹性模量;I 为既有区间结构的转动惯性矩;$\overline{Q_i}$ 为单位荷载作用下既有区间结构产生的剪力;Q_p 为均布荷载作用下既有区间结构产生的剪力;G 为既有区间结构的剪切模量;A 为既有区间结构的截面积;K 为剪应力沿截面分布不均匀而引起的修正系数,与截面形状有关;$\overline{N_i}$ 为单位荷载作用下既有区间结构产生的轴力;N_p 为均布荷载作用下既有区间结构产生的轴力。

为了简化计算,拟采用图乘法求解位移,将式(4.11)变形后可得到图乘法的计算公式:

$$\Delta = \sum \int \frac{\overline{M}M_p}{EI}\mathrm{d}s = \sum \frac{\omega y_c}{EI} \tag{4.12}$$

式中,ω 为弯矩图面积;y_c 为任一弯矩图形心处所对应的另一弯矩图弯矩的大小。

由于结构的总弯矩图是不规则图形,如果直接图乘计算比较困难,所以先将总弯矩图进行分解得到基本弯矩图(见图 4.7),然后再将基本弯矩图分别与单位荷载的弯矩图(见图 4.8)进行图乘,最后进行叠加就可以得到既有地铁隧道结构的最终变形。

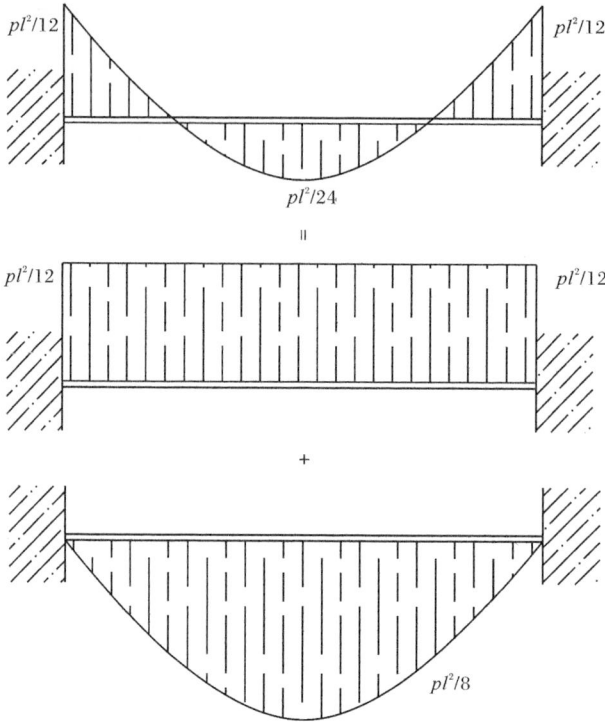

$pl^2/12$ $pl^2/12$

$pl^2/24$

$pl^2/12$ $pl^2/12$

$pl^2/8$

图 4.7　弯矩分解图

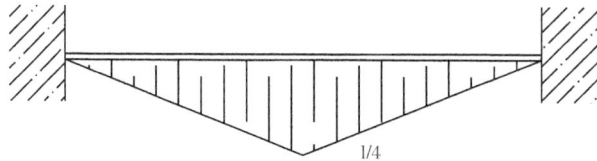

$l/4$

图 4.8　单位荷载弯矩图

联立式(4.12)及计算图 4.7 和图 4.8,由图乘法可得最后的既有地铁隧道结构最大正弯矩处的变形为

$$\Delta = \frac{pl^4}{384EI} \qquad (4.13)$$

式中,p 为既有区间结构受到的均布荷载;l 为既有区间结构下部土体沉降影响范围,即土体与既有地铁隧道底部的脱空范围。

4. 弹性力学法求解隧道开挖影响范围

关于新建隧道开挖影响范围的取值,日本近接隧道中,上下交叉隧道的无条

件范围是大于 $3.5D'$，如表 4.2 所示，而国内学者提出超过 4 倍洞径属于无影响区。但是关于黄土因素下隧道开挖影响范围并未明确给出，依据圣维南原理可知，任意物体小范围边界上的面力是一个平衡力系。因此，该面力仅对物体近处引发显著的应力，而远处的应力可以忽略不计。新建隧道开挖产生的应力扰动随着远离隧道轴线方向呈逐渐减弱的趋势延伸，最后趋于无影响。轴对称条件下，隧道毛洞开挖结束后，洞周呈零应力状态分布，但是由于土体地层中初始地应力的存在，洞周零应力分布预示着计算过程中必须沿洞周施加一个和初始地应力相反的作用荷载，假设埋在无限大土体中的隧道受一个均布荷载 q，隧道和无限大弹性土体的弹性常数分别为 E、μ 和 E'、μ'。该情况适用于两个物体平面之间的接触求解问题，分析接触边界上相互之间的作用必须考虑接触界面上的接触条件。

表 4.2　近接度的划分（新建隧道下穿既有隧道）

新建隧道间的间隔	近接度的划分
$<2.0D'$	限制范围
$2.0D' \sim 3.5D'$	要注意范围
$>3.5D'$	无条件范围

注：D' 是新建隧道的开挖直径。

　　包裹于隧道区间结构周围的土体地层，可以看成是内部半径为 R 而外部半径为无限大的圆筒，隧道区间结构自身可以看成内部半径为 r 而外部半径为 R 的圆筒，两者之间的关系如图 4.9 所示。很明显，隧道区间结构与无限大圆筒之间的应力都是呈轴对称分布的。因此，这里分别引用轴对称条件下的位移解答和相应的应力解答。

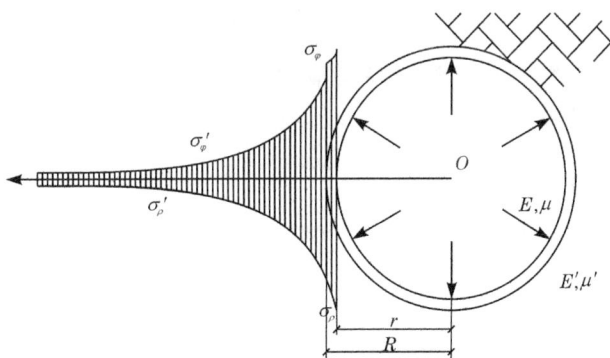

图 4.9　新建隧道开挖影响范围

轴对称情况下应力的一般性解答计算公式为

$$\sigma_\rho = \frac{A}{\rho^2} + B(1+2\ln\rho) + 2C \tag{4.14}$$

$$\sigma_\varphi = -\frac{A}{\rho^2} + B(3+2\ln\rho) + 2C \tag{4.15}$$

$$\tau_{\rho\varphi} = \tau_{\varphi\rho} = 0 \tag{4.16}$$

轴对称情况下与应力状态相对应的位移解答计算公式为

$$u_\rho = \frac{1}{E}\Big[-(1+\mu)\frac{A}{\rho} + 2(1-\mu)B\rho(\ln\rho-1) + (1-3\mu)B\rho + 2(1-\mu)C\rho\Big]$$
$$+ I\cos\varphi + K\sin\varphi \tag{4.17}$$

$$u_\varphi = \frac{4B\rho\varphi}{E} + H\rho + I\cos\varphi + K\sin\varphi \tag{4.18}$$

上述研究属于平面应变情况,隧道区间结构解答系数为 A、B、C,无限大土体圆筒解答系数为 A'、B'、C',考虑到多连体中有关位移单值条件的情况,有

$$B = 0 \tag{4.19}$$

$$B' = 0 \tag{4.20}$$

隧道的应力表达式为

$$\begin{cases} \sigma_\rho = \dfrac{A}{\rho^2} + 2C \\ \sigma_\varphi = -\dfrac{A}{\rho^2} + 2C \end{cases} \tag{4.21}$$

无限大土体圆筒的应力表达式为

$$\begin{cases} \sigma'_\rho = \dfrac{A'}{\rho^2} + 2C' \\ \sigma'_\varphi = -\dfrac{A'}{\rho^2} + 2C' \end{cases} \tag{4.22}$$

通过分析满足边界条件和接触条件的实际情况,可以求解参数 A、C、A'、C'。

位于隧道区间结构内表面的边界条件为 $(\sigma_\rho)_{\rho=r} = -q$,由此得

$$\frac{A}{\rho^2} + 2C = -q \tag{4.23}$$

依据圣维南法则,远离隧道区间结构土体地层的应力取值呈零应力状态,即

$$\begin{cases} (\sigma'_\rho)_{\rho\to\infty} = 0 \\ (\sigma'_\varphi)_{\rho\to\infty} = 0 \end{cases} \tag{4.24}$$

结合式(4.24)计算求得

$$2C' = 0 \tag{4.25}$$

分析隧道区间结构和无限大土体圆筒内表面的接触面,可以得出

$$(\sigma_\rho)_{\rho\to R} = (\sigma'_\rho)_{\rho\to R} \tag{4.26}$$

于是由式(4.26)可以得出

$$\frac{A}{R^2} + 2C = \frac{A'}{R^2} + 2C' \tag{4.27}$$

针对上述情况的位移条件和边界条件仍然无法计算出所需要的 4 个参数,以下将针对位移条件展开研究,相应的隧道区间结构及土体地层径向位移表达式为

$$u_\rho = \frac{1-\mu^2}{E}\left[-\left(1+\frac{\mu}{1+\mu}\right)\frac{A}{\rho} + 2\left(1-\frac{\mu}{1-\mu}\right)C\rho\right] + I\cos\varphi + K\sin\varphi \tag{4.28}$$

$$u'_\rho = \frac{1-\mu'^2}{E'}\left[-\left(1+\frac{\mu'}{1+\mu'}\right)\frac{A'}{\rho} + 2\left(1-\frac{\mu'}{1-\mu'}\right)C'\rho\right] + I'\cos\varphi + K'\sin\varphi \tag{4.29}$$

将式(4.28)和式(4.29)化简,最终可得

$$u_\rho = \frac{1+\mu}{E}\left[2(1-2\mu)C\rho - \frac{A}{\rho}\right] + I\cos\varphi + K\sin\varphi \tag{4.30}$$

$$u'_\rho = \frac{1+\mu'}{E'}\left[2(1-2\mu')C'\rho - \frac{A}{\rho}\right] + I'\cos\varphi + K'\sin\varphi \tag{4.31}$$

在两者的接触面上,隧道区间结构及无限大土体地层必须拥有相同的径向位移,则有

$$(u_\rho)_{\rho\to R} = (u'_\rho)_{\rho\to R} \tag{4.32}$$

将式(4.30)和式(4.31)代入式(4.32),计算可得

$$\frac{1+\mu}{E}\left[2(1-2\mu)C\rho - \frac{A}{\rho}\right] + I\cos\varphi + K\sin\varphi$$
$$= \frac{1+\mu'}{E'}\left[2(1-2\mu')C'\rho - \frac{A}{\rho}\right] + I'\cos\varphi + K'\sin\varphi \tag{4.33}$$

该计算表达式必须在两者接触面上的任意点处都成立,也就是说,当 φ 取任意值时都应当成立。一般情况下,方程两边的自由项必须对应相等,化简可得

$$\frac{1+\mu}{E}\left[2(1-2\mu)C\rho - \frac{A}{R}\right] = \frac{1+\mu'}{E'}\left[2(1-2\mu')C'\rho - \frac{A'}{R}\right] \tag{4.34}$$

进一步化简,有

$$n\left[2C(1-2\mu) - \frac{A}{R^2}\right] + \frac{A'}{R^2} = 0 \tag{4.35}$$

隧道区间结构及土体地层径向、切向应力分量为

$$n = \frac{E'(1+\mu)}{E(1+\mu')} \tag{4.36}$$

$$\sigma_\rho = -q\frac{\left[1+(1-2\mu)n\right]\dfrac{R^2}{\rho^2} - (1-n)}{\left[1+(1-2\mu)n\right]\dfrac{R^2}{r^2} - (1-n)} \tag{4.37}$$

$$\sigma_\varphi = -q\,\frac{\left[1+(1-2\mu)n\right]\dfrac{R^2}{\rho^2}+(1-n)}{\left[1+(1-2\mu)n\right]\dfrac{R^2}{r^2}-(1-n)} \tag{4.38}$$

$$\sigma_\rho' = -\sigma_\varphi' = -q\,\frac{2(1-\mu)n\dfrac{R^2}{\rho^2}}{\left[1+(1-2\mu)n\right]\dfrac{R^2}{r^2}-(1-n)} \tag{4.39}$$

5. 各参数的取值

西安地铁 5 号线近距离下穿 2 号线工程的各项参数取值如表 4.3 和表 4.4 所示。

表 4.3　西安地铁 5 号线下穿 2 号线几何参数取值　　　　（单位：m）

项目	既有隧道	新建隧道
覆土高度	8.92	16.15
轴线埋深	12.05	19.15
底板埋深	15.35	22.15
高度	6.70	6.00
跨径	11.71	6.00

表 4.4　西安地铁 5 号线下穿 2 号线材料属性参数取值

项目	弹性模量/MPa	密度/(kg/m³)	厚度/m
人工填土	9.3	1730	2.12
新黄土	10.8	1780	5.43
古土壤	11	1940	1.58
C25 混凝土	28000	2450	0.25
C40 混凝土	32500	2600	0.35

既有地铁隧道结构所受均布荷载为

$$p = 455323.3\text{N}$$

既有地铁隧道结构的惯性矩为

$$I = \frac{\pi D^4}{64}(1-\alpha^4) = 50.7969\text{m}^4$$

最终可以计算出既有隧道受新建隧道开挖影响沉降的最大值为

$$\Delta = 22.4039\text{mm}$$

4.3.2　基于既有隧道结构曲率半径沉降研究

地铁隧道列车运营过程中既要保证行车的安全性,又要保证行车的舒适性,在地铁隧道中采用合适恰当的曲率半径显得尤为重要,而新建地铁隧道下穿既有地铁线路区间结构过程中一定会引起既有地铁隧道的曲率半径发生变化,如图 4.10 所示。为了保证既有地铁隧道在新建隧道施工时依然能够正常运营,就必须将既有地铁隧道的曲率半径控制在地铁极限曲率半径范围以内。

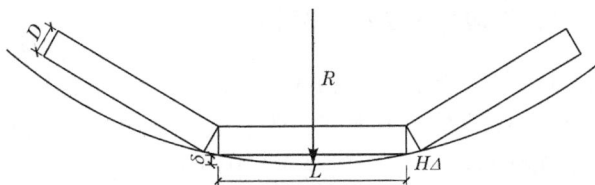

图 4.10　既有隧道结构沉降与曲率半径关系

由新建地铁隧道下穿既有地铁线路结构沉降的计算公式(4.40),可进一步求出一阶导数和二阶导数,利用曲率计算公式得出既有地铁隧道结构的曲率半径,最后依据曲率半径计算出既有地铁隧道结构的最大沉降值。

新建地铁隧道下穿沉降公式为

$$S(x) = S_{\max} \exp\left[-\left(\frac{x}{\sqrt{2}\varphi^M K(z_0 - z)}\right)^2\right] \tag{4.40}$$

求一阶导数得

$$S'(x) = S_{\max} \exp\left[-\left(\frac{x}{\sqrt{2}\varphi^M K(z_0 - z)}\right)^2\right]\left[\frac{1}{\sqrt{2}\varphi^M K(z_0 - z)}\right]^2(-2x) \tag{4.41}$$

求二阶导数得

$$S''(x) = S_{\max} \exp\left[-\left(\frac{x}{\sqrt{2}\varphi^M K(z_0 - z)}\right)^2\right]$$
$$\left[\frac{1}{\sqrt{2}\varphi^M K(z_0 - z)}\right]^4(-2x)^2(-2)\left[\frac{1}{\sqrt{2}\varphi^M K(z_0 - z)}\right] \tag{4.42}$$

曲率半径为

$$\frac{1}{R} = \frac{|S''(x)|}{[1 + S'(x)]^{\frac{3}{2}}} \tag{4.43}$$

新建地铁隧道下穿既有地铁线路最大沉降值为

$$S_{\max} = \frac{[\varphi^M K(z_0 - z)]^2}{R} \tag{4.44}$$

本章以西安地铁 5 号线近距离下穿 2 号线为依托工程,依据《地铁设计规范》(GB 50157—2013)[91],竖曲线半径的最小取值为 2500m,参考该工程其他各项参数的取值,依次计算出不同下穿净距既有地铁隧道运营时,在曲率半径受限情况下的既有隧道结构的允许沉降值,如表 4.5 所示。

表 4.5　西安黄土地区下穿工程不同工况下允许沉降(曲率半径受限情况下)

工况	0.1D	0.2D	0.3D	0.4D	0.5D
i/m	7.22	7.68	8.13	8.59	9.05
S_{max}/mm	20.85	23.59	26.44	29.52	32.76

4.3.3　基于既有隧道结构容许应力沉降研究

新建地铁隧道近距离下穿既有地铁线路区间结构的过程中,会引发既有地铁隧道结构产生变形,而变形的主要形式为既有隧道结构的差异沉降,下沉过程中既有地铁隧道结构仰拱处受拉,拱顶处受压。因为既有地铁线路区间结构的抗拉强度比抗压强度小得多,所以一般主要是将既有地铁线路区间结构的拉力控制在抗拉强度范围内,根据既有地铁隧道的正常使用要求,既有地铁线路区间结构在地层变位时所产生的变形应力不应超过其容许应力,也就是说,既有地铁隧道仰拱处所受的拉应力应该控制在既有隧道结构的抗拉强度范围内,根据既有地铁隧道结构所能承受的抗拉强度可以计算出既有隧道结构沉降的控制标准值。

新建地铁隧道下穿既有地铁线路结构的沉降曲线如图 4.11 所示,可以看出,新建地铁隧道轴线所对应结构的沉降值最大,本章以该处为起点取一侧结构进行分析,如图 4.12 所示,沉降槽宽度范围为变形陡峭区域。由于既有地铁隧道的沉降主要集中于陡峭区域,因此取既有地铁隧道未变形前的沉降槽宽度 i,新建地铁隧道施工掘进过程中引起的既有线路区间结构的极限应变为 ε,此时,既有线路区间结构增加的变形值为 εi,依据三角形的求解方程可得既有地铁隧道结构的最大沉降为

$$S_{max} = \sqrt{(\varepsilon i + i)^2 - i^2} \tag{4.45}$$

$$\varepsilon = \frac{\sigma}{E} \tag{4.46}$$

式中,S_{max} 为地铁线路区间结构处地层的最大沉降;i 为新建隧道下穿既有地铁隧道的沉降槽宽度;ε 为容许应变;σ 为容许应力;E 为既有隧道结构混凝土弹性模量。

本章以西安地铁 5 号线近距离下穿 2 号线为依托工程,参考该工程的各项取值参数,既有地铁隧道初期支护、二次衬砌的混凝土型号及抗拉强度指标如表 4.6 所示,取混凝土抗拉强度的设计值作为计算时的极限值,依次计算出不同下穿净距情况下既有地铁隧道结构沉降的最大值,相应的沉降值统计于表 4.7。

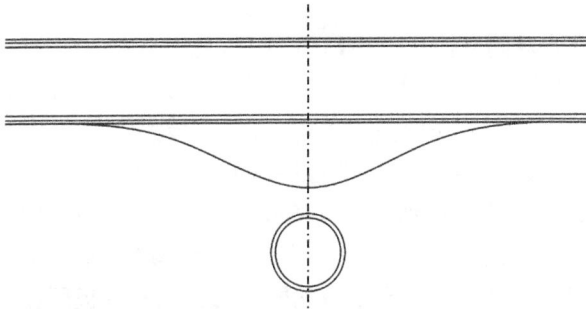

图 4.11　新建地铁隧道下穿既有地铁线路结构的沉降曲线

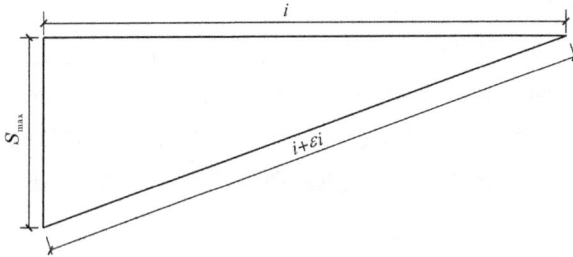

图 4.12　新建地铁施工对既有线影响示意图

表 4.6　混凝土抗拉强度指标　　　　（单位：MPa）

混凝土型号	标准值	设计值
C25	1.78	1.27
C40	2.39	1.71

表 4.7　不同下穿净距时既有地铁隧道结构沉降值

工况	0.1D	0.2D	0.3D	0.4D	0.5D
i/m	7.22	7.68	8.13	8.59	9.05
S_{max}/mm	74.12	78.78	83.45	88.12	92.79

4.3.4　基于既有隧道轨道结构变形沉降研究

根据新建地铁隧道近距离下穿既有地铁线路区间结构沉降曲线规律,由轨道结构前后高低不平顺决定的允许沉降为

$$S_{max} = \frac{W[\delta]}{L} \tag{4.47}$$

式中,$[\delta]$为轨道结构允许弦量测的最大矢度;W为沉降影响区宽度;L为量测弦

长,这里取 10m。

《铁路线路维修规则》(铁运[2001]23 号)规定,当 $V_{max} \leqslant 120km/h$ 时,正线及到发线的线路轨道前后高低差用 $L=10m$ 弦量测的最大矢度不应超过 4mm,西安地铁 2 号线地铁运行的最大速度为 80km/h,所以最大矢度取为 4mm。然而关于沉降影响区宽度的取值一直是众多学者探讨的焦点,有些学者认为 $W=5i$,有些学者认为 $W=6i$。本章为了得到黄土隧道开挖时更加准确的取值范围,作者参考西安地铁 5 号线近距离下穿 2 号线工程的各项取值参数,依次取 $X=1.73i$、$2.5i$、$3i$、$3.5i$(X 为从新建隧道中心线到对应的既有隧道结构底板所在地层计算点的水平距离,是沉降影响宽度的一半)这四种不同的水平距离,并将其代入新建地铁隧道下穿既有地铁隧道结构的表达式中,计算出不同下穿净距、不同水平距离下既有隧道结构的沉降,得到分布曲线如图 4.13 所示。

可以看出,当 $W=5i$ 时,最小沉降为 4.06mm,沉降值较大,取该值会使沉降槽宽度偏小;当 $W=6i$ 时,最小沉降为 1.04mm,沉降值有所减小,取该值同样会使沉降槽宽度偏小;当 $W=7i$ 时,最大沉降为 0.26mm,最小沉降为 0.21mm,均趋近于 0,所以取 $7i$ 作为新建地铁隧道近距离下穿既有地铁线路的沉降影响宽度是合适的。

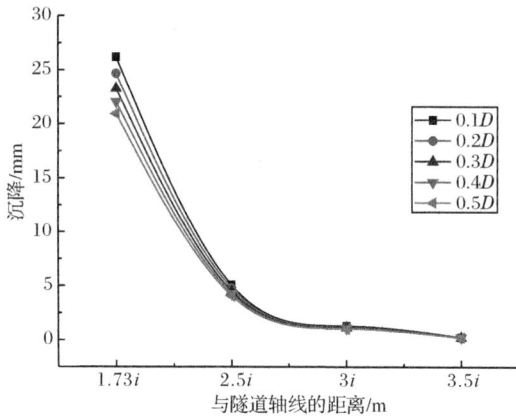

图 4.13 不同下穿净距、不同水平距离下的沉降曲线

将不同下穿净距的沉降影响宽度代入式(4.47),得到地铁隧道正常运营时基于轨道变形受限情况下既有隧道结构沉降的允许值,如表 4.8 所示。

表 4.8　轨道变形受限时既有地铁隧道结构沉降值

工况	$0.1D$	$0.2D$	$0.3D$	$0.4D$	$0.5D$
i/m	50.57	53.76	56.94	60.13	63.32
$S_{\max}/\mathrm{mm}$	20.23	21.50	22.78	24.05	25.33

4.3.5　基于既有隧道结构容许切应变沉降研究

新建地铁隧道施工掘进过程中引起的地层位移是由洞室内临空面向远隧道方向逐渐延伸的,说明破裂面的发展也是由隧道周围向远隧道方向逐渐扩展的。所以新建隧道施工时引起的地层总体沉降曲线一般分成近隧道处的陡峭区域和远隧道处的平缓区域两个部分,由陡峭区域向平缓区域转变的过程必须经过一个拐点区域,如图 4.14 所示。拐点区域是陡峭区域与平缓区域之间急剧变化的点域,一般来说,该处的剪应变最大,因此,以拐点达到剪应变极限值时的状态作为地层沉降的极限状态,进一步推导出既有地铁线路区间结构沉降控制的基准值,相应的计算过程如下。

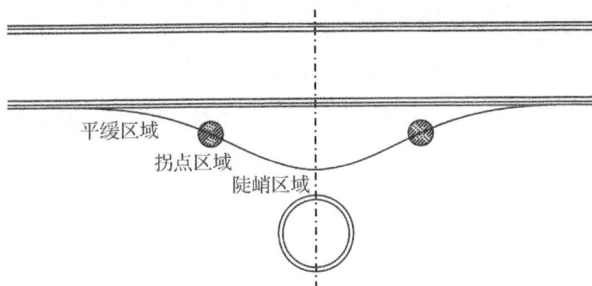

图 4.14　新建隧道下穿既有线路剪应变示意图

由弹性力学中关于平面问题的基本理论分析可知,地层中任意一点处的剪应变为

$$\gamma_{xy} = \frac{\partial \nu}{\partial x} + \frac{\partial \mu}{\partial y} \tag{4.48}$$

式中,$\dfrac{\partial \nu}{\partial x}$ 为地层垂直位移在 x 方向的变化率;$\dfrac{\partial \mu}{\partial y}$ 为地层水平位移在 y 方向的变化率。

若忽略水平方向的位移,则式(4.48)可改写为

$$\gamma_{xy} = \frac{\partial \nu}{\partial x} \tag{4.49}$$

由式(4.40)可知,当 $x=i$ 时,新建地铁隧道下穿既有地铁线路的沉降曲线由陡峭区域转变为平缓区域,因此 $x=i$ 时该拐点处的剪应变理论上是下穿时的最大

值,一般只需求出新建地铁隧道下穿时既有地铁线路结构沉降曲线拐点处剪应变的最大值,然后就可以推导出最大剪应变条件下既有地铁结构沉降控制标准值。

针对以上步骤,先对沉降计算公式求导得到沉降曲线在 $x=i$ 时的最大斜率:

$$\eta = \frac{0.61}{i}S_{max} \qquad (4.50)$$

式中,η 为既有地铁线路区间结构的剪应变;S_{max} 为既有地铁线路区间结构最大沉降;i 为新建地铁隧道施工过程中引起的沉降槽宽度,即曲线拐点与隧道轴线之间的直线距离。

地层中极限剪应变的一般计算公式为

$$\gamma_\rho = \frac{[\tau_f]}{G} \qquad (4.51)$$

式中,$[\tau_f]$ 为地层抗剪强度;G 为地层剪切模量。

根据莫尔-库仑理论,地层抗剪强度的计算公式一般分为砂性土与黏性土两种。沙性土抗剪强度为

$$\tau_f = \sigma\tan\varphi \qquad (4.52)$$

黏性土抗剪强度为

$$\tau_f = \sigma\tan\varphi + c \qquad (4.53)$$

式中,τ_f 为土的抗剪强度;σ 为土体滑动面上的法向应力;c 为土体的黏聚力;φ 为土体的内摩擦角。

土体剪切模量为

$$G = \frac{E}{2(1+\nu)} \qquad (4.54)$$

式中,E 为土体弹性模量;ν 为土体泊松比。

进一步假设既有地铁隧道结构的极限剪应变 η 与地层的极限剪应变 γ_ρ 相等,则有

$$\eta = \gamma_\rho \qquad (4.55)$$

最终可得既有地铁隧道结构的最大沉降为

$$S_{max} = \frac{i\tau_f}{0.61G} \qquad (4.56)$$

由式(4.56)可知,既有地铁隧道结构的最大沉降与土体极限剪应变、沉降槽宽度成正比,而沉降槽宽度一般又与新旧隧道之间的穿越净距呈正相关关系。进而表明相同条件下,随着穿越净距的不断减小,既有隧道结构的沉降控制标准也更加严格。

如果计算过程中缺乏土体参数,也可以采用经验公式对土体剪应变进行估算,相应的经验计算公式为

$$\gamma_\rho = K\tan\beta \qquad (4.57)$$

式中, K 为经验参数, 在软岩中, $K = (1.1 \sim 1.3) \times 10^{-3}$, $\beta = 45° + \dfrac{\varphi}{2}$; 在硬岩中,

$K = 1 \times 10^{-3}$, $\beta = 45° + \dfrac{\varphi_i}{2}$, β 为软弱结构面走向与水平面的夹角, φ_i 为软弱结构面的内摩擦角。

将式(4.57)代入式(4.56)可得到缺乏土体参数时, 既有地铁隧道结构的最大沉降:

$$S_{\max} = \frac{i}{0.61} K \tan\beta \tag{4.58}$$

参考西安地铁 5 号线近距离下穿 2 号线工程的各项取值参数, 依次计算出不同下穿净距下基于容许切应变的既有地铁隧道结构沉降的最大值, 相应的沉降值统计于表 4.9。

表 4.9　不同下穿净距下基于容许切应变的既有地铁隧道结构沉降值

工况	0.1D	0.2D	0.3D	0.4D	0.5D
i/m	7.22	7.68	8.13	8.59	9.05
$S_{\max}$/mm	21.06	22.40	23.71	25.05	26.39

4.4　基于数值分析的既有隧道沉降标准确定

本节以西安地铁 5 号线近距离下穿 2 号线作为依托工程, 在第 2 章数值计算结果的基础上, 基于结构受力状态对既有隧道沉降标准进行确定。

4.4.1　结构受力安全性评价

根据材料的相关力学强度指标, 作者对结构受力进行分区并判断结构的安全性, 为确定既有地铁构筑物沉降标准提供一定的参考。参考《铁路隧道设计规范》(TB 10003—2005)[92], 在按照概率极限状态法设计时, C40 混凝土强度指标取值如表 4.10 所示。

表 4.10　C40 混凝土强度指标　　　　　　　　（单位：MPa）

强度指标	标准值	设计值
轴心抗压	27	20
轴心抗拉	2.7	1.8
弯曲抗压	29.5	21.5

将表 4.10 与表 2.10、表 2.11 对比, 可以明显看出, 既有结构所受压应力相对于混凝土轴心抗拉强度标准值和设计值均非常小, 对结构安全性能无影响。所

以,结构的安全性与稳定性将由结构所受的拉应力决定。根据混凝土抗拉强度指标对结构受力进行分区,分别取混凝土轴心抗拉标准值(按概率极限状态法设计的混凝土强度标准值与按破损阶段法和容许应力法设计的混凝土抗拉极限强度值相同)作为强度指标分区的限值、混凝土轴心抗拉设计值为强度分区的报警值、轴心抗拉设计值的80%作为强度分区的预警值,分区指标及统计分别如表4.11和表4.12所示。

表 4.11　既有地铁结构按抗拉强度指标分区　　　　（单位:MPa）

分区	危险区	报警区	预警区	安全区
指标	>2.7	1.8~2.7	1.44~1.8	0~1.44

表 4.12　既有地铁结构按抗拉强度指标分区统计表　　（单位:MPa）

工况	I	II	III	IV
0.1D	3.486①	3.200①	3.120①	3.070①
0.2D	1.823②	1.845②	1.719③	1.719③
0.3D	1.639③	1.548③	1.438④	1.344④
0.4D	1.323④	1.204④	1.190④	0.884④
0.5D	0.886④	0.765④	0.748④	0.693④

①危险区;②报警区;③预警区;④安全区。

由表4.12可以看出,当下穿净距为0.1D时,由于衬砌结构与围岩产生脱离,因为结构差异变形大而使仰拱底部受力偏大,因此结构所受最大拉应力均稍大于混凝土抗拉强度标准值,此时仰拱结构最外侧已产生裂缝;当下穿净距为0.2D、预加固水平为Ⅰ、Ⅱ时,结构受力小于混凝土抗拉强度标准值,稍大于混凝土抗拉强度设计值,此时仰拱外部可能产生裂缝,但是结构是相对安全的;对于其他工况,结构受力均小于混凝土抗拉强度设计值,结构安全。

4.4.2　基于结构受力特征的沉降标准确定

在隧道稳定性分析中,判别方法可根据所采用的判别指标分为强度指标判别方法和变形指标判别方法两大类。作者以结构受力特征为主要依据,同时参考西安类似工程及国内其他地区现有的控制标准,运用隧道变形指标判别方法,对黄土地区新建隧道下穿既有地铁构筑物时既有地铁构筑物的稳定性、安全性进行判定,确定分区指标。隧道变形判别方法的判别指标主要有累计变形和变形速率。本节主要以既有地铁构筑物的累计变形作为隧道结构的稳定性判别指标。此时,关键点和难点就在于确定隧道极限位移。

基于结构受力特征,同时参考西安现有的近接工程、国内既有类似工程,以及国内相关规范和地方标准(见表 4.13),运用工程类比法,确定既有地铁构筑物沉降变形控制标准为 20mm。

表 4.13　既有地铁结构变形控制标准

序号	规范/地方标准	结构安全控制指标
1	《城市轨道交通结构安全保护技术规范》(CJJ/T 202—2013)[48]	1. 区间隧道沉降量、水平位移量及径向收敛<20mm; 2. 隧道纵向变形曲线的曲率半径控制值>15000m; 3. 隧道的相对变曲控制值<1/2500; 4. 引起隧道外壁附加荷载控制值≤20kPa(≤2t/m²); 5. 管片接缝张开量控制值<2mm; 6. 结构裂缝宽度迎水面<0.2mm,背水面<0.3mm
2	深圳地区控制标准	1. 车站、区间隧道结构设施的绝对沉降量与水平位移最终值≤20mm(包括各种加载及卸载的最终位移量); 2. 隧道纵向变形曲线的曲率半径控制值>15000m; 3. 隧道的相对变曲控制值≤1/2500; 4. 引起隧道外壁附加荷载控制值≤20kPa(≤2t/m²)
3	上海地区控制指标	1. 地铁结构设施的绝对沉降量与水平位移量≤20mm(包括各种加载及卸载的最终位移量); 2. 隧道纵向变形曲线的曲率半径控制值≥15000m; 3. 隧道的相对变曲控制值≤1/2500; 4. 引起隧道外壁附加荷载控制值≤20kPa

预警值和报警值分别取控制标准的 70% 和 80%,具体的结构变形控制标准如表 4.14 所示。根据上述控制标准,我们将既有地铁隧道结构沉降进行分区,具体分区方案及相应分区指标如表 4.15 所示。

表 4.14　既有地铁结构沉降变形控制标准　　　　(单位:mm)

项目	预警值	报警值	限值
指标	14	16	20

表 4.15　既有地铁结构沉降变形分区　　　　(单位:mm)

分区	危险区	报警区	预警区	安全区
指标	>20	16~20	14~16	0~14

表 4.16 列举了各工况下既有结构沿纵向 30m 范围内的差异沉降。

表 4.16　既有地铁结构差异沉降变形统计表　（单位：mm）

工况	I	II	III	IV
0.1D	—	—	—	—
0.2D	3.950	3.830	3.520	3.510
0.3D	3.940	3.690	3.446	3.151
0.4D	3.325	3.003	2.939	2.939
0.5D	2.039	1.742	1.742	1.522

将各个工况下既有隧道结构仰拱最大沉降统计于表 4.17 中。

表 4.17　既有地铁结构仰拱最大沉降变形统计表　（单位：mm）

工况	I	II	III	IV
0.1D	21.21①	20.00①	19.42①	18.96②
0.2D	17.44②	16.25②	14.96③	14.78③
0.3D	15.39③	14.02③	13.04③	11.55④
0.4D	12.78④	11.61④	11.09④	10.21④
0.5D	10.21④	9.06④	8.55④	8.12④

①危险区；②报警区；③预警区；④安全区。

　　由表 4.12 和表 4.16 可以看出，结构受力分区和结构沉降变形分区基本吻合，当下穿净距不小于 0.2D 时，既有结构都是相对安全的。需要特别说明的是，当下穿净距为 0.1D，预加固水平为 III、IV 时，结构受力分区和结构沉降变形分区有差异，这是因为结构受力的大小与结构在一定范围内的差异变形直接相关。例如，当下穿净距为 0.2D，预加固刚度小于水平 I 时，既有地铁结构沉降肯定会大于 18mm，甚至大于限值 20mm，但是从结构差异沉降的变化趋势来看，其差异沉降值远小于 0.1D 时的结构差异沉降值，此时结构受力就会较小，可能就不会超出限值。所以确定沉降控制限值为 20mm 是较为合理的。由以上分析可知，在超近距离（如下穿净距为 0.1D 时）下穿既有地铁构筑物时，按位移控制沉降标准确定既有结构的安全性具有一定的局限性。在实际施工时，不仅要做好结构沉降量测，而且要做好实时的现场观察，及时进行信息反馈，指导施工。

　　基于以上研究结论，建议新建地铁隧道 5 号线下穿既有地铁 2 号线下穿净距不小于 0.3D。当下穿净距小于 0.1D 时，就需要采用对地层扰动小的施工方法和更有效的预加固措施，严格控制地层变形，防止既有地铁 2 号线下部与围岩脱离。当下穿净距为 0.1D～0.3D 时，施工时需特别注意且必须进行严格的监控量测，制定有效的应急预警方案。

4.5　新建黄土地铁隧道近距离下穿既有地铁线路预警

查阅国内外下穿工程的成功实体案例,参考其他地区下穿工程及国内相关规定和标准,并且结合本章给出的既有地铁隧道结构的弯矩、曲率半径、容许应力、轨道变形和容许切应变的分析结果,对既有地铁隧道的安全性和稳定性进行判断,确定既有地铁线路区间结构的计算沉降控制基准为 20mm。

西安地铁 5 号线近距离下穿 2 号线属于高风险等级的下穿工程,基于目前施工技术水平、既有地铁隧道结构变形和相关工程经验,需要提高既有地铁线路变形的安全储备,以便及时加强对既有隧道结构变形的控制,依据"高标准、严要求、可操作"的原则,将既有地铁隧道结构的变形控制标准按照预警值、报警值和控制值进行分级,这里取控制值的 70％和 80％作为预警值及报警值[91],则既有地铁隧道结构的预警标准值如表 4.18 所示。

表 4.18　既有地铁隧道结构沉降变形控制标准　　　　（单位:mm）

预警值	报警值	控制值
14	16	20

为了更加直观地区分新建隧道下穿过程中引起的土体变形可能对既有线路区间结构产生的影响,方便快捷地评价既有地铁隧道结构沉降变形安全等级,将既有地铁隧道结构沉降进行分级评价并给出处理措施,如表 4.19 所示。

表 4.19　既有地铁隧道结构沉降变形安全等级评价

安全等级	划分范围/mm	处理措施
Ⅰ	≤14	继续做好监控量测
Ⅱ	14～16	加强监控量测,提高监测频率
Ⅲ	16～20	停止施工,启动应急预案,修正支护和预加固参数
Ⅳ	≥20	一般施工中不允许出现此种破坏等级

4.6　本　章　小　结

本章基于西安地铁 5 号线近距离下穿 2 号线的依托工程,对新建地铁隧道下穿既有地铁线路区间结构的变形控制标准展开全面深入的研究和分析,现总结如下:

(1)系统分析了新建地铁隧道下穿既有地铁线路的判断准则,并将判断准则分为六类,得到既有地铁线路结构的判断准则选取表。

(2)分析既有隧道结构的力学模型、服役状态、沉降计算公式及轨道正常使用要求,选取既有地铁隧道结构的弯矩、曲率半径、容许应力、轨道变形和容许切应变极限值作为计算既有地铁隧道的变形控制基准,比较选取其中的较小值作为地铁隧道结构下穿过程中的计算沉降控制值。

(3)参考黄土地区下穿工程及国内相关规定和标准,结合第 3 章给出的计算沉降控制标准,确定西安黄土地区新建地铁隧道下穿既有地铁线路过程中既有地铁隧道结构沉降控制基准为 20mm,进一步给出了既有地铁隧道结构的沉降安全等级评价标准。

第5章 盾构下穿既有隧道理论分析

5.1 概　　述

在盾构小角度斜交下穿既有隧道工程中,受新建隧道施工的影响,既有隧道往往在竖向沉降的同时产生扭转变形,进而导致较大的轨道高差。既有隧道竖向沉降和轨道高差的大小与土仓压力、注浆压力、注浆厚度等盾构施工参数密切相关。为了确保下穿工程中既有隧道结构稳定和列车的行车安全,就必须分析盾构施工参数对既有隧道竖向沉降和轨道高差的影响规律及敏感性。

本章以西安地铁1号线二期张家村站—后卫寨站区间左线盾构下穿既有1号线工程为依托,基于单因素变量法,采用FLAC3D有限差分软件分析土仓压力、注浆压力、注浆厚度对既有地铁隧道竖向沉降、轨道高差的影响规律;基于正交试验方法,采用极差分析方法得到土仓压力、注浆压力、注浆厚度对既有地铁隧道竖向沉降、过程最大轨道高差和最终轨道高差影响的主次顺序。

5.2 依托工程概况

5.2.1 工程简介

本盾构区间为张家村站—后卫寨站区间,总长约1350m,设计里程为:右线 YDK5+088.461～YDK6+447.161,长1358.700m;左线 ZDK5+0.88461～ZDK6+430.986,长1346.319m(长链3.794m)。区间由风井引出后下穿太平河,沿世纪大道地下敷设,侧穿在建西成客专联络线桥墩,下穿1号线出入段线后到达后卫寨始发井。在本区间张家村站后设置一处区间风井,后卫寨站前设置两座盾构始发井、一座联络通道及一座联络通道兼废水泵房。

张家村站至区间风井、盾构始发井至二期终点采用浅埋暗挖法施工,区间风井至盾构始发井采用盾构法施工。本区间盾构段拟采用一台盾构机,于左线盾构始发井处始发掘进至区间风井,吊出转场至右线盾构始发井再次始发掘进至区间风井吊出。

查阅1号线出入段线施工图资料并与二期盾构区间设计图纸对比发现,1号线二期工程张家村站—后卫寨站区间左线在里程 ZDK6+206.524～ZDK6+247.

481段斜下穿1号线出入段线K形暗挖断面,线路影响范围为41m;此段二期张家村站—后卫寨站区间以28‰的坡度上坡,一期出入段以32.913‰的坡度上坡,结构相交最近处净距约0.99m,最远处净距约3.44m。新建盾构隧道与既有双连拱隧道的位置关系如图5.1~图5.3所示。

出入段线上方地面为世纪大道,世纪大道为西安城区通往咸阳的主干道,交通繁忙,现状道路红线宽(含隔离绿化带)约94m,双向8车道,车流量较大。盾构掘进隧道与出入段线交叉区域上方地面位置为世纪大道北侧绿化带及非机动车道,影响范围内并无建筑物及管线。盾构下穿施工期间,施工参数选择不当或壁后注浆不到位会导致出现地层下沉或坍塌,容易对出入线结构造成影响,进而影响运营安全。

图5.1 后卫寨出入段线(实况)

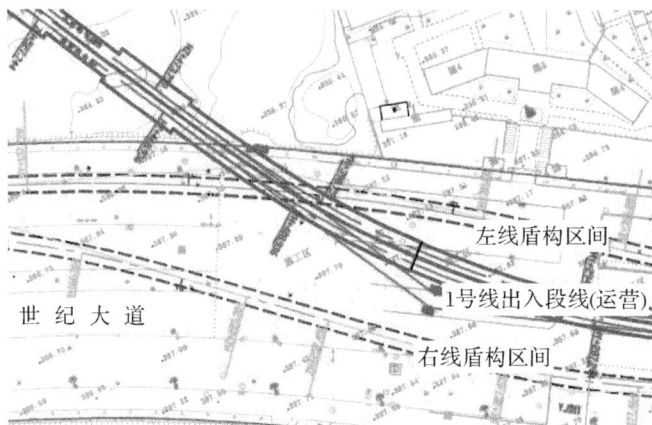

图5.2 盾构隧道与出入段线结构的平面相对关系

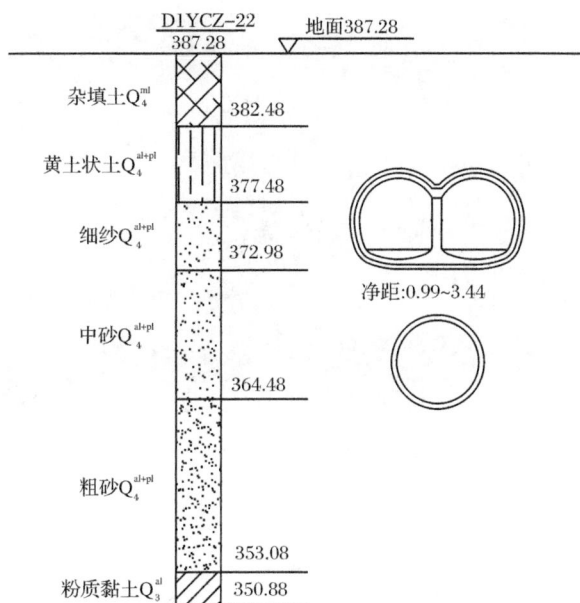

图 5.3　盾构隧道与出入段线结构的立面相对关系(单位:m)

既有地铁 1 号线出入段线为采用中洞法＋台阶法施工的双连拱结构,支护形式采用复合式衬砌,初期支护采用 30cm 厚 C25 喷射混凝土及网喷＋格栅钢架＋双排小导管预注浆超前支护措施,下部锁脚锚杆设计长度为 4m(经查阅原施工图纸和走访原施工单位,对锁脚锚管的实际角度和长度进行调查,对盾构推进无影响),二次衬砌结构为 35cm 厚 C40 模筑钢筋混凝土,采用满堂脚手架、30cm 小模板施工,纵向施工每 9m 一段。轨道结构为整体式混凝土道床,横断面形式如图 5.4 所示,内部实景如图 5.5 所示。

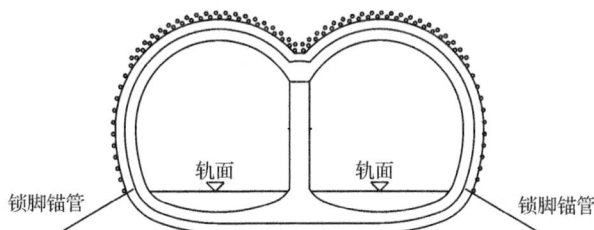

图 5.4　既有出入段线横断面

新建张家村站—后卫寨站区间采用盾构法进行施工,盾构隧道衬砌外径 6m,内径 5.4m,横断面如图 5.6 所示。采用中国中铁工程装备集团有限公司生产的韶山 10 号土压平衡盾构机,开挖直径 6280mm,主机总长 8427mm,最大推力 3700t,驱动总功率 945kW(液压驱动),额定扭矩 6000kN·m。

图 5.5　既有出入段线内部实景

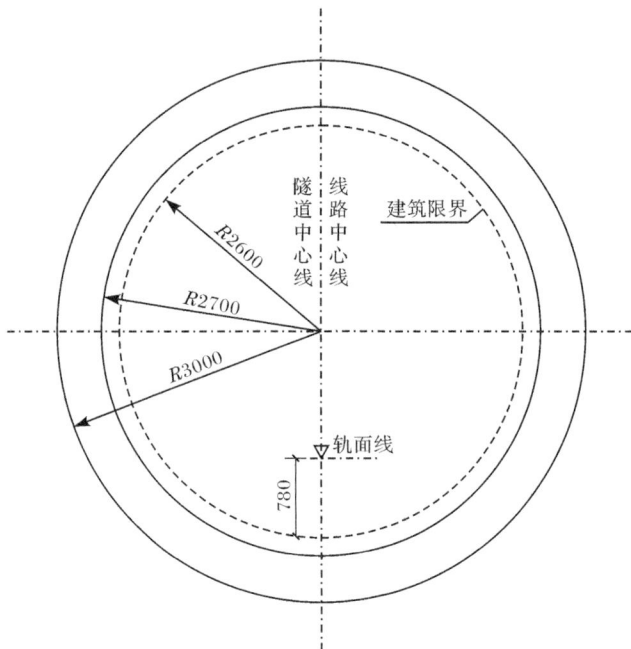

图 5.6　新建张家村站—后卫寨站区间盾构隧道横断面(单位:mm)

5.2.2　工程地质

1. 地形地貌

拟建张家村站—后卫寨站区间场地地貌单元属渭河一级阶地。场地地形总体东高西低,呈缓坡状,勘探点地面高程 384.38～387.69m,最大高差 3.31m。区间现状为世纪大道道路,双向 8 车道,路中心线及两侧快慢车道均设置绿化带,是连接西安和咸阳两地的枢纽,交通繁忙。

2. 地层岩性

本工点在勘探深度 60m 内的地层主要是由冲洪积(Q_4^{al+pl})黄土状土、全新统人工填土(Q_4^{ml})、上更新统冲积(Q_3^{al})中砂夹粉质黏土、中粗砂夹粉质黏土、细砂等组成的第四系堆积物。从上到下各层综合描述如表 5.1 所示。

表 5.1　依托工地层综合描述

编号	名称	范围			岩性			
		层厚/m	层底深度/m	层底高程/m	颜色	状态	密实度	包含物及其他特征
1-1	Q_4^{ml} 杂填土	0.9 ~ 6.2	0.9 ~ 6.2	379.90 ~ 385.94	灰褐色	—	中密	上部为混凝土路面,下部以黏性土含大量灰渣、碎石块等组成,结构杂乱,岩性不均
1-2	Q_4^{ml} 素填土	2.3 ~ 3.5	2.3 ~ 3.5	382.08 ~ 383.89	黄褐色	硬塑	中密	主要为管沟或道路回填土。以黏性土为主,含少量零星砖屑、灰渣,岩性不均。属中压缩性土
2-1	Q_4^{al+pl} 黄土状土	0.6 ~ 11.5	2.7 ~ 13.1	374.03 ~ 382.89	黄褐色	硬塑	—	土质均匀,孔隙发育。含少量云母碎片、蜗牛碎壳、砂粒、白色钙质网膜等,$I_L=0.17$,具湿陷性。属中压缩性土,局部夹 2-4 层中砂透镜体
2-4	Q_4^{al+pl} 细砂	1.9 ~ 10.6	7.9 ~ 16.7	370.53 ~ 378.36	灰黄色	—	中密 ~ 密实	稍湿,级配不良。成分为石英、长石及暗色矿物等。标准贯入试验锤击数 $N=30$。局部为粉砂或中粗砂
2-5	Q_4^{al+pl} 中砂	4.3 ~ 11.7	17.9 ~ 22.8	364.17 ~ 368.79	灰黄色	—	密实	稍湿,级配良好。成分为石英、长石及暗色矿物等。标准贯入试验锤击数 $N=55$。底部含砾石,分布较集中,个别粒径较大
2-6	Q_4^{al+pl} 粗砂	9.0 ~ 15.4	30.0 ~ 35.2	351.16 ~ 356.99	灰黄色	—	密实	稍湿,级配良好。成分为石英、长石及暗色矿物等。标准贯入试验锤击数 $N=77$。顶部为 2-2 层粉质黏土透镜体。局部含乱砾石颗粒
3-4	Q_3^{al} 粉质黏土	0.6 ~ 4.9	31.1 ~ 37.6	348.76 ~ 354.30	蓝灰色	硬塑	—	针蜗牛状孔隙发育,含蜗牛碎壳、铁锰质斑点、云母片等。$I_L=0.16$,属中压缩性土。呈透镜体状分布在 3-7 层中砂层内
3-7	Q_3^{al} 中砂	揭露最厚 25.1	揭露最深 60.0	最深高程 326.78	灰色	—	密实	饱和,级配不良。主要成分为长石、石英等,含较多零星砾石及黏性土等。标准贯入试验锤击数 $N=94$

5.2.3　水文地质

1. 地下水的赋存与补给、径流、排泄条件

1）第四系孔隙潜水

勘察结果显示,该场地的地下水为第四系松散层孔隙潜水。

2）地下水位与含水层、隔水层的分布

根据本次勘察及区域地质资料,覆盖层为第四系松散层,含水层主要为强透水的中粗砂层,潜水含水层厚度大于 50m。

3）潜水的补给、径流及排泄

根据本次勘察结果,本区间地下水位总体流向为自西向东。潜水补给来源为绿化带灌溉水、侧向径流补给和大气降水等。潜水排泄方式为向下游径流、人工开采等。

4）地下水动态特征

根据场地含水层及埋藏条件,地下水位变化主要受人工开采、降水等因素影响,该地区地下水动态特征如下:一般 7～9 月为低水位期,水位埋深最大;12 月～次年 2 月为高水位期,水位埋深最小。

2. 地下水、土的腐蚀性及评价

该地区环境类型为 II 类。

张家村站—后卫寨站区间沿线地下水对混凝土结构具有弱腐蚀性,在干湿交替环境下对钢筋具有弱腐蚀性。太平河对混凝土结构具有微腐蚀性,在干湿交替环境下对钢筋具有弱腐蚀性。该场地水位以上土质对混凝土结构和钢筋均具有微腐蚀性。

3. 抗浮水位

张家村站—后卫寨站区间的抗浮水位可参照后卫寨车站的抗浮水位,即按383.0m 考虑。

5.3　构建三维计算模型

5.3.1　模型建立及边界条件

根据圣维南原理、新建盾构隧道与既有双连拱隧道的空间相对位置关系、新建盾构施工的扰动范围及自身研究的需要,模型上部取至地表,下部取 24m,即 4 倍盾构直径。取新建线纵向 85m,横向 100m,最终所建的模型尺寸为 100m×85m

×45m(长×宽×高),所建模型共划分 116786 个单元和 36013 个节点,计算模型如图 5.7 所示。

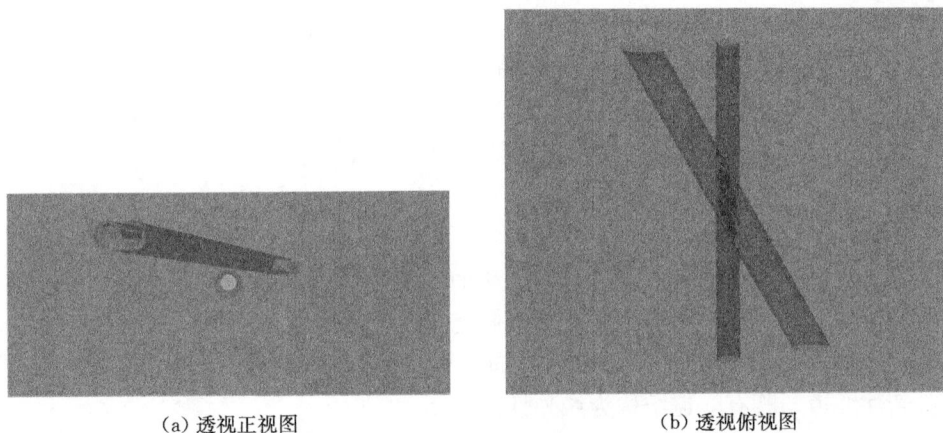

(a) 透视正视图　　　　　　　　　　　(b) 透视俯视图

图 5.7　计算模型

模型采用位移边界条件,其中,底部为固定边界,限制模型水平和竖直方向的位移;周边限制模型水平方向的位移;上部取至地表,为自由边界。

5.3.2　本构模型选取及计算假设

1. 本构模型选取

本构关系是指某种材料的应力、应变、时间之间的关系,反映这种关系的数学表达式即为本构模型,例如,电学中的欧姆定律、力学中的胡克定律、渗流学中的达西定律等都属于本构模型。作为历史、自然的产物,土体具有如下特性[93]:①土体一般由气相、液相、固相三相组成,其中水的状态复杂多变,而且处在不同状态时,三相之间能够相互转化;②同一区域同一层土,土体性质沿水平和竖直方向的变化比较复杂,因此,初始应力场很难测定;③土体的性质与其组成成分、应力历史、形成条件和所处的环境密切相关,非常复杂;④土体的应力-应变关系与很多因素密切相关,如荷载加载速率、应力路径、应力水平、结构、状态、成分等。此外,土体还具有各向异性、剪胀性等。

土是一种受多种因素影响的多相离散的材料,虽然学者已经研究得到了数十种甚至上百种关于土的本构模型,如弹性模型、非线性弹性模型、黏弹性模型、弹塑性模型等,但是没有任何一种模型能够精准且全面地反映土体所有的性质。即便存在这种模型,也会因参数过多且难以一一测定而不能应用于工程实践。因此,在进行数值模拟时,应该抓住主要矛盾,忽略次要因素,针对具体的工程地质条件,采用参数少且便于测定并能够反映所关心土体主要性质的本构模型[94]。

莫尔-库仑模型在弹塑性理论的基础上加入了塑性理论,考虑了土体的塑性破坏作用,是目前岩土工程界使用广泛且非常成熟的本构模型之一。莫尔-库仑本构模型能够很好地反映出土体的非线性力学特性,与其他弹塑性模型相比,所需参数较少且易从地质勘查报告中获取,特别适用于土壤、岩石等松散胶结的颗粒材料,可应用于地下开挖、边坡稳定等岩土体的力学行为研究,因此本章在用FLAC3D进行数值分析时对土体采用莫尔-库仑模型。

2. 计算假设

FLAC3D很难模拟工程实际中盾构机的连续开挖等过程,在进行数值模拟时必须进行适当的简化处理,为此作如下假定:

（1）把隧道周围的土体假设为各向同性的弹塑性体,符合莫尔-库仑屈服准则;新建隧道与既有隧道结构为线弹性体。

（2）假设土体水平层状分布,初始应力只考虑土体自重的影响,忽略地下水的影响,且认为土体的变形与时间无关,即不考虑土体的固结与蠕变。

（3）假设既有地铁隧道结构与道床结构之间协调变形。

（4）考虑到管片接头与错缝拼装等因素的影响,将管片刚度按照0.85的系数进行折减。

（5）为了提高计算速度,在进行数值模拟时以一个单元体长度为基本单位,假设每个单元体长度的土体瞬时开挖完成。

5.3.3 材料参数

1. 土层参数

在进行数值模拟计算时,本构模型和土体参数的选取是否合适直接影响计算结果的准确性和可靠性。在土体参数中有三个非常重要但易混淆的模量:弹性模量 E、变形模量 E_0 和压缩模量 E_s。弹性模量一般通过三轴重复压缩试验得到,是正应力与可恢复弹性正应变的比值;变形模量一般通过现场载荷试验得到,是应力与总应变的比值;压缩模量是土在完全侧限条件下竖向应力增量与对应应变增量的比值,可以通过在室内对现场原状土进行侧限压缩试验得到。

在数值分析时一般使用弹性模量,而地勘报告中提供的往往是压缩模量,目前,关于弹性模量和压缩模量的换算有以下两种方法[95]:

（1）土力学中基于线弹性假定得到了如下理论关系:

$$E = E_0 = E_s(1 - 2\mu K_0) = E_s\left(1 - \frac{2\mu^2}{1-\mu}\right) \tag{5.1}$$

该方法只需将地勘报告中的 E_s、μ 代入式(5.1)即可得到 E,比较方便,但是由于土体并非完全弹性体且室内侧限压缩试验存在难以避免的误差,因此理论计算结果与实际的弹性模量存在一定的偏差。

（2）根据经验公式 $E = 2.0E_s \sim 5.0E_s$,通过反复试算进行确定。该方法虽然可能经过多次试算才能得到合理的弹性模量,但是比第一种方法更加符合实际。

该工程所处的土层自上而下依次为:Q_4^{ml} 杂填土、Q_4^{al+pl} 黄土状土、Q_4^{al+pl} 细砂、Q_4^{al+pl} 中砂、Q_4^{al+pl} 粗砂、Q_3^{al} 粉质黏土、Q_3^{al} 中砂,各土层的弹性模量按照第二种方法进行确定,其他主要物理参数依据地勘报告进行选取,最终得到土层参数如表 5.2所示。

表 5.2　土层参数

土层类别	厚度/m	ρ /(kg/m³)	E /MPa	μ	c /kPa	φ /(°)
Q_4^{ml} 杂填土	4.8	1800	16	0.36	10	12
Q_4^{al+pl} 黄土状土	5	1850	23	0.31	28	22
Q_4^{al+pl} 细砂	4.5	1680	26	0.29	0	31
Q_4^{al+pl} 中砂	8.5	1890	32	0.28	0	32
Q_4^{al+pl} 粗砂	11.4	1870	33	0.27	0	32.5
Q_3^{al} 粉质黏土	2.2	1940	18	0.28	27.5	23
Q_3^{al} 中砂	8.6	2060	34	0.25	0	33

在 FLAC3D 中,对于莫尔-库仑模型不直接用弹性模量和泊松比来描述材料的属性,而用切变模量 G 和体积模量 K 进行描述。

G 和 K 之间按式（5.2）进行转换[96]:

$$G = \frac{E}{2(1+\mu)}, \quad K = \frac{E}{3(1-2\mu)} \tag{5.2}$$

2. 既有隧道结构参数

既有西安地铁 1 号线出入段线采用中洞法＋台阶法施工,断面形式如图5.8所示。结构采用复合式衬砌,初期支护厚度为 30cm,采用 C25 喷射混凝土、钢筋网及格栅钢架;二次衬砌厚度为 35cm,采用 C40 防水钢筋混凝土;施工过程中每侧拱脚均设 2 根锁脚锚管,既有线材料参数如表 5.3 所示,锁脚锚管物理力学参数如表 5.4 所示。

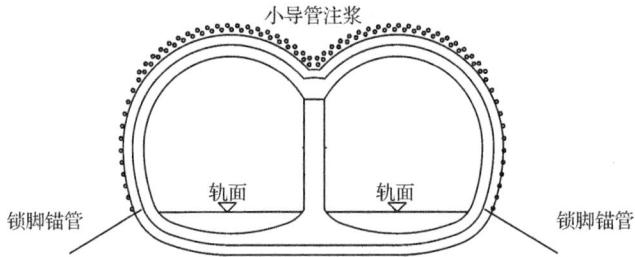

图 5.8　既有线横断面

表 5.3　既有线材料参数

材料	$\rho/(\text{kg/m}^3)$	E/MPa	μ	K/MPa	G/MPa	备注
初期支护	2450	28000	0.2	15555	11667	C25 喷射混凝土
二次衬砌	2500	32500	0.2	18055	13541	C40 模具钢筋混凝土

表 5.4　锁脚锚管物理力学参数

名称	长度/m	抗拉强度/kN	截面积/m²	μ	E/GPa
锁脚锚管	4	300	1.4×10^{-3}	0.2	190

5.3.4　初始应力场的建立

本章研究的是盾构施工对既有地铁隧道的影响,因此,盾构施工前的状态均属于初始状态,初始状态包括土体自重应力场和既有隧道开挖后的应力场,初始状态模拟的正确与否直接影响后期研究成果的可靠性。

1. 初始自重位移场

在 FLAC3D 中采用弹性求解法(solve elas)可以得到如图 5.9 所示的自重作用下模型的竖向位移云图,可以看出,在自重作用下,地表沉降为 481.62mm。为了下一步更为直观地得到既有地铁隧道施工引起的地层位移,需要通过输入 ini disp 0 0 0 命令将位移清零。

2. 既有地铁隧道的开挖

查阅现有的相关资料可知,既有地铁隧道的施工工序如图 5.10 所示。
(1)小导洞上台阶拱墙超前小导管预注浆。
(2)开挖中导洞上台阶1(根据掌子面情况留核心土)。

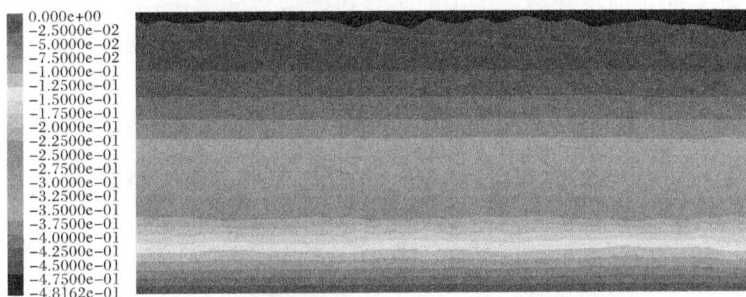

图 5.9　自重作用下模型的竖向位移云图(单位:m)

(3) 施作中导洞上台阶临时支护Ⅱ及临时横撑。

(4) 中导洞下台阶边墙超前小导管预注浆。

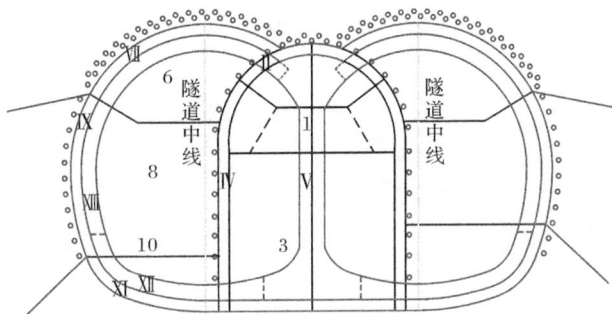

图 5.10　既有地铁隧道施工工序

(5) 开挖中导洞下台阶 3。

(6) 施作中导洞下台阶临时支护Ⅳ。

(7) 施作中墙Ⅴ及墙顶防水层,预留钢筋接头。

(8) 左侧隧道拱部超前小导管预注浆。

(9) 左侧隧道上台阶导坑开挖 6。

(10) 左侧隧道上台阶初期支护Ⅶ。

(11) 左侧隧道下台阶边墙超前小导管预注浆。

(12) 左侧隧道下台阶部分开挖 8。

(13) 左侧隧道下台阶初期支护Ⅸ。

(14) 左侧隧道仰拱部分开挖 10。

(15) 左侧隧道仰拱初期支护Ⅺ。

(16) 分段拆除中导洞支护,施作左侧隧道防水层及仰拱衬砌Ⅻ。

(17) 施作拱墙衬砌 ⅩⅢ。

(18) 按工序 8~17 施作右侧隧道。

为了较为真实地得到盾构施工前既有地铁隧道的受力和变形,在数值模拟时严格按照上述施工工序进行开挖,最终得到既有地铁隧道开挖后的初始位移场和初始应力场,分别如图 5.11 和如图 5.12 所示。

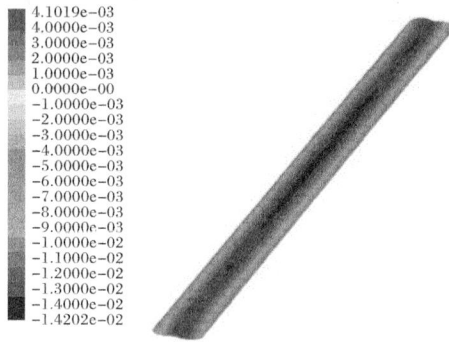

图 5.11　既有地铁隧道初始位移场(单位:m)

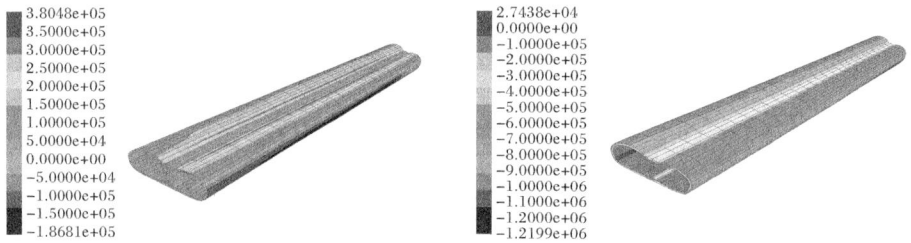

（a）初始最大主应力云图　　　　　　　　（b）初始最小主应力云图

图 5.12　既有地铁隧道初始应力场(单位:Pa)

从图 5.11 可以看出,既有地铁隧道开挖后拱顶沉降量为 14mm,在进行盾构开挖之前需要将此位移清零[96]。从图 5.12 可以看出,既有地铁隧道衬砌上的内力是很小的,这是因为在浅埋暗挖的施工理念中,初期支护几乎承担全部的基本荷载,而二次衬砌是在初期支护基本稳定时才施作的,二次衬砌主要作为安全储备[32]。

5.3.5　盾构施工过程的模拟

目前,针对盾构施工对既有隧道影响的分析方法主要有理论分析、数值模拟和室内模型试验。与其他两种分析方法相比,数值模拟能够三维动态地反映盾构开挖循环过程,能够快速、方便、全面地得到各种分析所需的数据[97]。近年来,该领域的学者在盾构施工过程模拟方面取得了许多有价值的成果,但是仍然存在一些不足:①现有文献在模拟盾构施工时,将盾尾空隙的大小、周围土体被扰动的范围和程度、注浆填充程度等变量等效为一层均质的等代层,这种方法虽然简单,但是与实际情况有一定的偏差;②在盾尾同步注浆浆体力学取值方面,现有的文献大多是取几个典型时段的强度(如8h强度、初凝强度、完全硬化时的强度)进行模拟,然而实际上浆体的强度是随时间不断变化的,一般需要28天才能达到最终强度,因此取3个散点的做法误差太大,不能真实地反映浆体强度随时间的变化特性。作者在前人成果的基础上对盾构施工模拟方法方面进行了改进。

该工程采用的是中国中铁工程装备集团有限公司生产的韶山10号(中铁100号)盾构机,开挖直径6.28m,主机总长8.427m,衬砌外径6m,内径5.4m,故盾尾空隙 $\delta=0.14$m。在管片脱离盾尾后需要进行同步注浆,而浆液往往会渗透到周围被扰动的土层里,为了较为真实地模拟同步注浆效果,本章将注浆层细分为两层,第一层是盾尾空隙内的纯浆液层,第二层是周围土体和注浆浆液的混合体层,如图5.13所示。在对于第二层进行参数取值时,一般认为注浆后加固体 c、φ 值按提高30%考虑[98],弹性模量应介于水泥土和砂土之间,可按照水泥土的弹性模量进行取值,而泊松比的取值范围一般不大,也可以按照水泥土的泊松比进行取值。本章对混合体层参数取值如下[99]: $c=12$kPa, $\varphi=40.3°$, $E=120$MPa, $\mu=0.22$。

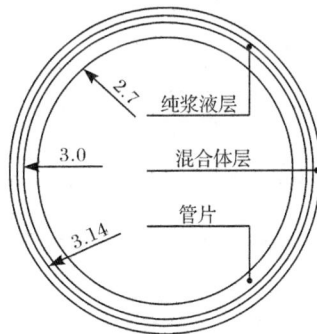

图5.13　注浆层示意图(单位:m)

在设计文件中,采用具有耐久性好、结石体强度高、结石率高且能防止地下水浸析等特点的水泥砂浆作为同步注浆材料。水泥采用P.O42.5,以提高注浆结石体的耐腐蚀性,使管片处在耐腐蚀注浆结石体的包裹内,减弱了管片混凝土受地下水的腐蚀。注浆配比考虑初凝时间及初凝的早期强度,同步注浆材料初步配比如表5.5所示。

表5.5　同步注浆材料初步配比　　　　　　　　　(单位:kg)

水泥	粉煤灰	膨润土	砂	水	外加剂
220	320	105	765	530	按需要根据试验加入

由于施工和测试条件的限制,目前还不能通过现场测试的方法得到浆液的力学性质,因此只能通过室内试验的方法测试不同施工阶段浆体力学性质的变化过程。季亚平[100]通过无侧向抗压试验对深圳某盾构施工同步注浆的材料(试样直径 3.91cm,试样高度 8cm)进行强度测试,首先绘制出不同龄期浆体的应力-应变关系曲线,然后根据《公路土工试验规程》(JTG E40—2007)的规定,浆体的弹性模量采用破坏应变的一半所对应的割线模量。试验结果表明,浆液 8h 达到初凝强度,此时弹性模量为 0.9MPa;24h 时浆液的弹性模量达到 4MPa;28 天浆液完全固化,此时弹性模量为 400MPa,浆液弹性模量测试结果如图 5.14 所示。

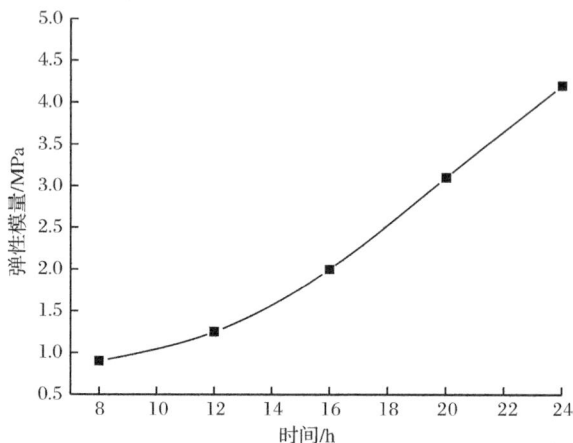

图 5.14　浆液弹性模量测试结果

为模拟盾构开挖时盾尾空隙纯浆液层的刚度,本章将图 5.14 中浆液弹性模量随时间变化的曲线大量采集散点,并将其进行函数拟合,得到浆液弹性模量与时间的函数关系式,然后根据掘进速度将其转化为与距离相关的函数。在数值模拟时采用变刚度法,即每开挖一环,对盾尾后浆液的弹性模量按照得到的函数关系式进行定义,以模拟盾尾空隙里注浆浆液随盾构掘进过程中的材料形态变化,这种方法虽然也无法真实反映浆液刚度随时间的变化特性,但是比选取三个典型刚度的做法更为可靠。该方法的具体实现过程如下。

将得到的散点进行拟合,拟合优度 $R^2 = 0.9723$,得到浆液弹性模量与龄期的函数关系:

$$E = 0.0428t^{1.414} \tag{5.3}$$

式中,E 为浆液的弹性模量,MPa;t 为浆液龄期,h。

由设计资料可知,盾构的掘进速度为 6 环/d,管片厚度为 1.5m,建模时每个网格长度为 2.36m,每开挖模型中的一环需要 6.3h,则脱离盾尾后第 n 环管片壁厚处纯浆液层的弹性模量为

$$E = 0.0428 \left[\frac{6.3(2n-1)}{2} \right]^{1.414} \qquad (5.4)$$

例如,将 $n=1\sim5$ 分别代入式(5.4),得到盾尾后第 $1\sim5$ 环处浆液弹性模量依次为 0.2168MPa、1.0249MPa、2.1106MPa、3.3964MPa、4.8457MPa,当盾构再往前掘进一环时,原本处于盾尾后第 1 环的浆液变成了盾尾后第 2 环,其弹性模量也从 0.2168MPa 变成了 1.0249MPa,依此类推。纯浆液层的密度取 2200kg/m³,泊松比取 0.25[101]。

新建盾构隧道衬砌管片为 0.3m 厚的 C50 混凝土,弹性模量为 34.5GPa,考虑到错缝拼装,将管片刚度按照 0.85 的系数进行折减,取为 30GPa,泊松比为 0.2,密度为 2500kg/m³,管片材料模型采用弹性模型。

本章在进行盾构开挖模拟时考虑了盾构机的自重,为了简化计算模型,将盾构机主机长度近似取为 4 个单元长度,盾构机的主机结构主要由刀盘、主轴承、前体、中体、推进油缸、铰接油缸、盾尾、管片安装机等部分组成,总质量约为 320t,将盾构机主机的重量全部体现在盾壳上,然后对盾壳的密度进行换算,相关参数如表 5.6 所示。

表 5.6　新建盾构隧道相关参数

名称	厚度/m	$\rho/(\mathrm{kg/m^3})$	E/MPa	μ
盾构管片	0.3	2500	3.0×10^4	0.2
盾壳	0.2	9749	2.06×10^5	0.25

新建盾构隧道下穿既有隧道施工的动态过程可以采用刚度迁移法进行模拟[64]。所谓刚度迁移法,是用荷载及刚度的迁移模拟盾构的推进过程,具体来讲就是盾构机向前开挖一环,就改变相应位置处材料的力学参数,对应的力或荷载(土仓压力、注浆压力等)也随着盾构机的掘进而迁移。盾构开挖模拟时,应该严格遵循盾构开挖的施工工序,每次开挖一个单元长度为一个开挖循环,一个完整的盾构开挖过程如下(环编号见图 5.15):

(1) 用 FLAC3D 中的 null 命令将第 $n-1$ 环的土体移除,模拟盾构开挖。

(2) 在掌子面上施加相应大小的面力,模拟土仓压力。

(3) 将第 $n-1$ 环至第 $n-4$ 环处的盾构壳体单元激活,模拟盾构机的支护与自重。

(4) 激活 $n-5$ 环处管片实体单元,模拟管片的安装;激活 $n-5$ 环纯浆液层和注浆混合体层,模拟注浆效果,同时对纯浆液层外围的土体施加径向同步注浆压力。

(5) 对 $n-6$ 环及其后面环数处纯浆液层按照式(5.4)进行参数定义,以模拟浆液的硬化过程。

（6）计算一定的时步，模拟应力释放。

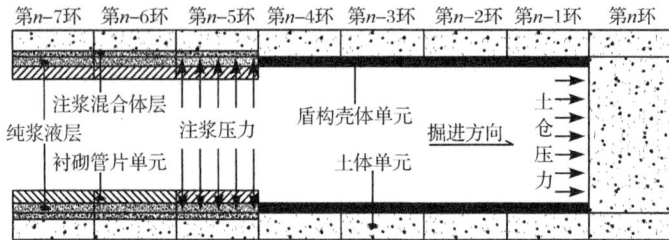

图 5.15　盾构掘进过程的模拟

5.4　设计模拟工况

5.4.1　试验方法的确定

新建盾构地铁隧道下穿施工引起的既有地铁构筑物变形和受力是多因素综合影响的，查阅国内外相关文献可知，影响既有地铁构筑物变形和受力的因素主要包括地层条件、隧道埋深、交叉净距、交叉角度、盾构土仓压力、盾构注浆压力和注浆量[102]。其中，土仓压力的大小往往影响先行沉降，而同步注浆是补偿地层损失的重要手段[103]。基于本章研究目的及工程经验综合考虑，地层情况根据该工程地勘资料确定，忽略地下水的影响，最终选取盾构土仓压力、注浆压力、注浆量三个因素，每个因素分为四个水平，分析各因素对既有地铁隧道变形的影响规律和对既有地铁出入段线变形的敏感性。

分析各因素对既有地铁隧道变形的影响规律时采用单因素变量法，即在改变某一因素的前提下保持其他因素不变且相等，进而分析该因素的变化对既有地铁隧道变形的影响规律。

对于试验因素的敏感性分析通常采用全面试验设计法或者正交试验设计法。全面试验设计法是指在试验设计时，对试验因素的所有水平组合全部实施一次，以获得较为全面的试验信息，对于 m 个因素 n 个水平的情况，需要进行 n^m 次试验，因此这种试验设计方法一般使用于因素个数和水平不太多的情况，如单因素或者双因素试验。对于 3 个甚至更多因素的试验，采用全面试验设计法则会费时费力，工程量相当巨大甚至无法实施，此时应该选择正交试验设计法。正交试验设计是从全面试验中按照正交性原则挑选出具有"齐整可比、均匀分散"特点的点进行试验，正交试验具有经济实用、快速、高效率等优点，是分析多因素设计的常用方法，目前在岩土与隧道工程中得到了广泛的应用。

在下穿工程中影响既有结构变形的因素很多，室内模型试验费时费力，而实际工程中由于耗资较大也不可能进行重复试验,所以在研究下穿工程的某些重要因素时,利用正交试验设计法进行数值模拟是行之有效的。

对于本章的三因素四水平情况,采用全面试验设计法时需要对 $4^3=64$ 种工况进行模拟分析,而采用正交试验设计法则只需 16 种工况,显而易见,正交试验设计法能够有效缩减模拟工况的个数,同时又不会严重影响试验的精度。因此,本章选用正交试验设计法进行多因素敏感性分析。

5.4.2　影响因素及水平

在正交试验设计中,因素是指对试验指标产生影响的各类因子,需要结合具体情况进行选取;水平是指上述每种因素的不同取值情况。

本章主要研究在不同盾构土仓压力、注浆压力和注浆量三种因素多种水平作用下,既有运营地铁结构的变形和受力特性,注浆量的大小可以间接通过注浆厚度来表现。其中,盾构开挖土仓压力分 0.08MPa、0.10MPa、0.12MPa、0.14MPa四种水平,壁后同步注浆压力分 0.18MPa、0.20MPa、0.22MPa、0.24MPa四种水平,壁后同步注浆厚度分 0.14m、0.17m、0.20m、0.23m 四种水平。对上述拟考虑的因素及水平按照正交试验的原则进行工况设计,因素及水平如表 5.7 所示。

表 5.7　因素及水平

水平	因素		
	土仓压力/MPa	注浆压力/MPa	注浆厚度/m
1	0.08	0.18	0.14
2	0.10	0.20	0.17
3	0.12	0.22	0.20
4	0.14	0.24	0.23

5.4.3　工况设计

1. 单因素变量法工况设计

在采用单因素变量法分析单个因素对既有地铁隧道变形的影响规律时,每个因素按四种工况进行设计,表 5.8~表 5.10 分别列举了土仓压力、注浆压力、注浆厚度三种因素的工况设计结果。

表 5.8　土仓压力工况设计

工况编号	土仓压力/MPa	注浆压力/MPa	注浆厚度/m
1	0.08		
2	0.10		
3	0.12	0.22	0.23
4	0.14		

表 5.9　注浆压力工况设计

工况编号	注浆压力/MPa	土仓压力/MPa	注浆厚度/m
1	0.18		
2	0.20		
3	0.22	0.1	0.23
4	0.24		

表 5.10　注浆厚度工况设计

工况编号	注浆厚度/m	土仓压力/MPa	注浆压力/MPa
1			0.14
2			0.17
3	0.22	0.1	0.20
4			0.23

2. 正交试验工况设计

在进行正交试验工况设计时,往往会用到正交表,正交表是以均衡分散为理念,以组合数学为思想,在正交方和拉丁方的基础上建立的,它是进行正交试验设计的常用工具。

按照正交试验设计的原则,对本章的三因素四水平的情况采用 $L_{16}(4^3)$ 正交表进行设计,共 16 种工况,正交试验设计方案如表 5.11 所示。

表 5.11　正交试验设计方案

试验号	土仓压力/MPa	同步注浆压力/MPa	注浆厚度/m
1	0.08	0.18	0.14
2	0.08	0.20	0.17
3	0.08	0.22	0.20
4	0.08	0.24	0.23
5	0.10	0.18	0.17

试验号	土仓压力/MPa	同步注浆压力/MPa	注浆厚度/m
6	0.10	0.20	0.14
7	0.10	0.22	0.23
8	0.10	0.24	0.20
9	0.12	0.18	0.20
10	0.12	0.20	0.23
11	0.12	0.22	0.14
12	0.12	0.24	0.17
13	0.14	0.18	0.23
14	0.14	0.20	0.20
15	0.14	0.22	0.17
16	0.14	0.24	0.14

5.4.4　正交试验结果分析

对设计好的试验工况逐一进行数值模拟,然后将每种工况下对应试验指标的结果填入表 5.12,并进行极差分析,即可得出既有线对各影响因素的敏感性及最佳方案组合。

表 5.12　$L_{16}(4^3)$ 正交试验计算表

试验号	因素			试验指标
	土仓压力/MPa	同步注浆压力/MPa	注浆厚度/m	道床沉降/mm
1	0.08	0.18	0.14	y_1
2	0.08	0.20	0.17	y_2
3	0.08	0.22	0.20	y_3
4	0.08	0.24	0.23	y_4
5	0.10	0.18	0.17	y_5
6	0.10	0.20	0.14	y_6
7	0.10	0.22	0.23	y_7
8	0.10	0.24	0.20	y_8
9	0.12	0.18	0.20	y_9
10	0.12	0.20	0.23	y_{10}
11	0.12	0.22	0.14	y_{11}
12	0.12	0.24	0.17	y_{12}

试验号	因素			试验指标
	土仓压力/MPa	同步注浆压/MPa	注浆厚度/m	道床沉降/mm
13	0.14	0.18	0.23	y_{13}
14	0.14	0.20	0.20	y_{14}
15	0.14	0.22	0.17	y_{15}
16	0.14	0.24	0.14	y_{16}
K_1				
K_2				
K_3				
K_4				
k_1				
k_2				
k_3				
k_4				
极差 R				
主次顺序				
优水平				
优组合				

极差分析的流程如图 5.16 所示，具体步骤如下：

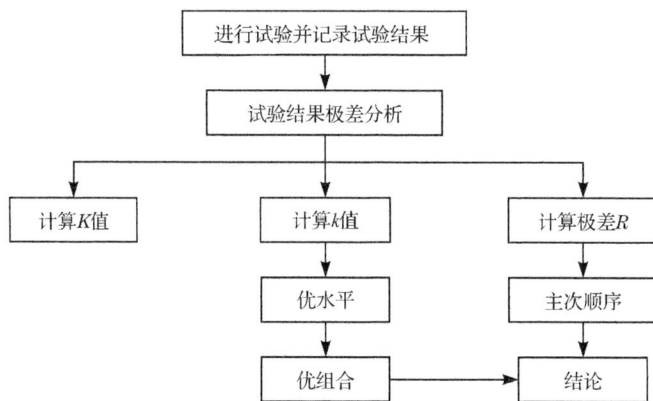

图 5.16　极差分析流程

（1）按式（5.5）计算同一水平之和 K_i。以第一列 A 因素为例：

$$K_{11} = y_1 + y_2 + y_3 + y_4 \qquad (5.5)$$

（2）按式（5.6）计算各因素同一水平的平均值 k_i。以第一列 A 因素为例：

$$k_1 = \frac{K_{11}}{4} \qquad (5.6)$$

（3）按式（5.7）计算各因素在其取值范围内试验指标变化的幅度，即极差值 R：

$$R = \max(k_i) - \min(k_i) \qquad (5.7)$$

（4）根据 R 值大小判断因素的影响主次顺序。R 越大，表示该因素的变化对试验指标的影响越大。

（5）作因素与指标趋势图，直观分析指标与各因素水平波动的关系。

（6）根据各因素各水平的最小平均值确定优水平，进而选出优组合。

5.5　施工参数对既有地铁隧道变形的影响分析

为了得到既有地铁隧道的变形值，在进行数值计算时需要在既有地铁隧道结构相应部位布设监测点，并通过 FLAC3D 中的 history write 命令将其数值输出。结合本章的研究内容，在既有地铁隧道轨道位置处各布设 1 条测线，每个测线上有 20 个监测点，相邻监测点的距离为 3.08m，即为模型中既有地铁隧道纵向两个节点距离的 2 倍。为了更好地描述各监测点的位置，现做如下假定：盾构隧道中心线与既有地铁隧道中心线的交点为坐标原点，既有地铁隧道中心线为 x 轴，其正方向如图 5.17 所示，各监测点在 x 轴上投影对应的数值即为该监测点的横坐标。

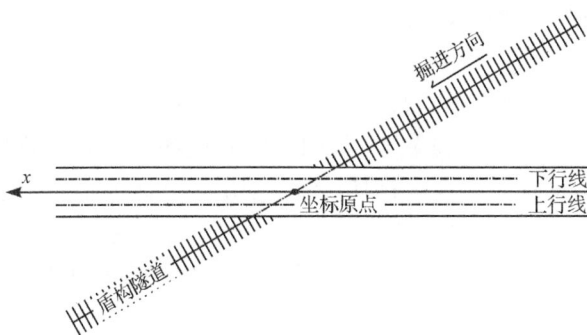

图 5.17　数据分析坐标系

5.5.1　土仓压力的影响

不同土仓压力下既有地铁隧道竖向位移云图如图 5.18 所示。

(a) 土仓压力为 0.08MPa　　　　　　　(b) 土仓压力为 0.10MPa

(c) 土仓压力为 0.12MPa　　　　　　　(d) 土仓压力为 0.14MPa

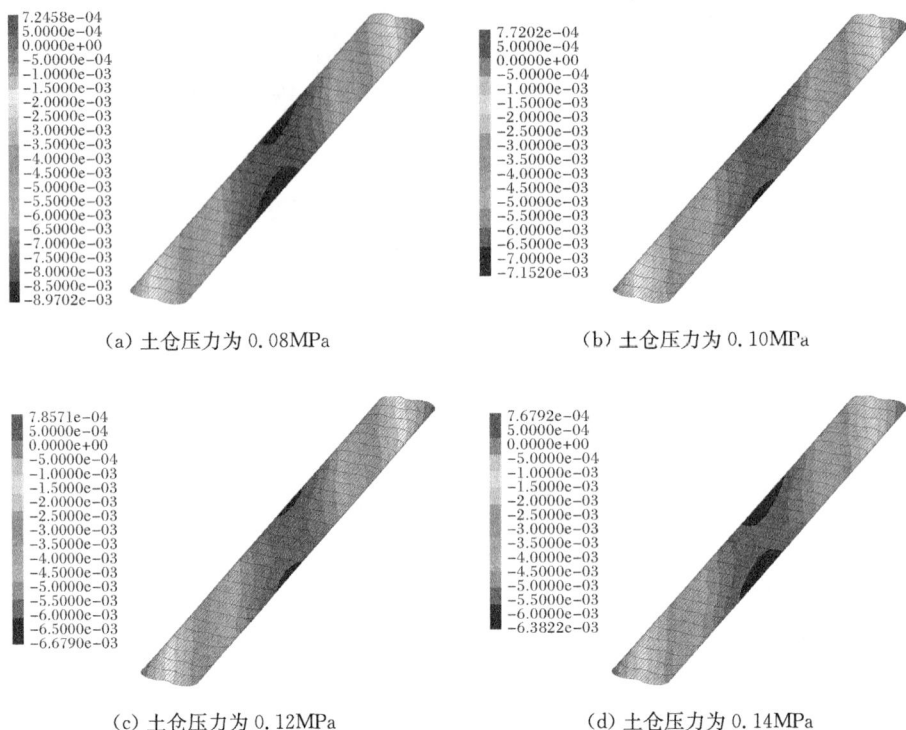

图 5.18　不同土仓压力下既有地铁隧道竖向位移云图(单位:m)

　　为了揭示不同盾构施工参数对既有地铁隧道的影响规律,本章选取既有隧道下行线为研究对象,分析过程如下。

　　图 5.19 为不同土仓压力下既有地铁隧道下行线左轨的竖向变形曲线,图 5.20 为不同土仓压力下既有地铁隧道下行线左轨最大沉降变化趋势。需要注意的是,由于本工程是小角度斜下穿,因此既有地铁隧道同一横截面处左右轨的沉降值并不相同,即在既有地铁隧道上往往会出现不同大小的轨道高差,《城市轨道交通结构安全保护技术规范》(JJ/T 202—2013)对下穿工程中既有地铁轨道高差的控制极为严格(不超过 4mm),过大的轨道高差对既有地铁的安全运营极为不利。因此,为了评价不同施工参数对既有地铁隧道的影响规律,不能单纯地从竖向沉降的角度分析,还必须兼顾轨道高差,不同土仓压力下既有地铁隧道下行线轨道高差变化趋势如图 5.21 所示。需要说明的是,本章所涉及的轨道高差＝右轨轨面高度－左轨轨面高度。

　　从图 5.19～图 5.21 可以看出,当土仓压力依次为 0.08MPa、0.10MPa、0.12MPa、0.14MPa 时,既有地铁隧道下行线左轨最大沉降值依次为8.97mm、7.141mm、6.67mm、6.378mm,既有地铁隧道下行线最终轨道高差最大值依次为

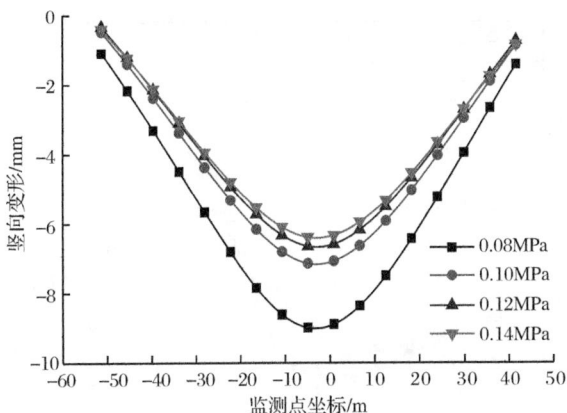

图 5.19　不同土仓压力下既有地铁隧道下行线左轨竖向变形曲线

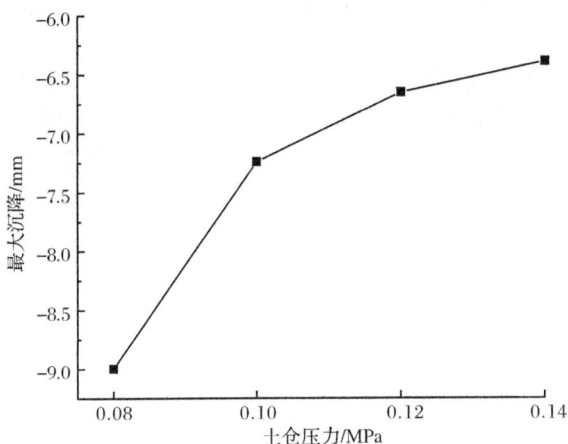

图 5.20　不同土仓压力下既有地铁隧道下行线左轨最大沉降变化趋势

1.5294mm、1.2175mm、1.1372mm、1.0874mm,即既有地铁隧道下行线轨道沉降和轨道高差均随着土仓压力的增大而不断减小。结合图 5.20 可以看出,土仓压力为 0.10MPa 是变化曲线的拐点,相比土仓压力为 0.08MPa,土仓压力为 0.10MPa 对于既有地铁隧道沉降和轨道高差的控制得到很好的提升,之后,虽然随着土仓压力的增大,既有地铁隧道的沉降和轨道高差会不断减小,但是控制效果已经不太明显。

　　从图 5.21 还可以看出,最终轨道高差最大值发生在既有隧道与新建隧道的外轮廓交界处,但是最终轨道高差是不是整个施工过程中轨道高差的最大值? 最终轨道高差最大值所在的断面是不是施工过程中轨道高差最大的断面? 为了弄清这些问题,现采用表 5.12 的施工参数,取如图 5.22 所示的 4 个横断面(断面 4 位于既有隧道下行线中心线与新建盾构隧道中心线交汇处,断面 3 位于既有隧道

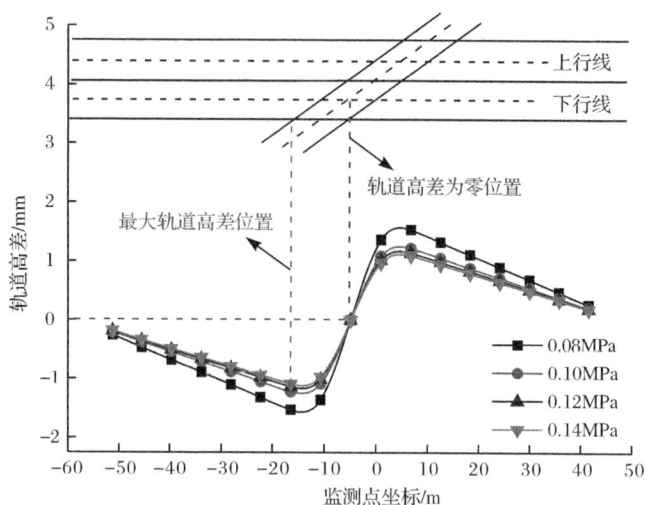

图 5.21　不同土仓压力工况下既有地铁隧道下行线轨道高差变化趋势

下行线外轮廓线与新建盾构隧道中心线交汇处,断面 2 位于既有隧道下行线外轮廓线与新建盾构隧道外轮廓线交汇处,断面 1 位于断面 2 右侧 5m 位置处)为研究对象,分析既有隧道下行线四个横断面处轨道高差随盾构掘进的变化历程。

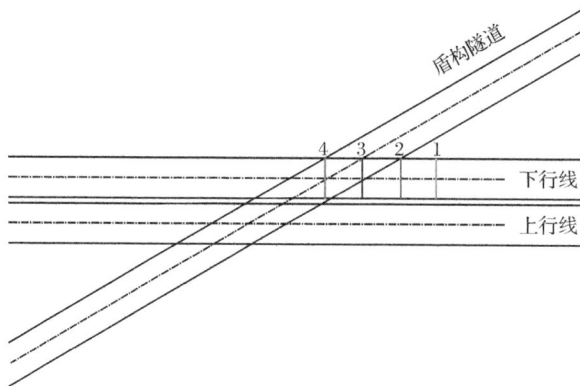

图 5.22　轨道高差分析断面

图 5.23 为既有隧道下行线四个典型断面处轨道高差随盾构掘进变化趋势,可以看出,在盾构掘进过程中,断面 1～断面 4 最大轨道高差依次为 1.26mm、1.68mm、1.383mm、0.388mm,最终轨道高差依次为 0.909mm、1.217mm、1mm、0,且各断面轨道高差均在盾尾脱离该断面时达到最大。四个断面处既有双连拱隧道下行线轨道高差都会经历先增大后减小最后趋于稳定的变化过程,对比四个断面轨道高差结果可知,在盾构掘进的整个过程中,既有隧道在其外轮廓线与新建盾构隧道外轮廓线相交处的横断面(见图 5.22 中的断面 2)处轨道高差最大,因

此在分析不同施工参数工况下盾构施工对既有地铁隧道轨道高差影响规律时选取断面 2 为研究对象。图 5.24 为四种土仓压力下断面 2 处轨道高差随盾构掘进的变化曲线。

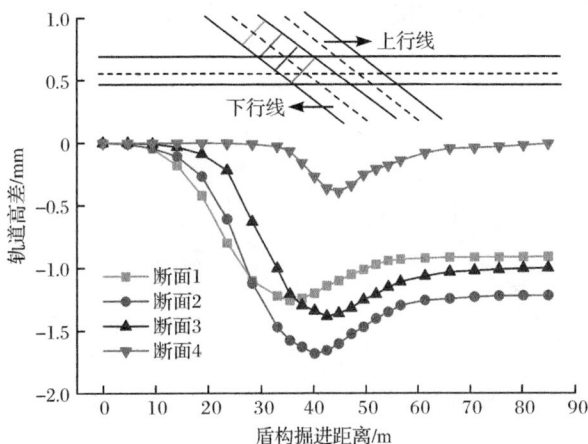

图 5.23　既有隧道下行线典型断面处轨道高差随盾构掘进变化趋势

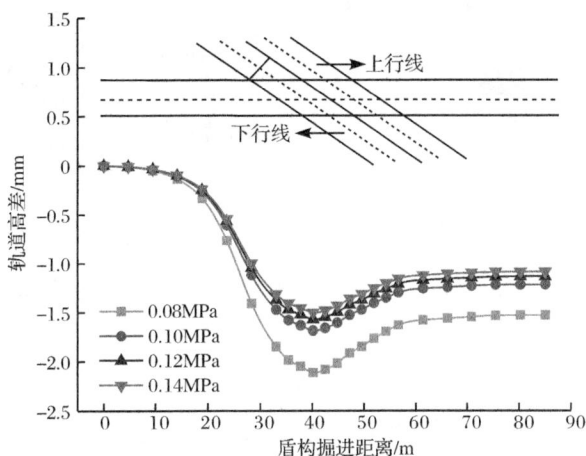

图 5.24　不同土仓压力断面 2 处轨道高差随盾构掘进变化曲线

从图 5.24 可以看出，当土仓压力依次为 0.08MPa、0.10MPa、0.12MPa、0.14MPa 时，既有地铁隧道下行线断面 2 处轨道高差最大值依次为 2.11mm、1.69mm、1.63mm、1.53mm，即既有地铁隧道下行线断面 2 处轨道高差随着土仓压力的增大而不断减小。从数值上可以看出，相比土仓压力为 0.08MPa，土仓压力为 0.10MPa 对于既有地铁隧道断面 2 处轨道高差的控制得到很好的提升，之后，虽然随着土仓压力的增大，既有地铁隧道断面 2 处轨道高差会有所减小，但是控制效果已经不太明显。

5.5.2 注浆压力的影响

不同注浆压力下既有地铁隧道竖向位移云图如图 5.25 所示,数据处理结果如图 5.26～图 5.29 所示。

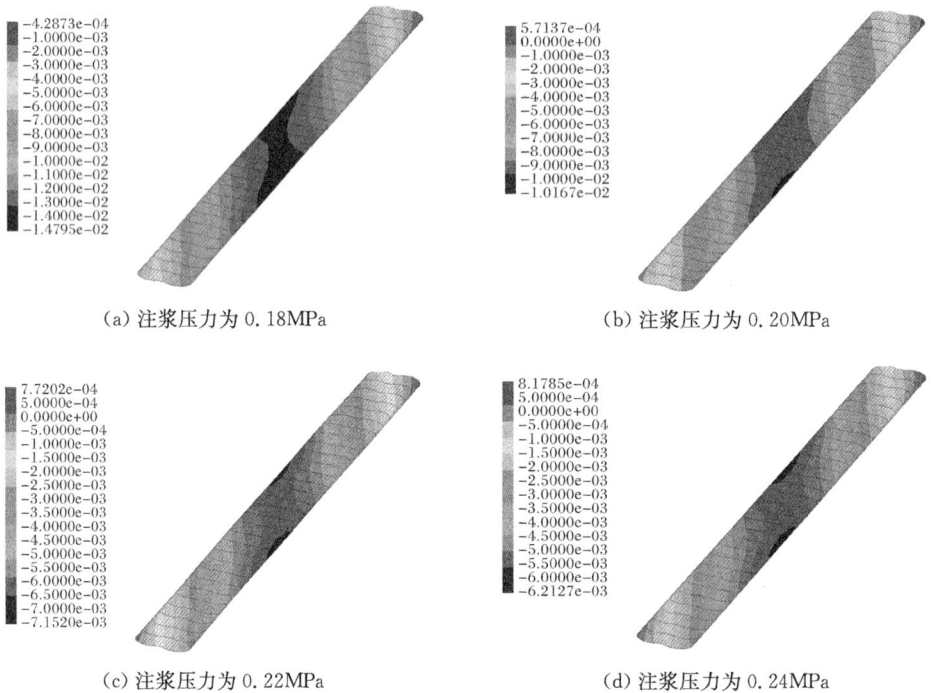

（a）注浆压力为 0.18MPa   （b）注浆压力为 0.20MPa

（c）注浆压力为 0.22MPa   （d）注浆压力为 0.24MPa

图 5.25 不同注浆压力下既有地铁隧道竖向位移云图（单位:m）

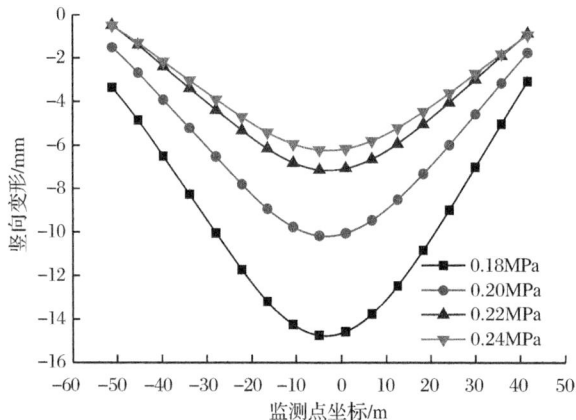

图 5.26 不同注浆压力下既有地铁隧道下行线左轨竖向变形曲线

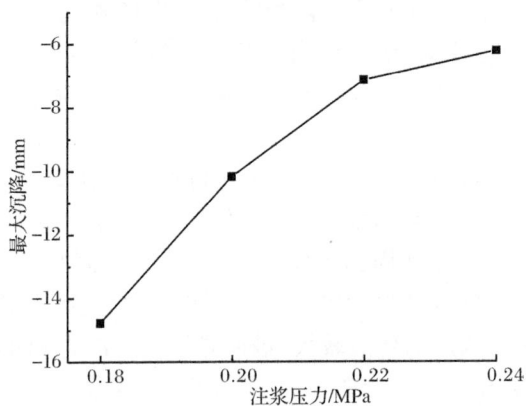

图 5.27　不同注浆压力下既有地铁隧道下行线左轨最大沉降变化趋势

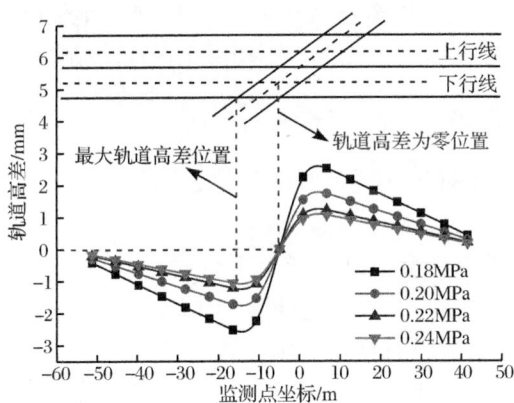

图 5.28　不同注浆压力下既有地铁隧道下行线轨道高差变化趋势

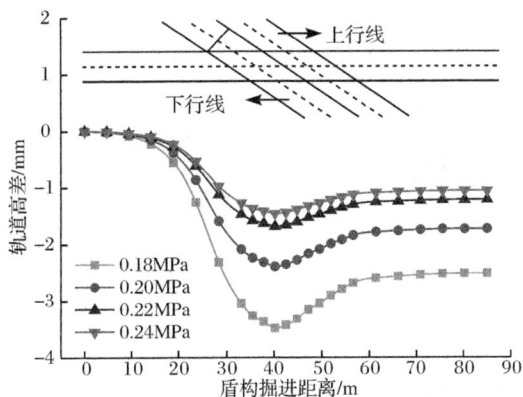

图 5.29　不同注浆压力下既有地铁隧道下行线断面 2 轨道高差随盾构掘进变化曲线

从图 5.26～图 5.29 可以看出,当注浆压力依次为 0.18MPa、0.20MPa、0.22MPa、0.24MPa 时,既有地铁隧道下行线左轨最大沉降值依次为14.79mm、10.15mm、7.14mm、6.21mm,既有地铁隧道下行线最终轨道高差依次为2.5217mm、1.73mm、1.22mm、1.06mm,既有地铁隧道下行线断面 2 处最大轨道高差依次为 3.52mm、2.48mm、1.69mm、1.5mm,即既有地铁隧道下行线轨道沉降、最终轨道高差最大值和断面 2 处最大轨道高差均随着注浆压力的增大而不断减小。

管片脱离盾尾后,管片和周围土体之间存在空隙,而在进行同步注浆的早期阶段,浆液还未形成强度或者强度较小,这时注浆压力起到控制应力释放的效果,若注浆压力较小,则围岩应力释放较大,进而导致土层沉降和轨道高差较大,因此必须选择合适的注浆压力。结合图 5.27 可以看出,注浆压力为 0.22MPa 是变化曲线的拐点,与注浆压力为 0.18MPa 和 0.20MPa 相比,注浆压力为 0.22MPa 对于既有地铁隧道沉降、最终轨道高差最大值和断面 2 处最大轨道高差的控制具有很好的提升效果,之后,虽然随着注浆压力的增大,既有地铁隧道的沉降、最终轨道高差最大值和断面 2 处最大轨道高差会不断减小,但是控制效果已经不太明显。

5.5.3　注浆厚度的影响

不同注浆厚度下既有地铁隧道竖向位移云图如图 5.30 所示,数据处理结果如图 5.31～图 5.34 所示。

图 5.31 为不同注浆厚度下既有隧道下行线左轨的竖向变形曲线,图 5.32 为不同注浆厚度下既有隧道下行线左轨最大沉降变化趋势,图 5.33 为不同注浆厚度下既有地铁隧道下行线轨道高差变化趋势,图 5.34 为不同注浆厚度下断面 2 处轨道高差随盾构掘进变化曲线。可以看出,注浆厚度为 0.14m、0.17m、0.20m、0.23m时,既有地铁隧道下行线左轨最大沉降值依次为 15.60mm、12.80mm、9.98mm、7.141mm,既有地铁隧道下行线最终轨道高差依次为 2.6598mm、

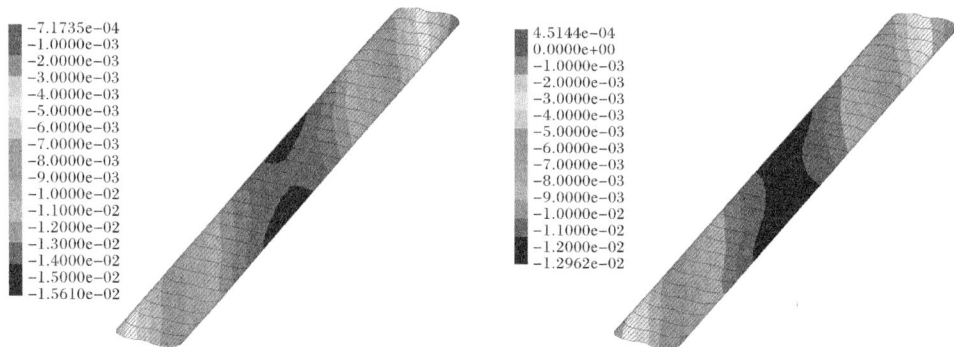

(a) 注浆厚度为 0.14m　　　　　　　　　　(b) 注浆厚度为 0.17m

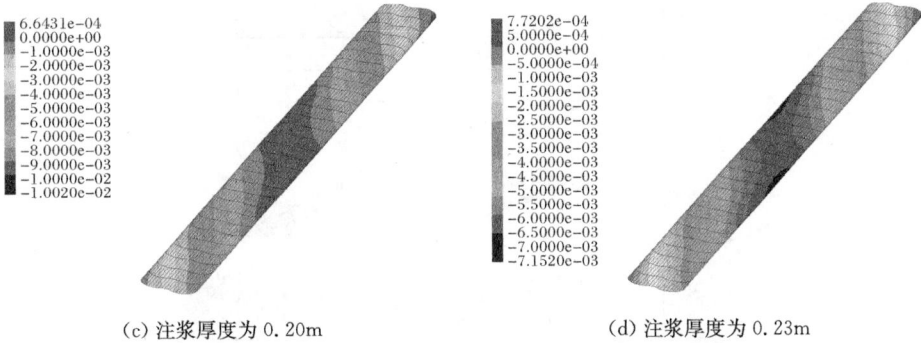

（c）注浆厚度为 0.20m　　　　　　（d）注浆厚度为 0.23m

图 5.30　不同注浆厚度下既有地铁隧道竖向位移云图（单位：m）

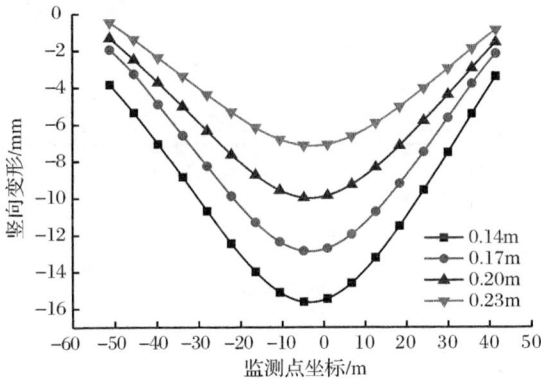

图 5.31　不同注浆厚度下既有地铁隧道下行线左轨竖向变形曲线

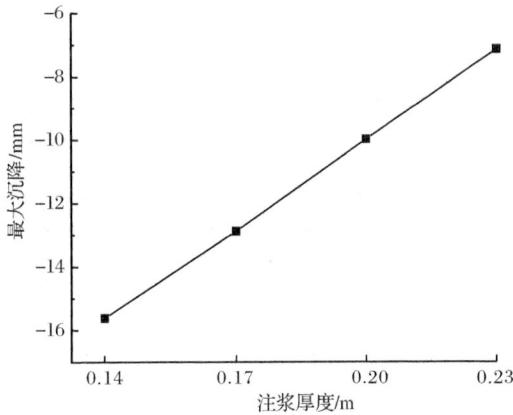

图 5.32　不同注浆厚度下既有地铁隧道下行线左轨最大沉降变化趋势

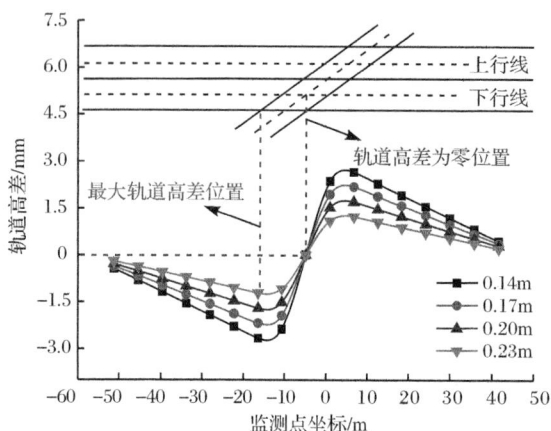

图 5.33 不同注浆厚度下既有地铁隧道下行线轨道高差变化趋势

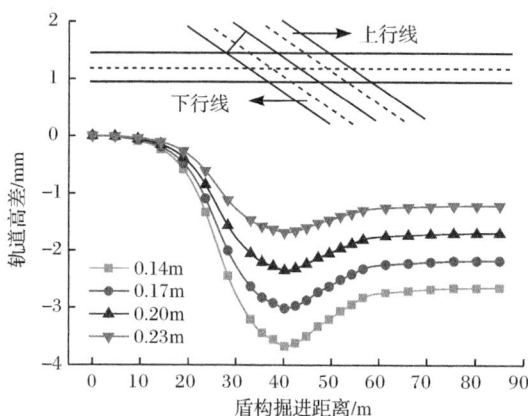

图 5.34 不同注浆厚度下既有地铁隧道下行线断面 2 轨道高差随盾构掘进变化曲线

2.1824mm、1.7016mm、1.2175mm,既有地铁隧道下行线断面 2 处过程最大轨道高差依次为 3.77mm、3.1mm、2.31mm、1.69mm,即既有地铁隧道下行线轨道沉降、既有地铁隧道下行线最终轨道高差最大值及既有地铁隧道下行线断面 2 处过程最大轨道高差均随着注浆厚度的增大而不断减小。结合图 5.32～图 5.34 可以看出,既有地铁隧道下行线轨道沉降、最终轨道高差最大值和断面 2 处过程最大轨道高差与注浆厚度之间均近似满足线性关系,因此适当增大注浆范围是控制既有地铁隧道沉降和轨道高差的有效方法。

从上述分析结果来看,对于小角度下穿工程,新建隧道施工引起的沉降变形和轨道高差都是比较大的,《城市轨道交通结构安全保护技术规范》(CJJ/T 202—2013)[48]对既有隧道变形控制标准为:沉降≤20mm,轨道高差≤4mm。在实际施工过程中需要确定两者的优先控制顺序,这样有利于抓住主要风险,减小监测的盲目性。鉴于此,下面对最终沉降、最终轨道高差和过程最大轨道高差哪一个指标优先达到其控制限值进行预测分析。

图 5.35 为前面数值模拟所得各工况下不同最终沉降所对应的变形稳定时最终轨道高差散点图,并对其进行线性拟合。拟合结果表明,最终轨道高差(y)与最终沉降(x)之间近似满足线性关系:$y=0.17094x-0.00801$,拟合优度 $R^2=0.99735$。据此可以得出当最终沉降 $x=20$mm 时,最终轨道高差 $y=0.17094x-0.00801$mm$=3.41$mm<4mm。即当沉降达到规范控制值 20mm 时,最终轨道高差还没有到达其控制值。这种轨道高差主要是由既有隧道的斜对折沉降形式决定的,当交叉角度一定时,最终轨道高差与最大沉降基本呈线性关系,因此可以通过控制其最终沉降来控制最终轨道高差。

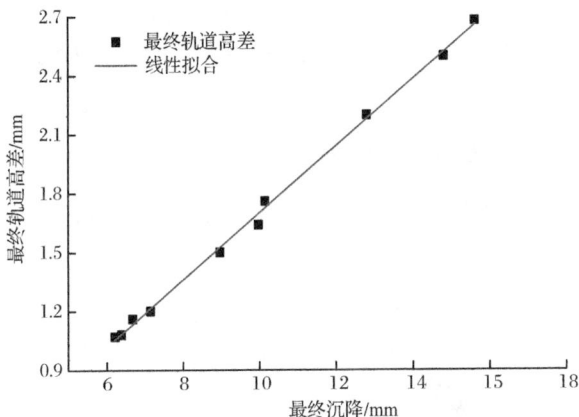

图 5.35　最终沉降与最终轨道高差的关系

图 5.36 为前面数值模拟所得各工况下不同最终沉降所对应的过程最大轨道高差散点图,并对其进行线性拟合。拟合结果表明,最终轨道高差(y)与最终沉降(x)之间近似满足线性关系:$y=0.2405x-0.0103$,拟合优度 $R^2=0.99734$。据此可以得出当最终沉降 $x=20$mm 时,过程最大轨道高差 $y=4.7997$mm>4mm,即施工工程中断面 2 处轨道高差要比沉降优先达到控制值,因此在施工过程中应严格监控轨道高差,尤其是图 5.22 中断面 2 位置处的轨道高差变化情况。需要说明的是,本章过程最大轨道高差与最终沉降呈线性关系的结论是在工程地质条件稳定不变、施工参数不变、盾构掘进速度保持均匀不变等理想假设的基础上,通过数值模拟得到的。然而工程现场地质条件往往复杂多变,施工单位会根据实际情况及时调整施工参数,因此现场施工过程中最大轨道高差与最终沉降之间未必呈线性关系,但可以肯定的是,若施工不当,轨道高差极有可能比沉降优先超过控制值。

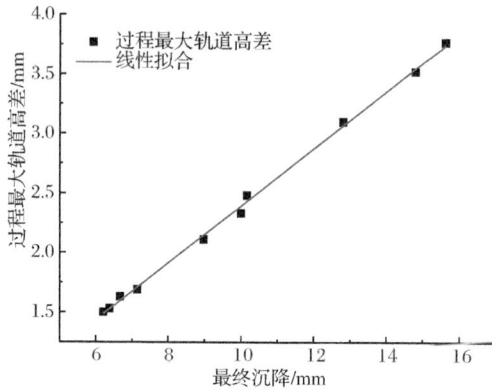

图 5.36　最终沉降与过程最大轨道高差的关系

5.6　各因素对既有地铁隧道变形的敏感性分析

5.6.1　正交试验各工况数值模拟结果

各种工况下既有地铁隧道竖向位移云图如图 5.37 所示。

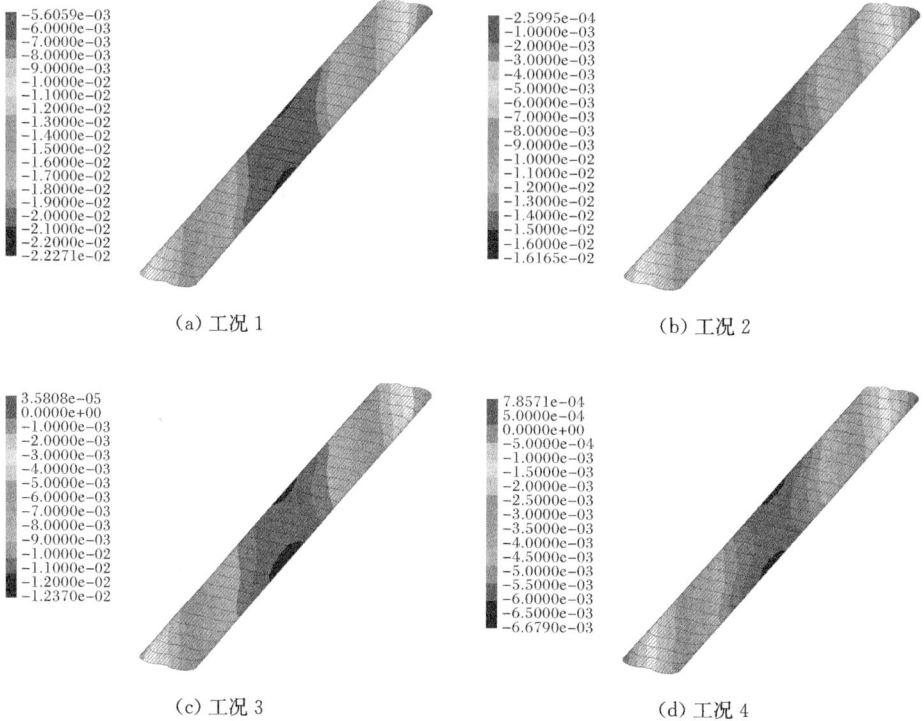

(a) 工况 1

(b) 工况 2

(c) 工况 3

(d) 工况 4

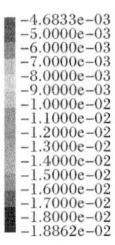
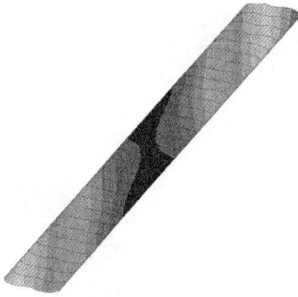
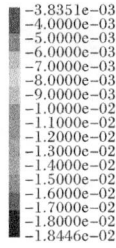
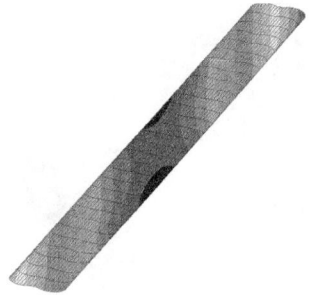

(e) 工况 5　　　　　　　　　　　　　　　(f) 工况 6

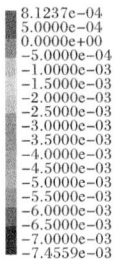
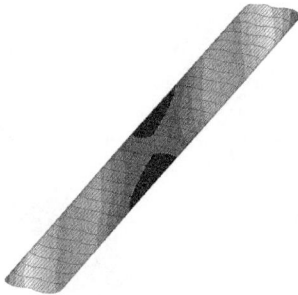
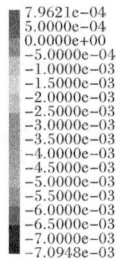
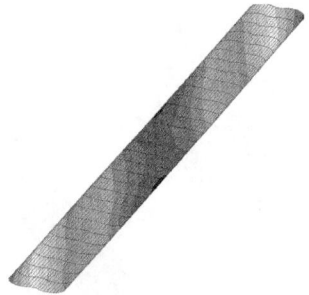

(g) 工况 7　　　　　　　　　　　　　　　(h) 工况 8

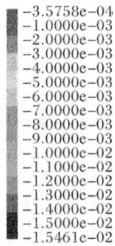
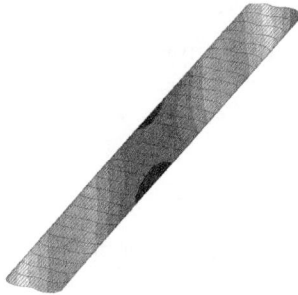
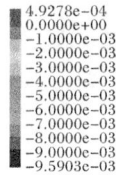
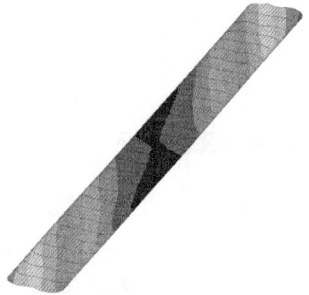

(i) 工况 9　　　　　　　　　　　　　　　(j) 工况 10

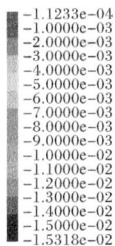
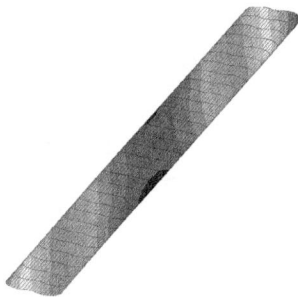
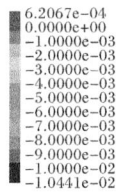
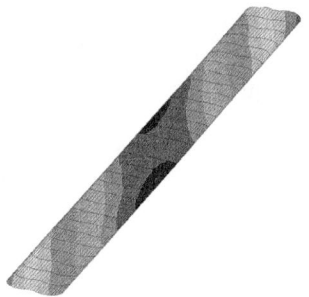

(k) 工况 11　　　　　　　　　　　　　　(l) 工况 12

(m) 工况 13   (n) 工况 14

(o) 工况 15   (p) 工况 16

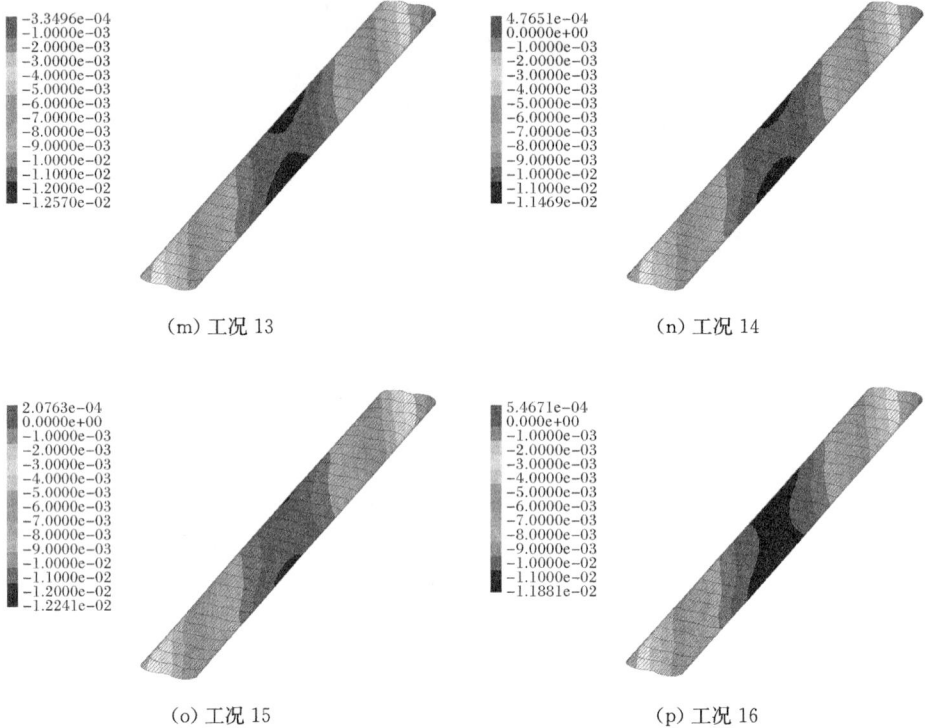

图 5.37　既有地铁隧道竖向位移云图(单位:m)

5.6.2　极差分析

统计以上 16 种工况的试验结果,分别以既有地铁隧道下行线道床最大沉降、最终轨道高差最大值和断面 2 处过程最大轨道高差为评价指标,分析施工参数对上述三种试验指标的敏感性。

1. 以道床最大沉降为评价指标

以道床最大沉降为评价指标时,汇总正交试验结果如表 5.13 所示,其极差分析结果如表 5.14 所示。

表 5.13　$L_{16}(4^3)$ 正交试验结果(以道床最大沉降为评价指标)

试验号	道床最大沉降/mm	试验号	道床最大沉降/mm
1	22.27	4	6.67
2	16.12	5	18.86
3	12.36	6	18.44

续表

试验号	道床最大沉降/mm	试验号	道床最大沉降/mm
7	7.14	12	10.44
8	7.078	13	12.56
9	15.45	14	11.45
10	9.59	15	12.2
11	15.3	16	11.88

表 5.14　极差分析结果（以道床沉降为评价指标）

分析项	因素		
	土仓压力/MPa	注浆压力/MPa	注浆厚度/m
K_1	57.261	68.02	69.17
K_2	52.159	57.672	55.732
K_3	49.08	46.299	43.6
K_4	48.19	36.299	36.088
k_1	14.31525	17.005	17.2925
k_2	13.03975	14.418	13.933
k_3	12.27	11.57475	10.9
k_4	12.0475	9.07475	9.022
k_{max}	14.31525	17.005	17.2925
k_{min}	12.0475	9.07475	9.022
极差 R	2.26775	7.93025	8.2705
主次顺序	注浆厚度>注浆压力>注浆厚度		

　　由极差分析结果可以看出，土仓压力、注浆压力、注浆厚度对既有隧道道床最大沉降的影响程度为：注浆厚度＞注浆压力＞土仓压力。从数值大小上可以看出，注浆厚度和注浆压力的变化对既有地铁隧道沉降的影响较为明显，土仓压力与前两者相比影响较弱。

　　2. 以最终轨道高差最大值为评价指标

　　以最终轨道高差为评价指标时，汇总正交试验结果如表 5.15 所示，极差分析结果如表 5.16 所示。

表 5.15　$L_{16}(4^3)$ 正交试验结果（以最终轨道高差为评价指标）

试验号	最终轨道高差/mm	试验号	最终轨道高差/mm
1	4.454	9	3.09
2	3.2184	10	1.918
3	2.472	11	3.06
4	1.334	12	2.088
5	3.772	13	2.512
6	3.688	14	2.29
7	1.49	15	2.44
8	1.4156	16	2.376

表 5.16　极差分析结果（以最终轨道高差为评价指标）

分析项	因素		
	土仓压力/MPa	注浆压力/MPa	注浆厚度/m
K_1	11.4784	13.578	13.828
K_2	10.3656	11.5184	11.1144
K_3	10.156	9.2676	9.462
K_4	9.618	7.254	7.2136
k_1	2.8696	3.3945	3.457
k_2	2.5914	2.8796	2.7786
k_3	2.539	2.3169	2.3655
k_4	2.4045	1.8135	1.8034
k_{max}	2.8696	3.3945	3.457
k_{min}	2.4045	1.8135	1.8034
极差 R	0.4651	1.581	1.6536
主次顺序	注浆厚度＞注浆压力＞土仓压力		

由极差分析结果可以看出，土仓压力、注浆压力、注浆厚度对既有隧道最终轨道高差的影响程度为：注浆厚度＞注浆压力＞土仓压力。从数值大小上可以看出，注浆厚度和注浆范围的变化对既有地铁隧道最终轨道高差的影响较为明显，土仓压力与前两者相比影响较弱。

3. 以断面 2 处过程最大轨道高差为评价指标

以断面 2 处过程最大轨道高差为评价指标时，汇总正交试验结果如表 5.17 所示，极差分析结果如表 5.18 所示。

表 5.17 $L_{16}(4^3)$ **正交试验结果**(以断面 2 处过程最大轨道高差为评价指标)

试验号	断面 2 最大轨道高差/mm	试验号	断面 2 最大轨道高差/mm
1	5.345	9	3.708
2	3.868	10	2.301
3	2.966	11	3.672
4	1.600	12	2.506
5	4.527	13	3.014
6	4.426	14	2.748
7	1.713	15	2.928
8	1.699	16	2.852

表 5.18 **极差分析结果**(以断面 2 处过程最大轨道高差为评价指标)

分析项	因素		
	土仓压力/MPa	注浆压力/MPa	注浆厚度/m
K_1	13.779	16.593	16.295
K_2	12.365	13.343	13.829
K_3	12.187	11.279	11.120
K_4	11.541	8.657	8.629
k_1	3.445	4.148	4.074
k_2	3.091	3.336	3.457
k_3	3.047	2.820	2.780
k_4	2.885	2.164	2.157
k_{max}	3.445	4.148	4.074
k_{min}	2.885	2.164	2.157
极差 R	0.560	1.984	1.916
主次顺序	注浆压力＞注浆厚度＞土仓压力		

由极差分析结果可以看出,土仓压力、注浆压力、注浆厚度对既有地铁隧道下行线断面 2 处过程最大轨道高差的影响程度为:注浆压力＞注浆厚度＞土仓压力。从数值大小上可以看出,注浆压力和注浆厚度的变化对既有地铁隧道断面 2 处过程最大轨道高差的影响较为明显,土仓压力与前两者相比影响较弱。

5.7 本 章 小 结

本章介绍了西安地铁 1 号线二期张家村站—后卫寨站区间左线盾构下穿既

有 1 号线出入段线的工程概况,对数值模拟的计算模型、边界条件、本构模型、材料参数、盾构施工模拟实现过程进行了详细的解析,介绍了正交试验因素及水平、工况设计情况及数据分析方法,得到了盾构土仓压力、注浆压力、注浆范围对既有地铁隧道道床沉降和轨道高差的影响规律及敏感性,主要结论如下:

(1) 随着土仓压力的增大,既有出入段线的沉降和轨道高差会不断减小,但是当土仓压力超过 0.10MPa 后,既有线沉降和轨道高差控制效果不再明显提高。

(2) 随着注浆压力的增大,虽然既有出入段线的沉降和轨道高差会不断减小,但是当注浆压力超过 0.22MPa 后,既有线沉降和轨道高差控制效果不再明显提高。

(3) 既有出入段线下行线轨道沉降和轨道高差与注浆范围基本呈线性关系,适当增大注浆范围是控制既有出入段线沉降和轨道高差的有效方法。

(4) 对于小角度斜下穿工程,既有隧道易产生轨道高差,呈现出随着盾构掘进先增大后减小最后趋于稳定的变化过程。轨道高差存在两个典型值:盾构下穿施工过程中的最大轨道高差和通过后的最终轨道高差,前者是由于同一横截面上的两轨距离盾构开挖面的远近不同,导致两者受影响顺序和影响程度不同,下穿时保证盾构机均匀、快速、连续通过既有隧道有利于减小这种差异沉降。后者主要是由既有隧道的斜对折沉降形式决定的,当交叉角度一定时,最终的轨道高差与最大沉降基本呈线性关系,因此可以通过控制最终沉降来控制最终轨道高差。

(5) 既有隧道在其外轮廓与新建盾构隧道外轮廓线相交处的横断面轨道高差最大,且该处的过程最大轨道高差比既有隧道结构的沉降、最终轨道高差优先达到其相应控制限值,因此在施工过程应对该指标进行重点关注。

(6) 土仓压力、注浆压力、注浆厚度对既有隧道道床沉降和最终轨道高差的影响程度大小顺序均为:注浆厚度＞注浆压力＞土仓压力;而对既有出入段线过程最大轨道高差的影响程度为:注浆压力＞注浆厚度＞土仓压力。其中,注浆压力和注浆厚度的影响程度相差不大,均远大于土仓压力。因此,施工时应严格控制注浆压力和注浆范围。

第6章 盾构下穿既有地铁隧道施工参数

6.1 概　　述

盾构下穿既有隧道施工过程中,不可避免地要对既有隧道结构产生影响。为了保证既有线的运营安全和新建盾构隧道的施工安全,必须把下穿施工对既有结构的影响降低到变形控制标准要求的范围内。在新建隧道施工中,不仅要保证自身施工进度和安全,还要确保施工对既有线不至于造成结构损坏而影响地铁运营。因此,既有线隧道运营安全和新建隧道施工构成了一个矛盾统一体。为了保证新建隧道施工对既有线的附加影响不超过既有结构的极限承载能力,主要从两个方面着手:一是减小施工对既有线的扰动;二是加固既有结构。其中,将盾构施工对周围地层的扰动控制到最小是最重要也是最有效的措施。结合实际下穿工程的具体工程地质条件和工程环境状况,通过理论计算方法,推导得出盾构土仓压力、顶推力和刀盘扭矩的计算公式;结合工程类比的方法确定盾构掘进速度、刀盘转速、出渣量以及壁后注浆参数。通过设置科学、合理的掘进参数,有效减小盾构施工对周围地层的扰动程度、扰动范围,进而降低下穿施工对既有隧道结构的影响。

6.2 基于理论计算的盾构掘进参数优化分析

在盾构下穿既有隧道的过程中,为了保证平稳、匀速、快速地通过,尽量减小地层损失及施工过程中既有隧道结构的变形,盾构各个掘进参数必须要满足一定的匹配性,必须提高盾构掘进效率。因此,如何选择合理的盾构掘进参数,并通过参数优化建立盾构隧道下穿施工综合配套技术,是盾构下穿施工控制的关键技术问题。盾构掘进参数如表6.1所示。

表6.1　盾构掘进参数

项目		掘进管理内容
开挖管理	开挖面稳定	保持开挖面土压平衡,对土仓压力进行实时监测
	出土	根据开挖面土压平衡控制出土量
	掘进参数	对顶推力、刀盘扭矩、掘进速度进行监测并分析既有线变形实时调整
注浆管理	壁后注浆	注浆量、注浆压力、浆液配比、强度

首先采用工程类比和理论方法,结合依托工程的土体物理力学参数,初步选定盾构掘进参数。在盾构下穿掘进试验段中,依据监测结果,调整优化掘进参数。在不同施工条件下,盾构的掘进参数对周围地层的扰动是不同的。因此,在整个下穿施工中,盾构掘进参数的变化是一个不断优化改进的过程。在本依托工程中,含砂黄土是其典型的地层特性,在掘进参数选取时应充分考虑地层条件及既有结构的影响。在整个下穿施工过程中,按照信息化施工的原则,根据既有线的实时监测结果、土体变形的监测等动态调整盾构掘进参数,加强盾构掘进管理,力求使周围土体受到的扰动最小,有效控制地表变形,减少对既有线的影响。

6.2.1　土压力控制

从理论上来讲,若盾构机中土仓提供的压力和原静止土压力之和相差不大,则周围土体和既有构筑物受到的施工扰动就会较小。同时,地面也不会出现较大隆起或沉降。盾构土仓压力的设定是一个动态的过程,应根据具体工程地质条件和施工措施进行相应的调整。为了保证开挖面稳定,需要适当维持压力仓的压力,如果压力仓的压力不足,开挖面发生涌水或者坍塌的可能性就会增大,同时也会引起盾构前方地表沉降过大。如果压力过大,又会引起刀盘扭矩或者顶推力增大而发生推进速度下降或者喷涌等问题,也会引起盾构前方地表隆起变形过大。土仓压力设定的上限值应尽量控制地表沉降,下限值可以允许产生少量的地表沉降,但是必须保证施工过程中地基变形在可控范围内。

根据土压平衡盾构施工原理,为了减少施工对土层的扰动,盾构土仓提供的土压力必须与开挖面相平衡。因此,盾构隧道施工土压力宜按静止土压力进行计算。从图5.3可以看出,新建线隧道与出入线段交界处埋深为 $14.2 \sim 15.1$ m,计算区域范围内地层由上到下依次为:杂填土、黄土状土、细砂、中砂。由于地下水在地面以下 26.2m,位于粗砂地层,故在土压力计算时不用考虑水压力的影响。既有出入段线隧道通过地层为:黄土状土层(约 1m)、细砂层(4.5m)、中砂层(约 1.2m)。盾构掘进土压力计算模型如图6.1所示。

1. 盾构正常掘进土压力计算

采用静止土压力计算,盾构顶部竖向土压力为

$$p_{e0} = \sum \gamma_i h_i \tag{6.1}$$

式中,p_{e0} 为盾构顶部竖向土压力,kPa;γ_i 为计算深度内各层土体容重,kN/m^3;h_i 为计算深度内各层土体厚度,m。

在考虑盾构自重作用引起土体抗力 p_g 后,根据作用力与反作用力关系,可知盾构自重引起土体抗力与盾构底部半圆弧内的反压强度在量值上大小相等。在

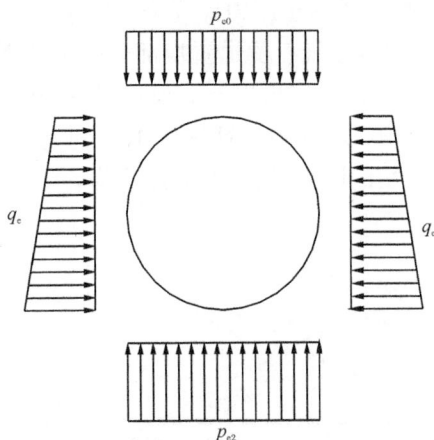

图 6.1　土压力计算模型

考虑盾构自重引起土体抗力 p_g 后,新建盾构隧道底部竖向土压力为

$$p_{e2} = p_{e0} + p_g = p_{e0} + \frac{2W}{\pi DL} \tag{6.2}$$

式中,p_{e2} 为盾构底部竖向土压力,kPa;W 为盾构主机重量,kN;L 为盾构主机长度,m;D 为盾构外径,m。

因此,新建盾构隧道在正常掘进时顶部和底部的侧压力分别为

$$q_{e1} = K_0 p_{e0} \tag{6.3}$$

$$q_{e2} = K_0 p_{e2} \tag{6.4}$$

式中,K_0 为盾构掘进土层的静止土压力系数,$K_0 = 1 - \sin\varphi = 0.47$。

通过计算得到盾构在正常掘进段的土仓压力为 133.5～140.5kPa。从控制盾构掘进对周围地层扰动程度和范围来看,采用静止土压力的效果最为明显。但是,在盾构掘进过程中不可能将土压力控制在一个固定值,只能将其控制在一个范围内。同时,土压力与掘进速度成正比[104,105]。在考虑掘进时开挖面稳定和施工成本的前提下,可以适当设置较小的土压力,这样可以降低刀具磨损程度,减小刀盘扭矩和顶推力,加快掘进速度。因此,建议在正常掘进段采用主动土压力和静止土压力作为土仓压力的下限值和上限值[106]。

2. 盾构穿越既有隧道的土压力计算公式推导

盾构隧道近距离下穿既有隧道时,土压力会减小,引起土压力减小的原因有两个方面:一是既有隧道结构将原来土体开挖后进行置换,致使土压力减小;二是既有隧道结构具有一定的刚度,地基梁作用会对下方土压力产生分散、承担的效应。同时,由于既有隧道的存在,上方土体也会有成拱效应。

1) 考虑既有隧道置换作用的土压力计算公式推导

盾构斜下穿既有隧道时,被既有隧道置换部分的土体面积就是既有隧道在新建隧道断面上的投影面积。计算时做以下假设:①忽略新建隧道和既有隧道的纵向坡度对土压力计算的影响,新建隧道埋深按 15m 进行计算;②将既有隧道视为两个直径为 6m 的圆形相切的既有结构,衬砌厚度为 65cm。两斜交隧道投影如图 6.2 所示。

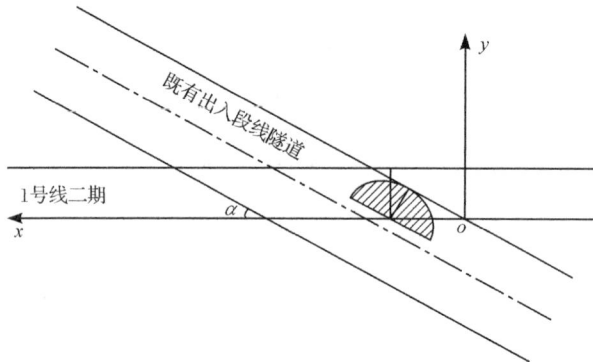

图 6.2　两斜交隧道投影

则有

$$p_{e1} = \eta(p_{e0} - p_1 + p_2) \tag{6.5}$$

当 $x\sin\alpha < \dfrac{D}{2}$ 时,

$$h = \frac{\arccos\left(1 - \dfrac{2x\sin\alpha}{D}\right)D^2 - 2(D - 2x\sin\alpha)\sqrt{Dx\sin\alpha - x^2\sin^2\alpha}}{4D\sin\alpha\cos\alpha} \tag{6.6}$$

$$L = \frac{\arccos\left(1 - \dfrac{2x\sin\alpha}{D}\right)D}{\cos\alpha} \tag{6.7}$$

当 $x\sin\alpha > \dfrac{D}{2}$ 时,

$$h = \frac{\pi D^2 - \arccos\left(\dfrac{2x\sin\alpha}{D} - 1\right)D^2 + 2(D - 2x\sin\alpha)\sqrt{Dx\sin\alpha - x^2\sin^2\alpha}}{4D\sin\alpha\cos\alpha} \tag{6.8}$$

$$L = \frac{\arccos\left(\dfrac{2x\sin\alpha}{D} - 1\right)D}{\cos\alpha} \tag{6.9}$$

$$p_1 = \gamma_1 h \tag{6.10}$$

$$p_2 = \frac{Ld}{D\sin\alpha}\gamma_2 \qquad (6.11)$$

式中,η 为考虑既有隧道地基梁作用后土压力折减系数;p_1 为被置换土体自重,kPa;p_2 为既有隧道结构自重,kPa;α 为新建隧道与既有隧道的平面投影夹角;h 为被置换土体在新建隧道断面上投影高度,m;L 为被置换土体在新建隧道断面上投影弧长,m;γ_1 为被置换土体的平均重度,kN/m^3;γ_2 为既有隧道钢筋混凝土的重度,kN/m^3;d 为既有隧道衬砌结构厚度,m。

2) 考虑既有隧道地基梁作用的土压力计算公式推导

下方盾构隧道穿越施工时,地层损失使土体产生一定的松动荷载,既有隧道与土体变形协调作用使既有隧道承担部分土压力,造成盾构隧道施工时土压力折减。为了简化计算,做如下假定:①将既有隧道视为文克勒弹性地基梁;②将既有隧道视为两个直径为 6m 的圆形相切的既有结构,衬砌厚度为 65cm;③既有隧道承载比为 1,即既有隧道地基承担全部荷载。则既有隧道底部任意一点竖向变形和既有隧道变形差值 Δ 与其底部竖向土压力 p 的关系为

$$p = k\Delta \qquad (6.12)$$

式中,k 为既有隧道底部土体的基床系数,MPa/m。

在文克勒弹性地基梁中,地基的变形与受力可以建立如下微分方程:

$$\frac{\mathrm{d}^4\Delta}{\mathrm{d}x^4} + 4\lambda^4\Delta = \frac{q(x)}{EI} \qquad (6.13)$$

式中,E 为既有隧道结构的弹性模量,MPa;I 为弹性地基截面惯性矩,m^4;λ 为弹性地基梁柔度特征值,m^{-1}。

$$\lambda = \left(\frac{kB}{4EI}\right)^{0.25} \qquad (6.14)$$

式中,λ 与弹性地基梁的截面抗弯刚度和宽度相关,该值越小,弹性地基梁的相对刚度越大。

通常采用弹性地基梁的柔度指数 λL(柔度特征值与地基梁长度的乘积),表征文克勒弹性地基梁的相对柔(刚)度程度。一般情况下:当 $\lambda L \leqslant \frac{\pi}{4}$ 时,文克勒弹性地基梁为刚性梁,可以认为梁是绝对刚性的;当 $\frac{\pi}{4} \leqslant \lambda L \leqslant \pi$ 时,文克勒弹性地基梁为短梁(有限长度梁),可以认为梁是有限刚度梁,是弹性地基梁的一般情况;当 $\lambda L \geqslant \pi$ 时,文克勒弹性地基梁视为长梁(柔性梁)。

在计算既有隧道结构截面惯性矩时,按照空心圆截面惯性矩计算公式,即

$$I = \frac{\pi D^4 - \pi d^4}{64} = \frac{\pi D^4}{64}(1-\alpha^4) \qquad (6.15)$$

式中,D 为既有隧道结构外径,m;d 为既有隧道结构内径,m;α 为既有隧道结构内

外径之比。

由于已假设既有隧道是外径 6m,衬砌厚度 65cm,由两个相切圆组成的结构,两个空心圆截面的形心都有一个 $\dfrac{D}{2}$ 的偏移,则按照平行轴移动公式,既有结构惯性矩修正为

$$I = 2\left[\frac{\pi D^4}{64}(1-\alpha^4) + \frac{D}{2}\frac{\pi D^2}{4}\right] \tag{6.16}$$

既有出入段线隧道采用矿山法施工,初期支护采用 30cm 厚 C25 喷射混凝土,二次衬砌采用 35cm 厚 C40 模筑混凝土。在计算时,既有隧道弹性模量要考虑初期支护和二次衬砌两种不同强度混凝土弹性模量及厚度对计算结果产生的误差。因此,计算过程中采用初期支护和二次衬砌弹性模量的加权平均值,按式(6.17)进行计算:

$$E = \frac{E_初 d_初 + E_二 d_二}{d_初 + d_二} \tag{6.17}$$

式中,$E_初$ 为既有隧道初期支护喷射混凝土弹性模量,MPa;$E_二$ 为既有隧道二次衬砌模筑混凝土弹性模量,MPa;$d_初$ 为既有隧道初期支护混凝土厚度,m;$d_二$ 为既有隧道二次衬砌混凝土厚度,m。

文克勒地基梁计算中,基床系数的选取直接关系到计算的精确性。在基床系数计算时,采用 Biot 提出的计算式是最有效的方法之一,则有

$$k = \frac{0.65 E_s}{1-\mu^2}\left(\frac{E_s B^4}{EI}\right)^{\frac{1}{12}} \tag{6.18}$$

式中,E_s 为既有隧道下方土体的弹性模量,MPa;μ 为既有隧道下方土体的泊松比;B 为弹性地基的宽度,m,此处为既有隧道外径。

由式(6.12)～式(6.18)可以得出既有隧道下部土体的基床系数 $k=38.39$MPa/m,柔度特征值 $\lambda = 3.32\times10^{-2}\mathrm{m}^{-1}$,柔度指数 $\lambda L = 0.4518 < \dfrac{\pi}{4}$,所以可以将既有隧道视为绝对刚性梁。这样在穿越施工影响段内,既有隧道的局部变形可以视为刚性体位移。在盾构穿越施工过程中,将既有地铁隧道位移控制在 6mm。在新建隧道与既有隧道穿越中心($x=0,y=0$)处,考虑既有隧道地基梁作用后,按式(6.12)即可得到穿越中心处盾构顶部竖向土压力 p_{e1}。

综上所述,在正常掘进时,盾构顶部竖向土压力为 284.3kPa;在仅考虑既有隧道置换作用时,穿越中心处盾构顶部竖向土压力为 199.2kPa;在考虑既有隧道地基梁作用时,穿越中心处盾构顶部竖向土压力为 248.8kPa。联立式(6.2)～式(6.4)可以得出穿越段盾构土压力设定值为 95.5～109.4kPa。

3. 下穿掘进土压力设定

在盾构斜下穿既有出入段线隧道过程中,土压力可以按图 6.3 所示的 3 个区

域进行分区段设定:接近区(Ⅰ区)、穿越区(Ⅱ区)和脱离区(Ⅲ区)。要综合考虑各区段土压力理论计算值大小和盾构对土仓压力调整能力等因素,来确定各区段长度,以确保盾构安全、顺利穿越既有隧道。

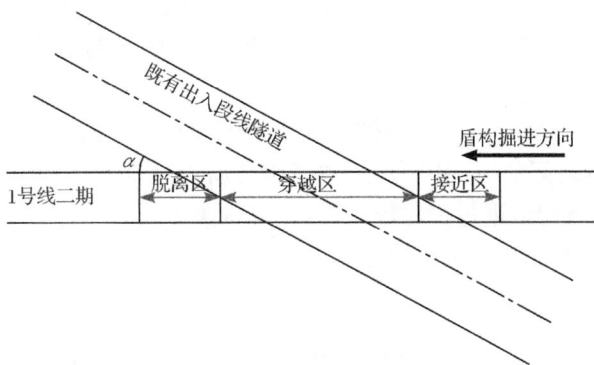

图 6.3 下穿施工土压力分区

在考虑新建隧道与既有隧道穿越角度影响后,接近区和脱离区长度可以按式(6.19)进行计算:

$$L_{\text{Ⅰ}} = L_{\text{Ⅲ}} = \frac{K_0(p_{e0} - p_{e1})}{\Delta' \sin\alpha} \tag{6.19}$$

式中,Δ'为盾构每环土仓压力调整值,为避免对既有隧道产生过大扰动,在下穿施工时一般取 10kPa 左右。

由式(6.19)可得接近区和脱离区的长度为 8.5m,等于盾构掘进 5～6 环的距离。而穿越区长度可以近似认为是:在平面投影上,盾构刀盘抵达既有隧道至刀盘脱离既有隧道的长度。

为了降低盾构掘进对既有隧道扰动并控制其变形,在盾构掘进至接近区时,土仓压力由正常掘进土仓压力设定值逐环过渡至穿越段设定值;在穿越区尽量保持土压力,防止出现较大波动;在脱离区掘进时,土仓压力由穿越段设定值逐环过渡至正常掘进段设定值。通过理论计算土压力与实际设定土压力进行比较,并根据监测地表沉降和既有隧道结构变形数据,综合评判设定土压力能否满足施工需要。同时,应根据现场实际情况进行调整,设定合理的土仓压力值,减小施工对既有隧道结构的扰动,保证施工顺利进行。

6.2.2 顶推力控制

在盾构掘进过程中,推进阻力由以下几部分组成:盾构四周外表面和土体之间的摩擦阻力或黏结阻力 F_1、开挖正面阻力 F_2、推进中切口环刃口前端产生的贯入阻力 F_3、变向阻力 F_4、盾尾内的管片和壳板之间的摩擦阻力 F_5、后配套拖车的

牵引阻力 $F_6^{[107,108]}$。盾构顶推力可以表示为

$$F = \sum_{i=1}^{6} F_i \tag{6.20}$$

式中,F_1、F_2、F_3 与开挖土体的物理力学性质相关;F_4 仅在盾构进行曲线施工或者盾构推进过程中出现蛇形修正时存在。F_5、F_6 为土压平衡盾构施工过程中盾构机自身磨耗损失。

根据相关文献介绍,盾构机顶推力主要是用来平衡开挖面前方阻力和盾构四周外表面与土体之间的摩擦阻力,其他摩阻力所占顶推力比例很小,可以忽略不计[109,110]。由于盾构推进过程比较缓慢,可以认为盾构在推进过程中受力是平衡的。因此,盾构顶推力可以近似表示为

$$F = F_1 + F_2 \tag{6.21}$$

1. 盾构四周外表面和土体之间的摩擦阻力计算公式推导

盾构四周外表面和土体之间的摩擦阻力可以利用与盾构四周表面上的土压力乘以摩擦系数求得。将盾构两侧的土压力简化为均布荷载后,其数值与盾构土仓压力相等。由图 6.4 可以看出,盾构两侧所受的侧向土压力左右、上下均对称。因此,在计算侧向土压力在盾构外表面单位长度上产生的正压力时,只需计算 $\theta = 0 \sim \dfrac{\pi}{2}$。

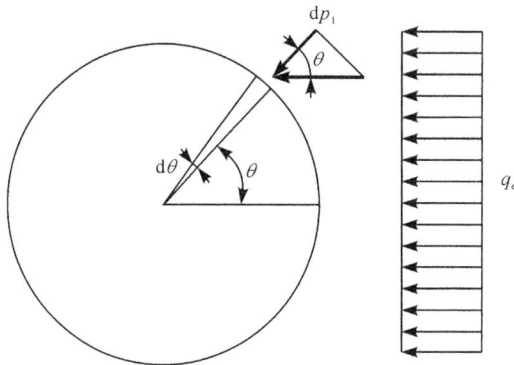

图 6.4　侧压力计算示意图

于是,盾构两侧单位长度上侧向压力产生的正压力 P_1 为

$$P_1 = \int \mathrm{d}p_1 = 4 \int_0^{\frac{\pi}{2}} q_e \cos\theta \frac{D}{2} \mathrm{d}\theta = 2q_e D \tag{6.22}$$

　　同理,由图 6.5 可以看出,盾构顶部和底部所受的竖向土压力左右对称。因此,计算垂直土压力在盾构顶部和底部单位长度产生的正压力时,只需计算 $\theta = -\dfrac{\pi}{2} \sim \dfrac{\pi}{2}$。

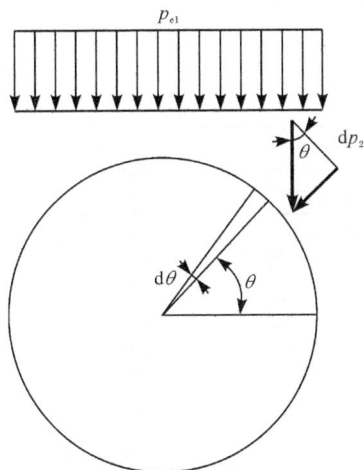

图 6.5　竖向土压力计算示意图

　　因此,盾构顶部和底部单位长度上垂直压力产生的正压力 P_2 为

$$P_2 = \int \mathrm{d}p_2 = 2\int_{-\frac{\pi}{2}}^{0} \left[p_{e2} - \frac{\gamma D}{2}(1 - \sin\theta) \right](-\sin\theta)\frac{D}{2}\mathrm{d}\theta$$

$$+ 2\int_{0}^{\frac{\pi}{2}} \left[p_{e1} + \frac{\gamma D}{2}(1 - \sin\theta) \right]\sin\theta\frac{D}{2}\mathrm{d}\theta = (p_{e1} + p_{e2})D - \frac{\pi}{4}\gamma D^2 \quad (6.23)$$

　　因此,盾构四周外表面和土体之间的摩擦阻力为

$$F_1 = \nu(P_1 + P_2)L = \nu\left[(p_{e1} + p_{e2})D - \frac{\pi}{4}\gamma D^2 + 2q_e D \right]L \quad (6.24)$$

式中,ν 为盾构外表面与开挖土体之间的摩擦系数,一般为 $\tan\dfrac{\varphi}{3} \sim \tan\varphi$[111]。

2. 开挖正面阻力 F_2 计算公式推导

　　开挖正面阻力主要包括土压力仓内壁对土体的摩擦阻力和开挖面正前方阻力。盾构掘进时,土体被刀盘切削后通过刀盘上的开口向土压力仓移动,由于土仓内壁对土体的摩擦作用,土仓内壁对土体产生一定的阻力。在顶推力作用下,新切削下来的土体不断被压实并强制进入土压力仓,随着土仓内壁土体侧压力增大,土仓内壁对土体的摩擦阻力相应增大,增大土体排出阻力,进而必须加大盾构顶推力。通过螺旋排土器保持合适的排土速度后,有效控制土仓压力,保持了开挖面稳定。

1) 土压力仓内壁对土体摩擦阻力 P_3 计算公式推导

沿盾构轴线取土仓内土体微元体,其受力如图 6.6 所示。σ 和 τ 分别为土压力仓内壁对土体作用的正应力和剪切应力,σ_l 是微元体所受的轴向应力。为了方便分析计算,忽略微元体土体的重力影响,其所受的轴向应力为均匀荷载。

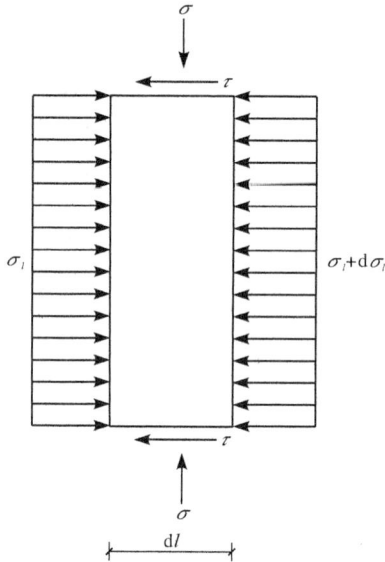

图 6.6 土仓内土体微元体受力示意图

微元体平衡方程为

$$\frac{\pi D^2}{4}\sigma_l = \frac{\pi D^2}{4}(\sigma_l + \mathrm{d}\sigma_l) + \pi D\tau\,\mathrm{d}l \qquad (6.25)$$

化简后得

$$\mathrm{d}\sigma_l = -\frac{4\tau}{D}\mathrm{d}l \qquad (6.26)$$

假设土仓内壁与土体之间的界面是平整的,则该界面满足莫尔-库仑强度条件:

$$\tau = \sigma\tan\varphi \qquad (6.27)$$

假设土仓内渣土是线弹性材料,土体微元体的物理方程为

$$\varepsilon_\theta = \frac{1}{E}\left[\sigma_\theta - \mu(\sigma_r + \sigma_l)\right] \qquad (6.28)$$

$$\varepsilon_r = \frac{1}{E}\left[\sigma_r - \mu(\sigma_\theta + \sigma_l)\right] \qquad (6.29)$$

$$\varepsilon_l = \frac{1}{E}\left[\sigma_l - \mu(\sigma_r + \sigma_\theta)\right] \qquad (6.30)$$

式中,E 为土体的弹性模量;μ 为土体泊松比。

由于土压力仓内壁是刚性材料,因此微元体沿径向应变 $\varepsilon_r = 0$。假设土仓内土体为各向同性线弹性材料且微元体所受的轴向应力为均匀荷载,可得微元体环向应变 $\varepsilon_\theta = 0$。代入式(6.28)和式(6.29),可得

$$\sigma = \sigma_r = \sigma_\theta = \frac{\mu}{1-\mu}\sigma_l \tag{6.31}$$

将式(6.27)和式(6.31)代入式(6.26),可得

$$\frac{\mathrm{d}\sigma_l}{\sigma_l} = -\frac{4\tan\varphi}{D}\frac{\mu}{1-\mu}\mathrm{d}l \tag{6.32}$$

解此微分方程得

$$\sigma_l = C\mathrm{e}^{\frac{4\tan\varphi}{D}\frac{\mu}{1-\mu}l} \tag{6.33}$$

式中,C 为任意常数。

利用边界条件,当 $l = a$ 时,即在土压力仓与压力隔板交界处,土仓内壁的压力值 $\sigma_l = q_e$,此时有

$$q_e = C\mathrm{e}^{\frac{4\tan\varphi}{D}\frac{\mu}{1-\mu}l} \tag{6.34}$$

由此可得

$$C = q_e\mathrm{e}^{\frac{4\tan\varphi}{D}\frac{\mu}{1-\mu}a} \tag{6.35}$$

式中,a 为土压力仓长度。

将式(6.31)、式(6.33)、式(6.35)联立,可得土压力仓内壁对土体作用的正应力和剪切应力:

$$\sigma = \frac{\mu}{1-\mu}q_e\mathrm{e}^{\frac{4\tan\varphi}{D}\frac{\mu}{1-\mu}(a-l)} \tag{6.36}$$

$$\tau = \frac{\mu}{1-\mu}q_e\mathrm{e}^{\frac{4\tan\varphi}{D}\frac{\mu}{1-\mu}(a-l)}\tan\varphi \tag{6.37}$$

因此,作用于土仓内壁上的土体摩擦阻力 P_3 为

$$P_3 = \int_0^a \pi D\tau\mathrm{d}l = \frac{\pi D^2}{4}q_e\left(\mathrm{e}^{\frac{4\tan\varphi}{D}\frac{\mu}{1-\mu}a} - 1\right) \tag{6.38}$$

2) 盾构开挖面正前方阻力 P_4 计算公式推导

盾构开挖面正前方阻力主要是刀盘克服正前方的土压力,一般按静止土压状态计算,即

$$P_4 = (1-\omega)\frac{\pi D^2}{4}q_e \tag{6.39}$$

式中,ω 为刀盘开口率。

因此,盾构开挖正面阻力为

$$F_2 = P_3 + P_4 = \frac{\pi D^2}{4}q_e\left(\mathrm{e}^{\frac{4\tan\varphi}{D}\frac{\mu}{1-\mu}a} - 1\right) + (1-\omega)\frac{\pi D^2}{4}q_e \tag{6.40}$$

综上所述,盾构总顶推力为

$$P = F_1 + F_2 = \nu \Big[(p_{e1} + p_{e2})D - \frac{\pi}{4}\gamma D^2 + 2q_e D \Big] L$$
$$+ \frac{\pi D^2}{4} q_e \Big(e^{\frac{4\tan\varphi}{D} \frac{\mu}{1-\mu} a} - 1 \Big) + (1 - \omega) \frac{\pi D^2}{4} q_e \qquad (6.41)$$

由式(6.41)可以看出,盾构顶推力的影响因素主要有开挖土体的物理力学性质、开挖面积、土仓压力和刀盘开口率。当土体性质确定时,盾构受到的摩擦阻力是定值,此时盾构掘进的顶推力主要取决于盾构隧道的开挖面积和土仓压力,并与开挖面积和土仓压力成正比。同时,顶推力与刀盘开口率成反比。

将各参数代入式(6.41)中,计算出盾构正常掘进时顶推力施工控制的理论值为 14136~17723kN,在下穿既有隧道时顶推力控制值为 11979~13222kN。盾构在穿越施工试验段时顶推力实测值如图 6.7 所示,可以看出,盾构在实际掘进过程中,顶推力并不是一成不变的,是个动态变化且不断优化的过程。在试验段掘进过程中,顶推力基本在施工控制理论值范围内,说明顶推力理论计算模型的合理性、精确性,为今后砂质地层中盾构选型设计和顶推力参数计算控制提供了一定的参考依据。

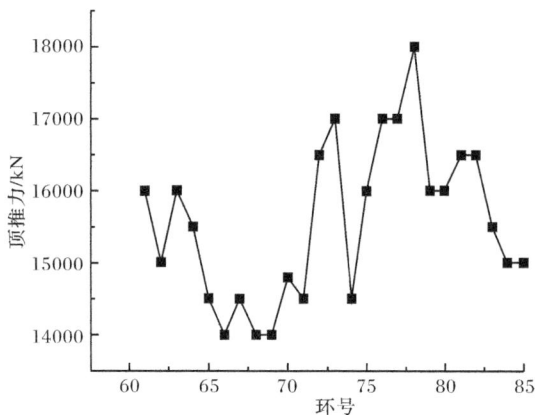

图 6.7　试验段盾构掘进顶推力实测值

6.2.3　刀盘扭矩控制

由土压平衡式盾构工作原理可知,主要有刀盘、刀具和土仓三个区域消耗刀盘扭矩,具体包括刀盘正面的摩阻力矩 T_1、刀盘背面的摩阻力矩 T_2、刀盘自重形成的轴承驱动旋转反力矩 T_3、刀盘四周与土体摩擦力矩 T_4、刀盘密封装置之间的摩擦力矩 T_5、土仓内搅拌臂搅拌渣土的阻力矩 T_6、刀具切削土体克服土层抗力所需扭矩 T_7[112,113]。因此,刀盘扭矩的表达式为

$$T = \sum_{i=1}^{7} T_i \tag{6.42}$$

从刀盘扭矩各组成部分可以看出,其影响因素主要有盾构类型、刀盘结构形式、刀具的数量和种类、隧道开挖直径、土体物理力学性质等。相关文献研究和施工资料显示[114,115],影响刀盘扭矩的主要组成部分为 T_1、T_2,其余部分所占比例很小,所以刀盘扭矩计算公式可简化为

$$T = 1.2(T_1 + T_2) \tag{6.43}$$

1. 刀盘正面摩擦扭矩 T_1 计算公式推导

刀盘正面摩擦扭矩主要包括两个方面:一是开挖面土体对刀盘正前方表面的摩擦扭矩 T_{11};二是刀盘开口槽剪切土体的剪切扭矩 T_{12}。

对开挖面进行分析,在实际计算中,假定刀盘作用在开挖面土体的压力为土仓压力,并考虑刀盘开口率 ω 的影响,则有

$$T_{11} = (1-\omega) \int_0^{2\pi} \int_0^{\frac{D}{2}} K\nu q_e \, \mathrm{d}r \mathrm{d}\theta = \frac{\pi D^3}{12}(1-\omega)\nu q_e \tag{6.44}$$

位于刀盘开口槽的土体处于欠固结状态,孔隙水压力将承担一部分荷载,这就导致土体的有效应力减小。因此,整个刀盘开口切削土体过程中土体分离可以近似认为流塑体分离。这样,土体的抗剪强度减小为原来的 $1/4$,即

$$\tau = \frac{1}{4} q_e \tan\varphi \tag{6.45}$$

刀盘开口槽剪切土体的剪切扭矩为

$$T_{12} = \omega \int_0^{\frac{D}{2}} 2\pi r^2 \tau \, \mathrm{d}r = \frac{\pi D^3}{48}\omega q_e \tan\varphi \tag{6.46}$$

2. 刀盘背面摩擦扭矩 T_2 计算公式推导

刀盘背面摩擦扭矩主要是土仓内渣土对刀盘背面的摩擦阻力矩。盾构掘进过程中刀盘旋转时,假定刀盘背面土仓内的渣土处于绝对静止状态,不随刀盘旋转而发生旋转。同时假定土仓内渣土对刀盘背面的压力近似为土仓压力 q_e。在此条件下,刀盘背面摩擦扭矩与开挖面土体对刀盘正前方表面之间的摩擦扭矩相等,即

$$T_2 = T_{11} \tag{6.47}$$

考虑到土压力仓内渣土已经采用膨润土泥浆和泡沫溶液进行改良,土体的性质不同于开挖面土体。这种不同主要体现在土体对刀盘的摩擦系数上,则有

$$T_2 = \frac{\pi D^3}{12}(1-\omega)\nu' q_e \tag{6.48}$$

式中,ν' 为土仓内渣土与刀盘之间的摩擦系数。

综上所述,刀盘扭矩 T 为

$$T = 1.2(T_1 + T_2) = 1.2\left[\frac{\pi D^3}{12}(1-\omega)\nu q_e + \frac{\pi D^3}{48}\omega q_e \tan\varphi + \frac{\pi D^3}{12}(1-\omega)\nu' q_e\right]$$

$$(6.49)$$

由式(6.49)可以看出,在砂质地层中,盾构刀盘扭矩影响因素有开挖土体的内摩擦角、刀盘与土体的摩擦系数、刀盘直径、土仓压力、刀盘开口率。其中,土仓压力为主要影响因素。当土体性质和盾构参数确定时,刀盘扭矩与土仓压力呈线性关系。

将实际工程中的各项参数代入式(6.49),可计算出盾构正常掘进时刀盘扭矩控制理论值为 2237~2909kN·m,在下穿既有隧道时刀盘扭矩控制理论值为 2137~2448kN·m。盾构在穿越施工试验段时刀盘扭矩实测值如图 6.8 所示,可以看出,在试验段掘进过程中,刀盘扭矩在施工控制理论值范围内,说明扭矩理论计算模型的合理性、精确性,为今后砂质地层中盾构选型设计和刀盘扭矩设置提供了一定的参考依据。

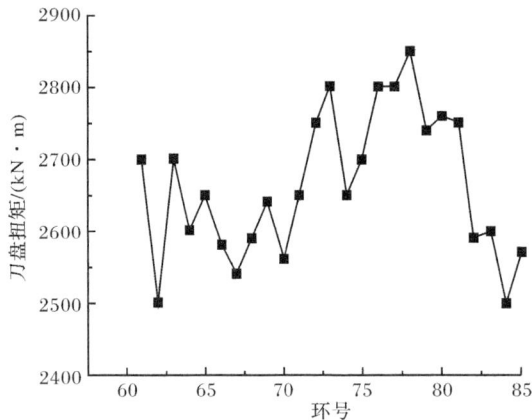

图 6.8　试验段刀盘扭矩实测值

6.2.4　掘进速度控制

盾构掘进速度主要受进、出土速率的影响。当进、出土速率不协调时,极易出现开挖面土体失稳和地表沉降过大等不良现象。当掘进速度较小时,会造成仓内渣土堆积,使仓内的土压力增大,产生不利压差,盾构对开挖面进行挤压,开挖面处于被动受压状态,产生较大隆起变形,加大了盾构对周边土体的扰动,甚至会对既有结构造成不利影响,危及既有线的运营安全;同时,较慢的掘进速度也会使施工工期大大拖延,工程经济效益降低。当掘进速度较大时,土仓内渣土减小,使土仓对开挖面提供的压力减小,将难以维持开挖面土体稳定,发生坍塌的可能性会加大;同时,过快的掘进速度也容易造成管片拼装、盾尾注浆不及时,反而导致沉降增加,影响既有线安全运营。因此,掘进速度控制不当,容易加剧下穿施工对既有线结构的影响程度。盾构掘进速度控制受很多因素(如地质条件、掘进姿态、螺旋输送机等)的影响,必须综合考虑各方面,合理控制下穿施工中的盾构掘进速度。

刀盘转速等于掘进速度与刀盘贯入度的比值。掘进速度过大,将会引起刀具贯入度增大,导致刀具升温过快,磨损加剧。掘进速度较小,刀具又无法有效切削土体。

西安地铁 1 号线二期工程张家村站—后卫寨站区间,盾构在前 100 环试验段掘进中的掘进速度控制在 25~35mm/min,刀盘转速控制在 1.2~1.6r/min,土仓压力稳定,出渣量正常,地面沉降稳定。在盾构下穿掘进过程中,尽量保持连续、匀速作业。同时掘进速度和刀盘转速并不是一成不变的,当发现异常情况时(如遇到阻碍、不良地质、盾构姿态偏离较大等),应及时停止掘进,封闭开挖面,查明具体原因后采取相应的处理措施。

6.2.5　出土量控制

土压平衡盾构在推进过程中,被切削的土体进入土仓内,随着进土量的增加产生一定的土压力,再通过螺旋输送机完成排土,而土仓压力是通过不断进土和排土来控制的。因此,出土的多少、快慢直接决定了土仓压力的大小。同时,盾构每环出土量与掘进过程中的超挖直接相关。当超挖较多时,出土量会增加。在掘进过程中,理论出土量为

$$V = \frac{\pi D^2}{4} L \tag{6.50}$$

式中,D 为刀盘直径;L 为每环管片宽度。

由式(6.50)计算得到盾构掘进一环的理论出土量为 46.44m³。由于盾构掘进地层为较密实的中砂,且渣土改良中泡沫和膨润土泥浆对土体进行改良,实际出土量会大于理论出土量。根据盾构前 100 环的试验掘进情况可知,出土量在 51m³ 左右。因此,在盾构下穿出入段线掘进过程中,每环出土量控制在 50~55m³ 为宜。当出土量超过控制值的 5% 时,应当分析洞内外监测数据,并通过土样分析,判断围岩的变化情况。当确定情况属于超挖时,应调节螺旋输送机出渣速度,同时根据统计超挖位置和超挖量,通过盾尾注浆及时将超挖量回补,必要时在超挖部位采用二次补浆甚至多次补浆。

6.2.6　盾尾注浆控制

当盾尾脱离衬砌管片后,管片背后土体处于无支护悬空状态,土体将会向盾尾空隙移动,甚至会产生局部坍塌,引起松散范围的进一步扩大,这是盾构施工引

起地层变形和沉降的主要原因。在盾尾空隙内均匀、密实地注入浆液是控制地层变形和减小对既有线影响程度的根本技术手段，也是确保管片衬砌均匀受力的前提条件。盾构施工中，壁后注浆按实施的时间与盾构掘进关系，从时效性上主要分为同步注浆、二次补浆甚至多次补浆，其作用和目的如下：

（1）减小地层损失率。当盾尾脱离管片时，及时进行注浆，浆液会及时充填盾尾空隙。浆液具有胶结能力，与周围土体胶结后形成具有一定强度的结石，有效减少地层应力释放和地层损失率，进而减小下穿施工对既有线的影响。同时，浆液可以保护衬砌管片的稳定性。

（2）提高隧道抗渗性。壁后注浆在浆液固结硬化后，具有一定的抗渗性能，可以作为隧道的第一道防水线，从而提高隧道的整体抗渗性能。

盾尾注浆主要对浆液配比、注浆压力和注浆量三个参数进行控制。西安地铁1 号线张家村站—后卫寨站区间下穿既有出入段线实体工程中，在前期 100 环试验段的注浆试验基础上，确定下穿既有线施工时采用的注浆参数。

1. 注浆浆液材料配比

为了实现盾尾注浆的目的并满足规范要求，浆液必须满足如下要求：①具有良好的充填性，且不易流窜到盾尾空隙以外的其他区域；②具有良好的和易性、流动性；③浆液不易被地下水稀释，具有适当的稠度；④材料稳定性好，不易分层，能长距离泵送；⑤注浆填充后，能尽快凝结约束管片，并且具有一定的早期强度；⑥浆液固结硬化后，渗透系数小，体积收缩小，耐腐蚀。

试验段中，采用水泥砂浆作为注浆材料，该注浆材料具有结实率高、结石体强度高、耐久性好和能防止地下水浸析的特点，具体材料配比如表 6.2 所示。

表 6.2　注浆材料配比表　　　　　　　　　　（单位：kg）

水泥	粉煤灰	膨润土	砂	水
220	320	105	765	530

在同步注浆过程中，采用水玻璃＋水泥浆的双液浆，控制水玻璃掺入量为水泥重量的 10%～15%，以进一步缩短浆液胶凝时间，获得早期强度，保证良好的注浆效果，管片与围岩之间充填密实。在二次补浆时采用单液浆，每隔 3～5 环进行 1 次。

2. 注浆量

在实际施工中，同步注浆的注浆量可以按式（6.51）进行估算：

$$Q = \alpha\left[\frac{\pi}{4}(D_1^2 - D_2^2)\right]L \tag{6.51}$$

式中，Q 为注浆量；D_1 为开挖直径；D_2 为管片外径；L 为每环管片长度；α 为浆液注入率,取值为 1.2~2.0。

计算得同步注浆量为 4.8~8.0m³。

3. 注浆压力

确定注浆压力必须综合考虑地质条件、管片强度、浆液特性、地下水压和设备性能等因素。注浆压力越大,盾尾空隙充填越密实,地层损失率越小。但是过大的注浆压力,会产生劈裂注浆,使地层隆起,并且会击穿盾尾密封刷使浆液流窜到压力仓内。同时,会对既有线的衬砌结构产生较大的附加应力,附加应力过大将造成既有线结构衬砌开裂。本区间隧道埋深 10~20.3m,采用太沙基松动土压力作为注浆压力,可以有效降低地层损失和注浆对周围环境的影响[116]。注浆压力采用式(6.52)进行计算:

$$p = \frac{B\gamma - c}{K\tan\varphi}(1 - e^{-K\tan\varphi\frac{H}{B}}) + p_d e^{-K\tan\varphi\frac{H}{B}} \tag{6.52}$$

式中,B 为松散体宽度,$B = R\cot\dfrac{45° + \varphi/2}{2} = 5.81\text{m}$;$K$ 为侧压力系数,$K = 1 - \sin\varphi = 0.6$;$p_d$ 为地面荷载,取 20kPa。

由式(6.52)计算得到注浆压力为 217kPa,因此宜将注浆压力控制在 0.20~0.24MPa。一般来说,提高盾尾注浆压力后,浆液的注入量也会相应增加。在盾尾注浆实施过程中,如果以注浆量为单一控制指标,容易造成注浆量不足或者空隙充填不均匀。而注浆量偏高会造成地表和既有结构隆起,注浆压力设置过大也不利于下穿施工。在新建线下穿既有出入段线施工过程中,同步注浆采用量压双控控制标准,注浆量控制在理论空隙的 120%~180%,注浆压力控制在 0.20~0.24MPa。二次补浆以注浆压力为控制标准,注浆压力控制在 0.2MPa 左右。

综上所述,在西安地铁 1 号线二期工程盾构掘进参数汇总如表 6.3 所示。在具体施工过程中,应根据具体监测数据进行适当调整。

表 6.3　盾构掘进工作参数设定汇总

项目		正常掘进段	穿越施工段	备注
土仓压力/kPa		133.5~140.5	93.6~100.5	根据地表沉降和既有隧道变形监测情况及时调整。同时每环土仓压力调整值为 10~20kPa 尽量控制土压力波动值
顶推力/kN		14136~17723	11727~12344	—
刀盘	刀盘扭矩/(kN·m)	2237~2909	2094~2394	—
	刀盘转速/(r/min)	1.2~1.6		下穿施工期间根据监测结果进行适当调整
掘进速度/(mm/min)		25~35		

续表

项目		正常掘进段	穿越施工段	备注
出土量/m³		50～55		当出土量超过控制值5%时,应及时判断分析原因
盾尾注浆	浆液配比	每方浆液配比:水泥 220kg、粉煤灰 320kg、膨润土 105kg、砂 765kg、水 530kg,水玻璃 22～33kg		—
	注浆压力/MPa	0.2～0.3		采用量压双控标准进行同步注浆,同时根据既有隧道变形监测情况及时调整
	注浆量/(m³/环)	4.8～8.0		
	二次注浆	采用单液浆,盾尾脱离管片 3～5 环补浆,压力控制在 0.2MPa 左右		以注浆压力为控制标准

6.3　基于数值模拟的盾构掘进参数优化分析

由第 5 章分析可知,随着土仓压力、注浆压力、注浆厚度的增大,既有地铁隧道道床沉降和轨道高差逐渐减小,因此 0.14MPa 土仓压力＋0.24MPa 注浆压力＋0.23m 注浆厚度为理论最优水平组合。在 16 种试验工况中,0.08MPa 土仓压力＋0.24MPa 注浆压力＋0.23m 注浆厚度时,既有地铁隧道道床沉降仅为 6.67mm,轨道高差为 1.137mm,可见,在理论最优水平组合时既有地铁隧道沉降和轨道高差会更小。但是需要注意的是,在实际工程中评价施工方案时不能仅看最终沉降和轨道高差的大小,如果沉降和轨道高差能控制得很小,但是施工技术难度大而操作困难、造价过大或者存在其他不利影响,那么这种方案并非最优。因此评价某施工方案是否为最优,应该从控制效果、经济性、技术可行性等方面进行综合分析。

6.3.1　土仓压力参数优化

由 5.5.1 节分析可知,土仓压力为 0.10MPa 是既有隧道变形曲线的拐点,相比 0.08MPa,0.10MPa 对于既有地铁隧道沉降和轨道高差的控制得到很好的提升效果,之后,虽然随着土仓压力的增大,既有地铁隧道的沉降和轨道高差会不断减小,但是控制效果相对来说已经不太明显。且当盾构在砂层土中掘进时,由于砂质地层石英含量高,摩阻力大,土仓压力过大,刀盘与前方土体的挤压力越大,进而导致刀盘刀具因受到较大的摩擦力而产生较大的磨损,容易出现切削能力下降和刀具失效的情况[117]。此外,砂质地层标贯值高,容易压密固结,土仓压力过大会导致在刀盘前方形成铁板砂,刀盘和土仓容易结泥饼。因此,为了保证盾构在下穿段的匀速连续掘进,土仓压力不宜过大。当土仓压力为 0.08MPa 和

0.10MPa时,既有地铁隧道最终沉降分别为 8.99mm 和 7.14mm,虽然从沉降数值上来看均满足既有线变形控制标准,但是沉降越大,既有隧道结构后期的维修工作越复杂,维护费用越高,而且会降低既有隧道结构的耐久性。综上分析,土仓压力应控制在 0.10MPa 左右。

6.3.2　注浆压力参数优化

注浆压力之所以能够控制既有隧道沉降和轨道高差,是因为同步注浆的初期阶段浆体还处于流动状态,尚未形成强度,此时注浆压力可以对周围土体起到一定的支承作用,有效减小周围土体的应力释放。不过随着浆液的固结收缩,注浆压力将逐渐消散,这种支承作用也将逐渐减小,因此在注浆压力超过一定值之后,其支承作用将不再明显增大。而且注浆压力过大往往会带来一些副作用:①过大的注浆压力会增大新建盾构隧道管片的变形和受力[118];②过大的注浆压力会导致刚刚脱离盾尾的管片在浮力作用下出现管片整体或者局部上浮,进而引发管片错位甚至出现裂缝;③注浆压力过大还有可能导致浆液劈裂破坏土体进入地层,进而造成浆液浪费,得不偿失;④注浆压力过大有可能击穿盾尾密封刷,进而引起漏浆漏水现象的发生,使注浆量得不到保障。

由 5.5.2 节分析可知,既有地铁隧道的沉降和轨道高差会随着注浆压力的增大而减小,但是当注浆压力超过 0.22MPa 之后,既有地铁隧道沉降和轨道高差的控制效果变得不再明显,因此综合分析,注浆压力应控制在 0.22MPa 左右。

6.3.3　注浆范围参数优化

管片脱离盾尾后,管片和周围土体之间存在空隙,而且一定范围内的周围土体会因刀盘掘进的扰动而变得松软,为了有效控制由盾尾空隙和土体扰动松软引起的地层沉降,就必须对盾尾空隙进行注浆填充并对扰动土体进行注浆加固。在施作同步注浆后,随着时间的推移,浆液逐渐变硬,注浆压力逐渐消退,此时决定地层沉降的主要是注浆强度和范围,因此必须确定合理的注浆范围。

由 5.5.3 节分析可知,当注浆厚度为 0.14m 时,浆液只是填充了盾尾空隙,被扰动的土体未得到加固,因此既有地铁隧道沉降非常大,进而导致较大的轨道高差;当注浆厚度为 0.17m 和 0.20m 时,虽然扰动的土体有所加固,但是加固范围有限,因此既有地铁隧道沉降和轨道高差还比较大;当注浆厚度为 0.23m 时,加固效果较好,能够将既有地铁隧道沉降控制在 7.141mm 左右,轨道高差控制在1.2175mm。

综上所述,最终推荐的施工参数方案为 0.10MPa 土仓压力＋0.22MPa 注浆压力＋0.23m 注浆厚度。

6.4　本章小结

本章依托西安地铁 1 号线二期工程,从盾构掘进参数控制出发,采用理论分析和数值模拟,并结合试验段初步确定穿越施工中盾构掘进参数,得出以下结论:

(1) 针对西安地区含砂黄土的地层特性,通过理论计算推导了正常掘进段和穿越段土压力、顶推力、刀盘扭矩的计算公式,并结合穿越掘进试验段确定各项掘进参数。其中,正常掘进段土仓压力为 $0.13 \sim 0.14$ MPa、顶推力为 $14136 \sim 17723$ kN、刀盘扭矩为 $2237 \sim 2909$ kN·m;穿越段土仓压力为 $0.09 \sim 0.11$ MPa、顶推力为 $11727 \sim 12344$ kN、刀盘扭矩为 $2094 \sim 2394$ kN·m。掘进速度控制在 $25 \sim 35$ mm/min,刀盘转速控制在 $1.2 \sim 1.6$ r/min,每环出土量控制在 $50 \sim 55$ m³。

(2) 在穿越施工中,将土仓压力设定分为 3 个区段,其中,接近区和脱离区长度为 $5 \sim 6$ 环距离,接近区土仓压力由正常掘进段设定值逐环过渡为穿越段,而脱离区土仓压力由穿越段设定值过渡为正常段。

(3) 通过掘进试验段确定盾尾同步注浆参数,其中每方浆液配合比为水泥:粉煤灰:膨润土:砂:水$=220$kg:320kg:105kg:765kg:530kg,水玻璃掺入量为 $22 \sim 33$ kg/m³;注浆压力为 $0.20 \sim 0.24$ MPa;注浆量为 $4.8 \sim 8.3$ m³/环。同步注浆采用量压双控指标进行控制,二次补浆采用注浆压力单控指标,采用单液浆,注浆压力为 0.2 MPa 左右。

(4) 通过数值模拟分析推荐的施工参数方案为 0.10 MPa 土仓压力$+$ 0.22 MPa注浆压力$+0.23$ m 注浆厚度。

第7章 渣土改良技术

7.1 概　　述

含砂黄土地层是西安地区典型的地层特性。在西安地铁前期施工过程中,当土压平衡盾构在黄土地层中掘进时,具有较好的适应性。而当土压平衡盾构在砂质地层中掘进时,却不能很好地适应,主要表现在由于砂土内摩擦角大、渗透性强、止水性能差,土仓压力不能很好地传递至开挖面,在掘进过程中方向控制难度较大,掘进速度慢,刀盘扭矩过大,砂土对刀盘、刀具磨损严重,出渣困难,刀盘四周温度过高等。西安地铁1号线二期工程张家村站—后卫寨站区间施工过程中也将不可避免地要通过砂质地层。采用改良剂对砂质地层进行改良,是保证盾构穿越砂质地层不可或缺的重要技术手段,更是保证张家村站—后卫寨站区间盾构安全下穿既有地铁隧道的重要施工控制技术手段。

目前工程常用的改良剂主要有泡沫、高分子聚合物和膨润土泥浆三种类型。大量工程经验表明,这些改良剂常配合在刀盘前方加水或者肥皂水使用,可以达到较好的改良效果。土体改良的技术要点是在刀盘前方和土压力仓中注入肥皂水、高分子聚合物、膨润土泥浆或泡沫等混合改良剂材料,经过强力搅拌,改善开挖土体的塑性和流动性,降低渣土的抗剪强度和渗透系数。从改良剂改良渣土的效果来看,改良剂作用有:降低渣土对刀盘、刀具及排土系统的磨损;改善开挖面土体的稳定性,利于刀具切削土体;降低刀盘扭矩,并使开挖后的土体成为流塑态,易于排土和降低渣土运输中的摩阻力。此外,对渣土改良后,对地下水更易于控制,使密封仓内的压力更加均匀。

7.2 评价标准

土压平衡盾构是利用土压力仓内的渣土平衡开挖面前方水-土压力。因此,这就要求作为稳定开挖面介质的渣土不易固结排水,处于流塑状态,具有较低的渗透系数和内摩擦角。与之相应的渗透系数、内摩擦角、黏聚力、坍落度和压缩系数是衡量渣土状态的力学指标。土压平衡盾构相关施工经验表明,理想状态下土压力仓内的渣土物理力学指标如下[119~121]:

(1)渗透系数。对渣土改良后,渣土获得了良好的止水性,对开挖面起到保护作用,这样有效避免"喷涌"发生。同时,可以使开挖面水-土压力维持在一定范围内,有利于调整土仓压力,控制地表沉降,保证盾构掘进姿态。当压力仓内渣土的渗透系数小于 $1×10^{-5}$ cm/s 时,可以有效降低"喷涌"现象发生的概率。

(2)内摩擦角。内摩擦角和黏聚力是土体强度的两个主要参数。在盾构施工中,内摩擦角是影响刀盘扭矩和顶推力的主要参数,且与刀盘扭矩和顶推力呈正相关性。此外,土体的内摩擦角越小、抗剪强度越小,盾构施工中发生"闭塞"的可能性就越大。当土体的不排水剪切强度指标 $φ<27°$、$c<25$kPa 时,开挖土体所需切削扭矩、强制搅拌装置、隔板摩擦力和扭矩均有一定程度的降低,进而降低盾构施工过程中刀盘扭矩和顶推力。

(3)坍落度。坍落度反映了压力仓内土体保水性、流动性和黏聚性的强弱,坍落度指标直接决定盾构机螺旋出土器能否顺利排土。如果土体的坍落度适中且流动性好,螺旋出土器会更容易控制排土量,进而可以更好地控制开挖面的土压力,确保开挖面稳定。可以通过坍落筒来测量砂性土的坍落度。试验表明,当土体的坍落度为 100~150mm 时,可以满足对开挖土体流动性的要求。

(4)压缩系数。在土压平衡盾构施工过程中,土压力仓内的土体压缩系数越大,出现"结饼"现象的可能性越小。对于西安地区的砂性土,压力为 100~200kPa 时,其压缩系数大于 0.1MPa^{-1},可以满足施工要求,不发生"结饼"现象。

7.3　试　验　方　案

7.3.1　试验目的及内容

西安地区含砂黄土地层中,由于砂土内摩擦角较大,因此渣土的流动性很差且对刀盘、刀具磨损很大。同时,砂土的渗透系数大,止水性能较差,使得压力仓内的压力不能有效地传递到开挖面。此外,在盾构掘进过程中,掘进方向不易控制,刀盘扭矩较大,推进速度慢。大量学者对砂土改良的试验研究表明,在砂土中掺入合适比例的膨润土泥浆,可以有效降低砂土的内摩擦角和渗透系数,并且可以提高砂土的保水性和流动性。这些对盾构施工渣土改良研究具有重要意义。

在总结大量相关研究成果的基础上,本次试验拟通过泥浆黏度和土工试验,找到合适的膨润土改良参数,具体包括:钠基膨润土泥浆最佳浓度和最佳膨化时间;通过常规室内土工试验,测定改良前后的砂土渗透系数、坍落度、内摩擦角和黏聚力。本试验主要包括以下内容,部分试验如图 7.1~图 7.5 所示。

(1)含水率试验:测定砂土在改良前的含水率。

(2)黏度试验:测定五种不同浓度的膨润土泥浆黏度,确定膨润土泥浆最优浓度和最佳膨化时间。

（3）坍落度试验：测定砂土在改良前后的坍落度。

（4）渗透试验：测定砂土在改良前后的渗透系数。

（5）直剪试验：测定砂土在改良前后的抗剪强度，得出砂土改良前后的内摩擦角和黏聚力。

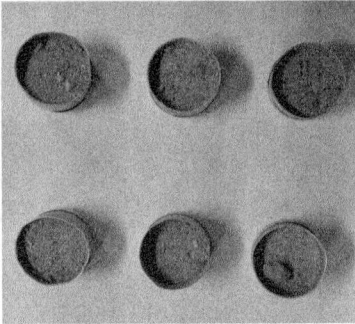
图 7.1　含水率试验

图 7.2　膨润土泥浆配制

图 7.3　泥浆黏度试验

图 7.4　改良后砂土

图 7.5　渗透试验

7.3.2　试验工况设计

根据试验目的及相关渣土改良的评价标准,试验工况设计如下:

工况1:分别配制钠基膨润土与水质量比为1∶6、1∶8、1∶10、1∶12、1∶14五种不同浓度的纳基膨润土泥浆,通过测试五种钠基膨润土泥浆黏度随时间的变化,得出钠基膨润土的最优泥浆配合比和最佳膨化时间。

工况2:首先测定砂土样本在初始状态下的坍落度、渗透系数和抗剪强度指标。将达到最佳膨化时间、按照最优配合比配置的膨润土泥浆与砂土体积比按1∶10、1.5∶10、2∶10、2.5∶10、3∶10的比例进行混合,充分搅拌。测定经膨润土改良后砂土的坍落度、渗透系数和抗剪强度指标。最后从经济性和改良效果出发,给出当采用钠基膨润土为渣土改良剂时,最佳的膨润土泥浆与砂土体积比。

7.4　渣土改良试验数据分析

7.4.1　钠基膨润土泥浆黏度试验结果分析

依据工况1的设计,选取施工现场所采用的钠基膨润土,将其按照比例配制成五种不同浓度的膨润土泥浆,将泥浆充分搅拌膨化24h,用马氏漏斗黏度计每2h测一次黏度。根据测得的黏度,得出钠基膨润土作为砂土改良剂时,改良效果最优的泥浆浓度比和相应的最佳膨化时间。

五种不同浓度钠基膨润土泥浆的黏度试验数据如表7.1所示,泥浆浓度与时间关系曲线如图7.6所示。

表7.1　不同浓度下膨润土泥浆黏度试验数据　　　　（单位:s）

配合比	泥浆充分搅拌膨化时间												
	0h	2h	4h	6h	8h	10h	12h	14h	16h	18h	20h	22h	24h
1∶6	37.63	39.75	39.80	39.86	40.12	40.58	41.23	41.85	41.98	42.03	42.05	42.08	42.11
1∶8	34.99	36.75	36.98	37.12	37.08	37.45	38.45	38.95	39.16	39.28	39.30	39.35	39.36
1∶10	32.6	34.00	34.63	34.88	34.77	35.01	35.64	36.14	36.45	36.83	36.95	37.01	37.05
1∶12	31.21	31.36	31.77	31.92	33.01	32.89	33.24	33.68	34.34	34.45	34.57	34.60	34.62
1∶14	30.81	30.90	31.45	31.73	31.65	31.58	32.35	32.49	32.87	33.08	33.14	33.18	33.46

可以看出,五种不同浓度钠基膨润土泥浆的黏度均随时间增长而提高,并且当泥浆的搅拌时间在16～24h时,泥浆黏度趋于稳定。当钠基膨润土泥浆浓度≥1∶10时,泥浆黏度随泥浆浓度的加大而增幅显著;当泥浆浓度<1∶10时,泥浆黏度随泥浆浓度变化增幅不明显。当膨润土泥浆浓度<1∶10时,由于泥浆黏度相

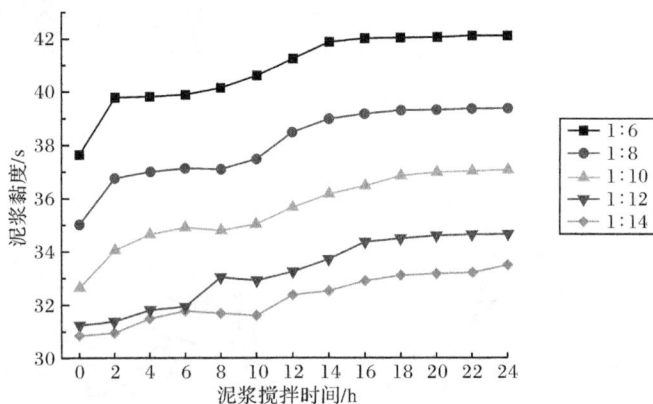

图 7.6　不同浓度下钠基膨润土黏度随时间变化曲线

马氏漏斗黏度计：946mL，蒸馏水：26±0.5mL

对较低，对砂土的改良效果可能达不到预期要求。从改良效果和经济性要求出发，优先选择泥浆浓度为 1：10 进行改良试验，若泥浆浓度为 1：10 能满足要求，则大于此浓度的泥浆均能满足施工要求。

因此，采用钠基膨润土泥浆进行砂土改良试验的最优浓度为 1：10，并建议泥浆最佳膨化时间为 18~20h。

7.4.2　改良砂土坍落度试验结果分析

坍落度是用来检验混凝土拌和物施工和易性的量化指标，是为了保证施工的正常进行，其中包括拌和物的保水性、流动性和黏聚性。影响改良渣土坍落度的因素主要有颗粒级配、含水率、时间和温度、改良剂用量和类型等。改良砂土的流动性差，会导致螺旋排土器排土困难，进而使开挖面压力控制、盾构掘进姿态控制变得困难，影响新建线的施工质量并在一定程度上加剧对既有线的影响。

按照试验设计，对施工现场取得的砂土加入不同比例的膨润土泥浆，对改良前后的砂土分别进行坍落度测试，试验数据如表 7.2 所示，部分试验照片如图 7.7~图 7.12所示。

表 7.2　不同配合比改良砂土坍落度　　　　　　（单位：mm）

配合比（泥浆：砂土）	原状砂土	1：10	1.5：10	2：10	2.5：10	3：10
坍落度	5	71	90	142	204	267

可以看出，砂土在原始条件下坍落度很小，基本没有，说明砂土的流动性很差，不能满足下穿盾构施工对砂土的要求。当采用膨润土泥浆对砂土改良后，改良土体的坍落度随泥浆量的加大而增大。当膨润土泥浆与砂土体积比小于或大

于2∶10时,改良渣土的坍落度均不能满足施工要求。当体积比为2∶10时,改良后砂土的坍落度达到了142mm,满足盾构施工对渣土100~150mm最佳坍落度的要求。由此试验可以得出,无论是从经济角度还是砂土改良效果出发,采用膨润土泥浆与砂土体积比为2∶10时,砂土改良后能够满足盾构施工对坍落度的要求。

图7.7 改良前重塑砂土坍落度试验

图7.8 膨润土泥浆与砂土体积比为
1∶10时的坍落度

图7.9 膨润土泥浆与砂土体积比为
1.5∶10时的坍落度

图7.10 膨润土泥浆与砂土体积比为
2∶10时的坍落度

图7.11 膨润土泥浆与砂土体积比为
2.5∶10时的坍落度

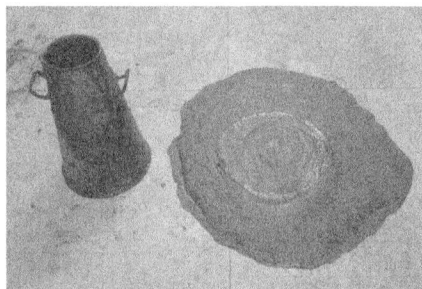

图7.12 膨润土泥浆与砂土体积比为
3∶10时的坍落度

7.4.3　改良砂土渗透性试验结果分析

在工程中,土能让水等流体通过的性质称为土的渗透性。而在水头差的作用下,土体中自由水通过土体内部的孔隙通道而流动的特性称为土中水的渗流。由于土的孔隙较小,水在孔隙中流速较小,其渗流状态可以认为是层流,渗流规律符合层流渗透定律即达西定律,即水在土中的渗流速度与水头梯度成正比。渗透系数是指当水力坡降等于 1 时,土体中自由水在孔隙中的渗流速度。由于砂土的渗透系数很大,在盾构施工中很容易发生"喷涌"。通过渗透性试验,测定盾构在穿越砂土层时加入膨润土泥浆改良前后渣土的渗透系数变化规律,依此来选择满足盾构施工对渗透系数要求的膨润土泥浆与砂土体积比例。

针对西安地区含砂黄土层,由于改良后渣土的渗透系数数量级在 10^{-5} cm/s 才能满足施工要求,所以试验采用变水头(55 型渗透仪)试验方法。具体试验数据如表 7.3 所示,渗透系数与泥浆和砂土体积比关系曲线如图 7.13 所示。

表 7.3　不同配合比改良砂土渗透系数试验数据　　　（单位:cm/s）

配合比(泥浆:砂土)	原状砂土	1:10	1.5:10	2:10	2.5:10	3:10
渗透系数	3.08×10^{-2}	6.27×10^{-5}	3.98×10^{-5}	2.91×10^{-5}	2.63×10^{-5}	2.34×10^{-5}

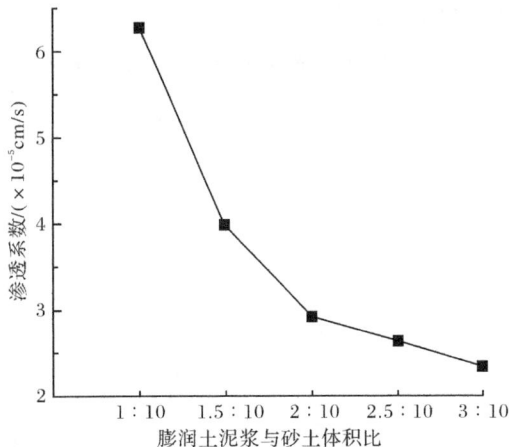

图 7.13　改良后砂土渗透系数与泥浆和砂土体积比关系曲线

可以看出,在未对砂土进行改良前,砂土的渗透系数为 3.08×10^{-2} cm/s,在不采用土体改良的前提下施工,极易发生"喷涌"现象。当采用膨润土泥浆对砂土进行改良之后,砂土的渗透系数明显下降,改良后土体的渗透系数数量级均达到了 10^{-5} cm/s,且改良砂土的渗透系数随泥浆加入量的加大而减小。当钠基膨润土泥浆与砂土体积比大于 2:10 时,改良后砂土的渗透系数降低幅度随着泥浆加入量的加大而趋缓。在砂土改良后,渗透系数均比原始状态下降低很多,砂土抗渗性大幅提高。但是,当土压平衡盾构土仓内土体的渗透系数小于$1×10^{-5}$cm/s时,"喷涌"发生的概率才可以有效降低。可以看出,经膨润土改良后,砂土的渗透系数还不能满足盾构施工的需求,还需采用更为合适的改良剂对砂土进行改良。在渗透性方面,从经济性和改良效果出发,采用泥浆与砂土体积比为2∶10最佳。从降低"喷涌"发生概率的角度考虑,通过土体改良降低开挖土体的渗透系数是最为有效的方法。此外,增大压力仓和螺旋排土器的长度,减小压力仓和螺旋排土器的直径,也可以在一定程度上降低"喷涌"发生的概率[122]。

7.4.4 改良砂土直剪试验结果分析

此次试验采用应变控制式直剪仪分别测定砂土样本和改良后渣土的抗剪强度指标,即黏聚力(c)和内摩擦角(φ)。分别取原状砂土及按不同比例膨润土泥浆改良后土体的 5 个试样,分别施加50kPa、100kPa、200kPa、300kPa、400kPa 的垂直压力,施加水平剪切力,试样破坏时,读取测微表的读数并计算出试样破坏时的剪应力(τ)。然后以垂直压力(p)为横坐标,以抗剪强度为纵坐标,绘制抗剪强度与垂直压力关系曲线,直线的倾角为土体的内摩擦角,曲线在纵坐标上的截距为土的黏聚力。试验结果如表 7.4 所示,内摩擦角、黏聚力与泥浆和砂土体积比关系曲线分别如图 7.14 和图 7.15 所示。

表7.4 砂土改良前后直剪试验数据

配合比 (泥浆∶砂土)	p/kPa	测微表读数 /0.01mm	τ/kPa	φ/(°)	c/kPa
无泥浆	50	20	31.80	31.4	0.8
	100	39	62.01		
	200	82	130.38		
	300	115	182.85		
	400	154	244.86		
1∶10	50	22	34.98	28.9	7.6
	100	40	63.60		
	200	74	117.66		
	300	109	173.31		
	400	144	228.96		
1.5∶10	50	22	34.98	27.1	9.8
	100	40	63.60		
	200	74	117.66		
	300	109	173.31		
	400	144	228.96		

续表

配合比 （泥浆∶砂土）	p/kPa	测微表读数 /0.01mm	τ/kPa	$\varphi/(°)$	c/kPa
2∶10	50	22	34.98	26.0	10.5
	100	38	58.83		
	200	68	108.12		
	300	101	160.59		
	400	129	205.11		
2.5∶10	50	23	36.57	25.5	10.8
	100	37	58.83		
	200	66	104.94		
	300	97	154.23		
	400	127	201.93		

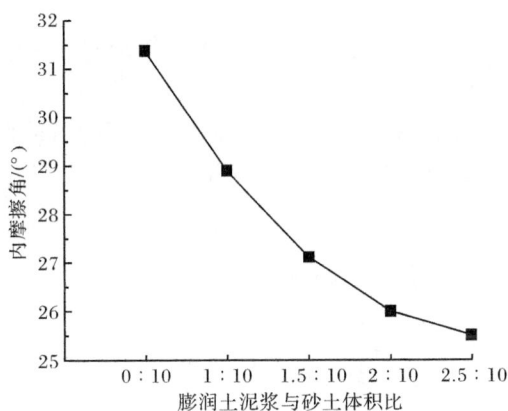

图 7.14　砂土改良后内摩擦角与泥浆和砂土体积比关系曲线

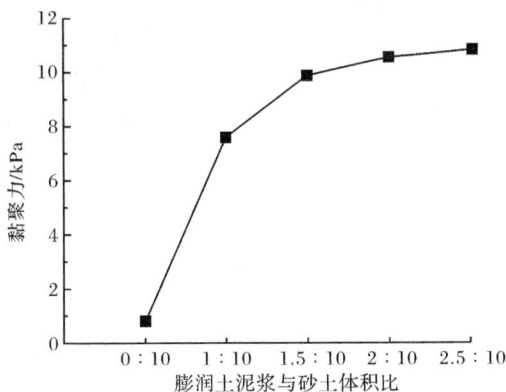

图 7.15　砂土改良后黏聚力与泥浆和砂土体积比关系曲线

从表 7.4 中的试验数据分析可知,依托工程砂土层的内摩擦角较大,抗剪强度较高,在砂土未进行改良的前提下,盾构在掘进过程中必须加大顶推力和克服较大的刀盘扭矩,这样就会增加盾构掘进的难度,加剧对既有结构和地表的影响。从表 7.4、图 7.14 和图 7.15 中可以看出,当钠基膨润土泥浆按照不同体积比加入砂土中进行改良以后,砂土的抗剪强度均有不同程度的降低。说明土体改良可以降低刀盘扭矩,提高有效顶推力。土体的内摩擦角随膨润土泥浆加入量的增加而减小,黏聚力随膨润土泥浆加入量的增加而逐渐增大。其中,当膨润土泥浆与砂土体积比为 2∶10 时,砂土内摩擦角降低了 5.4°,能够满足改良后土体内摩擦角 $\varphi < 27°$ 的要求;黏聚力增加了 9.7kPa,满足土体黏聚力 $c < 25kPa$ 的要求。当膨润土泥浆与砂土体积比为 2.5∶10 时,砂土的内摩擦角减小的趋势和黏聚力增大的趋势均减缓。因此,从改良效果和经济性来看,膨润土泥浆与砂土体积比采用 2∶10 较为合理,砂土改良效果满足盾构施工对土体内摩擦角和黏聚力的要求。

7.5　渣土改良现场效果评价及进一步优化

西安地铁 1 号线二期工程张家村站—后卫寨站区间试验段掘进过程中,刀盘扭矩、掘进速度与渣土改良添加剂关系曲线分别如图 7.16 和图 7.17 所示。

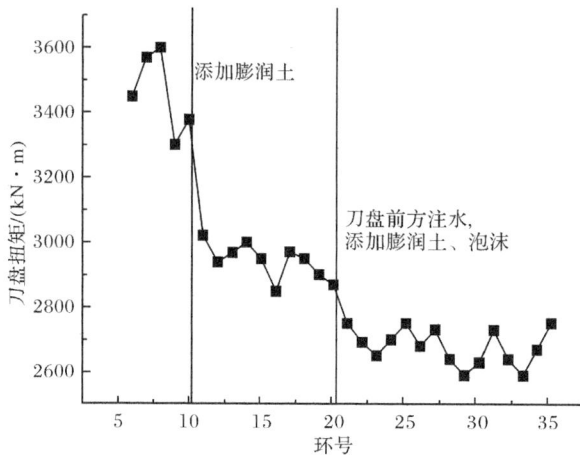

图 7.16　刀盘扭矩与渣土改良添加剂关系曲线

可以看出,在未对砂土进行改良直接掘进时,盾构掘进一直比较困难,主要表现为刀盘扭矩偏大且不稳定、掘进速度较慢等。同时,在掘进过程中刀盘升温过快,在掘进不到一环时刀盘温度就升至 60℃ 以上,对刀盘磨损严重,导致刀盘刀具切削土体的能力下降。当采用质量比为 1∶10、添加量为 20% 的钠基膨润土泥浆进行砂土改良后,开挖土体获得较好的流动性和止水性,掘进刀盘扭矩降低效

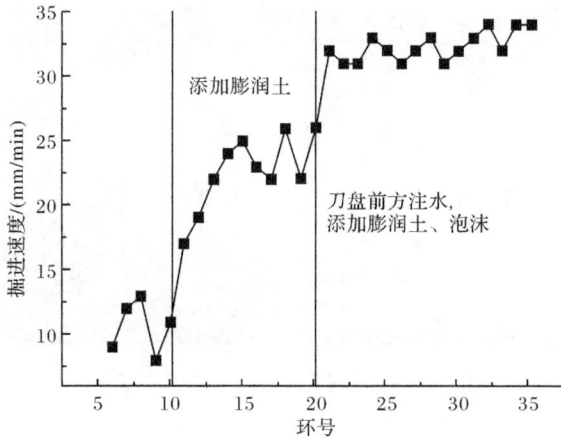

图 7.17　掘进速度与渣土改良添加剂关系曲线

明显,掘进速度有一定的提升,但是掘进速度依然较慢,不能满足下穿既有出入段线隧道"快速"的要求。此外,根据室内渗透试验可以看出,在采用膨润土泥浆与渣土体积比为 2∶10 进行渣土改良后,土体的渗透系数还不能满足施工要求,发生"喷涌"的概率较大。虽然采用增大压力仓和螺旋排土器的长度、减小压力仓和螺旋排土器直径可以降低喷涌发生的概率,但是盾构一旦选型之后,其各项参数很难更改。在采用膨润土改良掘进十环之后,开始向刀盘前方均匀注入 5% 的清水,同时采用膨润土泥浆和体积分数 3%、发泡倍率为 16 倍、添加量为 5% 的泡沫溶液进行改良(见图 7.18),刀盘扭矩进一步减小,盾构掘进速度维持在 30～35mm/min,每环排土量为 50～54m³,均在理论计算值范围内。因此,在采用泡沫和膨润土共同改良砂土后,可以基本满足下穿既有隧道盾构匀速高效掘进和快速通过的要求。在下穿施工时对砂土改良应进行严格控制,确保施工安全。盾构掘进每环改良剂使用量如表 7.5 所示。

表 7.5　每环渣土所需改良剂

改良剂类型	每环注入量	配比		备注
泡沫溶液	140L	泡沫原液	水	泡沫原液发泡率为 16 倍
		3	100	
膨润土泥浆	9.3m³	膨润土	水	钠基膨润土
		1	10	

图 7.18　泡沫膨润土渣土改良实际效果

7.6　本 章 小 结

本章针对西安砂质地层盾构掘进困难的问题,采用室内试验的方法确定渣土改良所用膨润土的配合比,并结合现场改良效果对砂土改良进一步优化,确保了穿越施工能够匀速高效掘进和快速通过。研究结果表明:

(1) 在砂层盾构掘进施工中采用质量比为 1∶10 的钠基膨润土泥浆,最佳膨化时间为 20h。采用钠基膨润土泥浆对砂土进行改良,改良后渣土渗透性显著降低,内摩擦角减小,黏聚力增大,施工和易性和流动性满足施工要求。同时建议膨润土泥浆与砂土体积比为 2∶10。

(2) 同时采用体积分数 3% 、发泡倍率为 16 倍、外掺量为 5% 的泡沫溶液和膨润土泥浆并向刀盘前方注入 5% 清水对砂土进行改良后,在降低刀盘扭矩、提高盾构掘进效率上效果明显,并且出土量得到控制,土仓压力稳定,可以满足穿越施工的要求。

第8章　盾构下穿既有地铁隧道力学行为实测

8.1　概　　述

新建盾构隧道与既有地铁隧道的空间位置关系极为复杂,结构相交处最小净距约为 0.99m,最大净距约为 3.44m,因此,在新建盾构隧道施工过程中可能存在以下风险:由于盾构掘进,引起既有隧道结构应力场重新分布,从而导致正在运营的隧道结构变形,而隧道结构变形会引起轨道变形,若超过限值将影响地铁的运营安全;由于隧道结构变形,隧道结构内力会重新分布,从而可能引起结构开裂或破坏。

地下工程设计只能对正常施工条件下工程施工与相邻环境的受力范围和变形规律进行初步预测或预估。为了避免下穿施工给既有地铁带来安全隐患,确保既有地铁隧道的正常运营和结构的安全,在盾构施工影响范围内,必须对既有地铁隧道的变形和应力进行监测。通过对受施工影响范围内既有地铁隧道的变形变位进行连续、自动的跟踪监测,可以准确得出既有结构整体或者局部变形的具体位置、大小、方向和变化速率,实时地掌握新建线施工对既有地铁隧道结构和地铁运营安全影响的程度,以便于采取针对性的预防和治理措施。通过现场监测可以检验对既有地铁隧道结构的安全防护措施是否达到保护目的,指导新建线施工,将新建线施工对既有隧道结构和运营的不利影响降至最低。

然而现场情况复杂多变,有些测量项目并不能完全按照人的意愿进行操作。例如,拱顶处存在高压电缆,因此无法测量拱顶沉降;既有地铁隧道二衬已施作完毕并投入运营,因此只能测量衬砌表面的应力,无法测得内部应力情况;在施工期间既有地铁线路是正常运营的,只能凌晨进洞测量,因此应力的测量数据是间断而非连续的。为了更准确地揭示既有地铁隧道的变形规律和受力特性,本章采用现场监测和数值模拟相结合的方法,这两种研究方法相互补充、相互验证,确保了研究成果的可信度。

8.2　既有地铁隧道变形和受力现场监测方案

8.2.1　既有地铁隧道变形监测方案

1. 监测项目及要求

根据《城市轨道交通地下工程建设风险管理规范》(GB 50652—2011)[123]、《城市轨道交通工程监测技术规范》(GB 50911—2013)[124]、《城市轨道交通结构安全保护技术规范》(CJJ/T 202—2013)[48]等要求,变形方面的监测内容主要包括隧道结构的沉降或上浮、隧道结构的水平位移、隧道差异沉降、轨道横向高差等。

在监测时应满足以下技术要求:

(1) 在列车运行时,监测系统可以在整个施工过程中进行 24h 连续监测。

(2) 实时提供监测点的三维坐标信息,其监测精度应优于 1mm。

(3) 为确保测量人员的安全及地铁结构后续施工进度,监测系统能够做到全自动监测、远程控制和数据传输。

(4) 选取能够反映地铁隧道结构变形或处于重要结构部位的位置设置监测点,布置全自动测量仪器,采用国内外先进成熟的自动监测系统软件建立自动监测系统。

(5) 监测系统能够自动变形预报并可以远程监控管理。

2. 监测仪器

根据地铁监测的要求和原则,为了实现自动化监测,采集设备采用徕卡全自动全站仪 TCA2003,同时配合使用相应的通讯及后处理软件,自动监测系统基本组成如图 8.1 所示。

自动化监测网络系统的硬件部分主要包括测量机器人、目标棱镜、计算机、信号通信设备与电源箱等。TCA2003 自动全站仪属于测量机器人的一种,它能够自动识别监测目标并照准。它们的目标自动识别(automatic target recognition, ATR)功能,如采用 Leica 标准圆棱镜可达 1km。目标棱镜设置在变形点和基准点上。设置变形点的目的是监测变形体的变化,因此应设置在监测目标的敏感部分。基准点则是监测结构变形的基准,应保证其高度稳定,因此应将基准点设置在离变形区较远的地方。

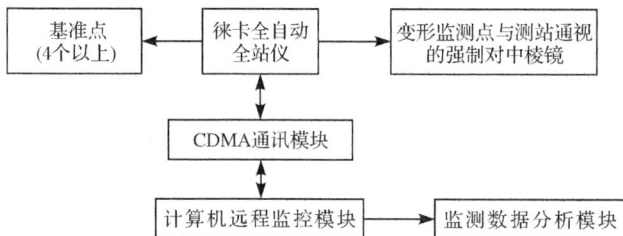

图 8.1　自动监测系统基本组成

对影响区间的位移量进行监测时,可以以影响范围以外的隧道结构本身为基准,通过监测可以得到影响区域相对基准点的位移量。

3. 监测范围及测点布置

　　《城市轨道交通结构安全保护技术规范》(CJJ/T 202—2013)[48]将盾构法外部作业的工程影响分区分为强烈影响区、显著影响区和一般影响区。强烈影响区为盾构隧道正上方及外侧 1.0b 范围内,显著影响区为盾构隧道外侧 1.0b~2.0b,一般影响区为盾构隧道外侧 2.0b~3.0b,其中,b 为盾构法城市轨道交通隧道的毛洞跨度。针对西安地铁 1 号线二期张家村站—后卫寨站盾构区间左线下穿既有 1 号线出入段线工程的实际情况,结合上述影响范围划分标准,最终确定既有隧道受新建盾构隧道施工的主影响区(强烈影响区)40m,次影响区(显著影响区和一般影响区)60m,影响范围共计 100m。

　　在地铁 1 号线二期工程影响范围内共布置 15 个监测断面:影响范围内既有地铁隧道中部一侧布置 2 个工作基点(观测站)向两边按间距 5m 布置 7 个断面(主影响区,图 8.2 中的断面 5~断面 11)、间距 10m 布置 4 个断面(次影响区,图 8.2 中的断面 1~断面 4 和断面 12~断面 15)。每个监测断面上布置 8 个监测点,在上、下行线轨道处的道床上各布置 2 个监测点,如图 8.3 中的 C、B、G、F;在上、下行线的中隔墙中间部位和曲墙拱腰处各布置 1 个监测点,如图 8.3 中的 D、A、H、E。

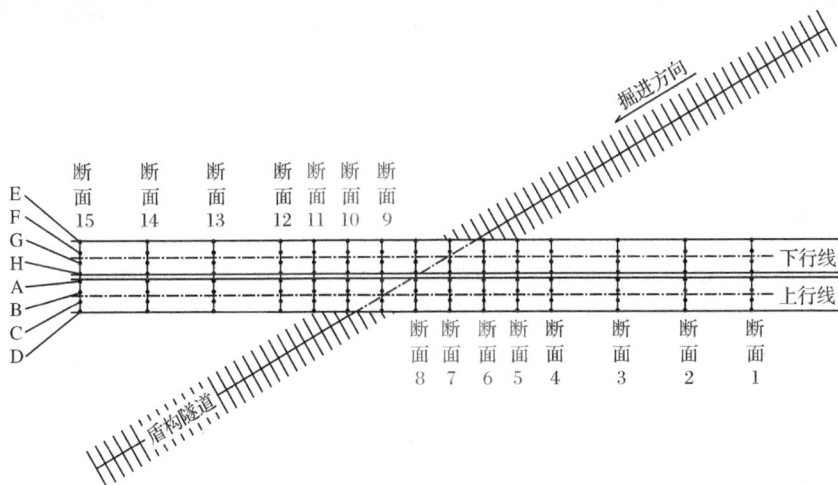

图 8.2　监测断面布置(变形监测)

　　图 8.4 为第三方监测单位(广东省重工建筑设计院有限公司)所做的自动化监测项目实景图。

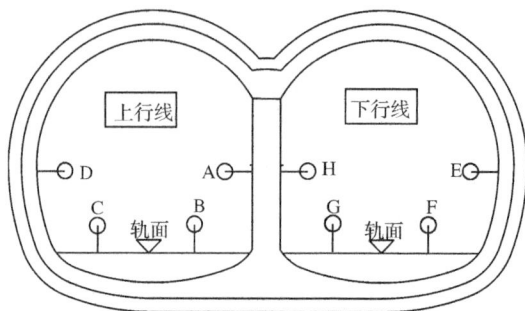

图 8.3　监测点布置(变形监测)

  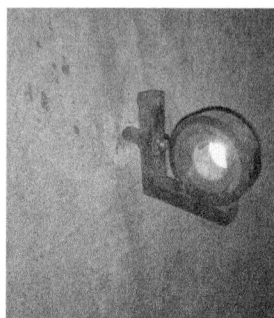

（a）全站仪　　　　　　　（b）道床监测点　　　　　　（c）拱腰监测点

图 8.4　监测项目实景图

4. 监测周期及频率

（1）监测周期为 1 号线二期工程张家村站—后卫寨站区间盾构施工对地铁 1 号线既有隧道的影响期,布点提前进行并对初始值进行测量采集,施工前盾构掘进至影响范围前 15m 时开始进行监测,监测终止时间按照施工进度和实测情况而定,实测数据稳定 3 个月后停止监测。

（2）监测频率:施工关键期为 1 次/30min,一般施工状态为 1 次/h,工后影响期为 3 次/d。

8.2.2　既有地铁隧道受力监测方案

1. 监测仪器及监测频率

由于既有地铁隧道已建成并在下穿施工期间正常运营,为了得到既有地铁隧道结构的受力特性,只能选择在衬砌表面粘贴应变片进行测试。应变片型号为

BQ120-80AA,电阻值为(120.0±0.1)Ω,灵敏系数为(2.20±0.1)%,读数装置采用静态 DH3816N 型应变仪,数据读取的前期准备工作步骤如下:

(1) 应变片与端子的焊接。由于施工现场条件的复杂性及时间的紧迫性,需将应变片和端子事先粘贴完毕,连接时采用电烙铁进行焊接,以确保应变片与端子接触良好并连接牢靠,此外还需要在端子上焊接长 10～15cm 的应变片引出线,方便监测现场与导线连接。制作完毕后需要检验试件质量,剔除不合格的产品。

(2) 现场二衬表面光滑处理。为了保证应变片与既有隧道二衬完美紧贴,需要在设定的应变片粘贴位置对二衬表面进行光滑处理。由于二衬混凝土构件表面较为坚硬,采用砂布进行打磨达不到很好的光滑处理效果,因此采用打磨机进行打磨。

(3) 应变片质量检验与粘贴。在设定位置粘贴应变片之前,到达现场后需再次对步骤(1)中制作好的应变片试件进行质量检验,一方面用肉眼检查应变片试件是否存在断裂、焊接脱落等现象,另一方面需要使用万用表检测应变片是否存在内部破损的情况,确保质量合格后方可使用。应变片粘贴时,首先在隧道二衬设定位置均匀涂抹 502 胶水,然后按照监测方案调整好应变片位置,先粘贴应变片的一端,然后用手指向应变片另一端进行均匀挤压,以排出应变片与二衬接触面处的气泡及多余的胶水,待应变片自稳之后在应变片外表面再次涂抹胶水,以确保应变片与隧道二衬粘贴牢固。

(4) 导线连接与编号。待应变片与既有隧道二衬粘贴牢固后,将预先裁剪好的导线与应变片引线进行连接,在连接处用绝缘胶带进行包裹保护,然后在导线上进行编号,以方便后期数据的读取与记录。

(5) 导线的安置与取用。由于既有地铁隧道的列车在白天是正常运营的,因此导线的安放位置务必不能影响列车的安全运行,列车运行时会产生非常大的机械风,因此采用扎带、扎丝等将其捆绑在隧道附属管道上。夜间将导线从附属管道上解绑后连接应变仪读取数据,数据读取完毕后将导线再归回原位。

2. 监测断面及测点布置

由于在下穿施工期间既有地铁隧道是正常运营的,人员无法在白天进洞进行测量,而晚上进洞测量的有效时间也有限,因此在进行内力监测时仅在既有地铁隧道下行线受盾构开挖的主影响区布置了 2 个监测断面。其中,断面 1 位于既有线下行线与新建线中心线交汇处,断面 2 在断面 1 前方 11m 处,监测断面位置按照图 8.5 布置。

由于隧道拱顶部位有高压接触网,每个监测断面上布置 8 个监测点,监测点布置如图 8.6 所示。每个监测点布置 3 个应变片,按 45°-3 直角应变花布置,即

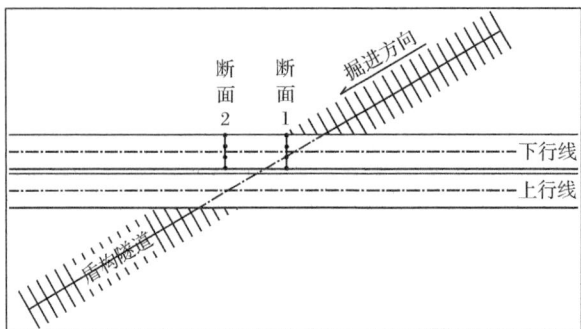

图 8.5　监测断面布置(受力监测)

0°、45°、90°方向各布置一个应变片。应变片布置如图 8.7 所示,其中,应变片 1 沿隧道环向布置,应变片 3 沿隧道纵向布置。应变片布置及数据读取现场如图 8.8 所示。

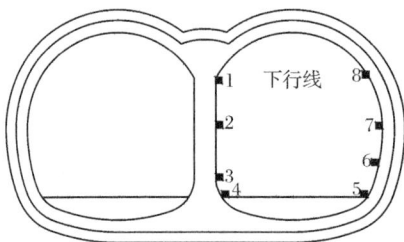

图 8.6　监测点布置(受力监测)

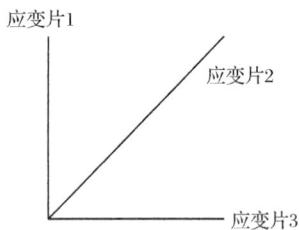

图 8.7　应变片布置

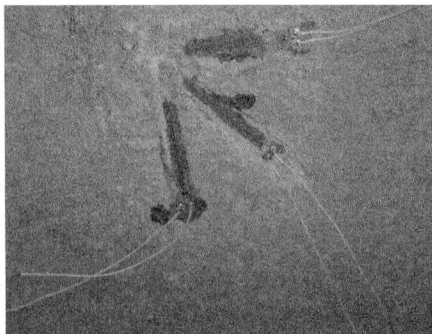

(a) 应变片粘贴

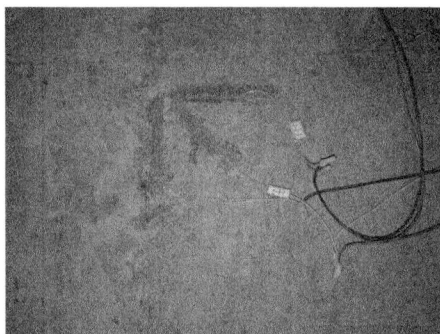

(b) 应变片连线

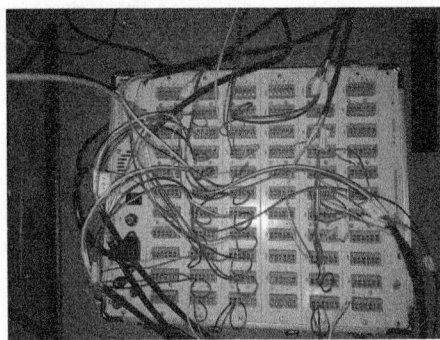

　　　　(c) 温度补偿块　　　　　　　　　　　　　　(d) 读取监测数据

图 8.8　应变片布置及数据读取现场

8.3　既有地铁隧道变形监测结果及分析

　　为了方便描述既有隧道结构的变形规律,选用第 5 章数值模拟分析时采用的坐标系。

8.3.1　既有地铁隧道道床变形分析

　　1) 既有地铁隧道道床竖直位移

　　图 8.9 为既有地铁隧道道床沉降曲线,可以看出,既有地铁隧道道床上四条测线的变形结果呈现出典型的"沉降槽",四条测线上最大沉降对应点全部位于盾构隧道中心线的正上方,说明交叉处的既有线受新建隧道施工的影响最大,应该重点监测。既有地铁隧道道床上 C、B、G、F 四条测线上最大沉降量分别为5.93mm、6.08mm、6mm、5.95mm,可以看出,虽然上、下行线与新建隧道的净距有一定的差别,但是两者的最大沉降量基本相同,这主要是通过监测信息反馈及时调整施工参数实现的。在交叉截面前方,四条测线的沉降值大小规律为 F>G>B>C,而在交叉截面后方,四条测线的沉降值大小规律则表现为 C>B>G>F,这说明既有隧道结构以下穿截面处为中心产生了扭转变形,从图中可以看出这种变形形式导致同一横截面处轨道产生了一定的横向高差。

　　2) 既有地铁隧道道床水平位移

　　图 8.10 为既有地铁隧道道床水平位移曲线,可以看出,既有地铁隧道道床在水平面内发生了 S 形摆动,这种摆动正是其扭转变形导致的;既有地铁隧道道床的水平位移最大为 0.6mm,远小于其 6.08mm 的沉降值,这说明既有隧道的变形以竖向沉降为主;测线 F、G、B、C 上水平位移为零对应点与各自测线上沉降最大

的点是重合的,都位于盾构隧道中心线正上方,且交叉截面前方水平位移为负,而交叉截面后方水平位移为正,说明既有隧道结构以此截面为中心产生了方向相反的扭转变形。

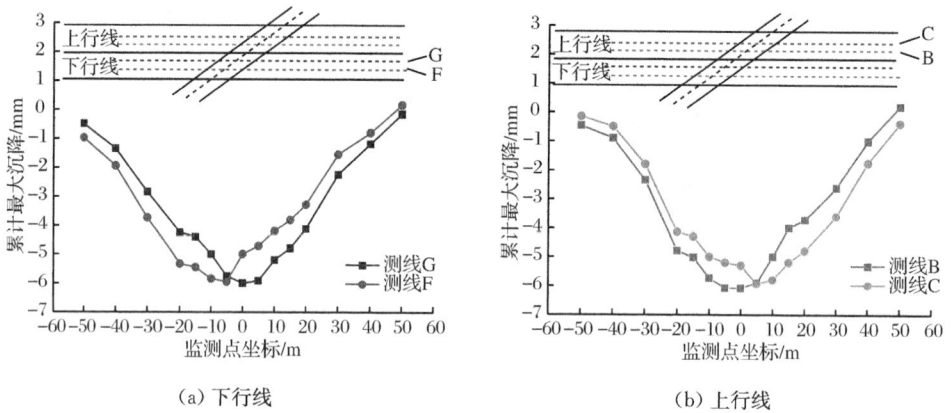

(a) 下行线　　　　　　　　　　(b) 上行线

图 8.9　既有地铁隧道道床沉降曲线

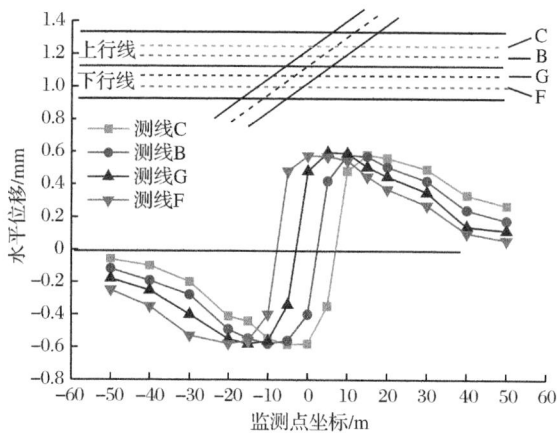

图 8.10　既有地铁隧道道床水平位移曲线

3) 既有地铁隧道轨道高差

图 8.11 为既有地铁隧道轨道高差趋势,可以看出,既有隧道上、下行线轨道高差的变化规律是一致的,只是交叉位置不同,导致上、下行线的轨道高差变化曲线在位置上有所错动。既有隧道轨道高差变化规律如下:既有隧道沿着新建盾构隧道中心线方向发生了斜对折沉降,使盾构中心线两侧的既有隧道产生了方向相反的倾斜,进而导致正负相反的轨道高差;两轨中间线与盾构中心线交叉处轨道高差为零,因为这是既有隧道扭转变形的中心。扭转中心两侧的轨道高差先急剧

增大,在盾构隧道和既有隧道外轮廓线相交处附近达到最大,最大轨道高差为1.2mm<4mm,满足《城市轨道交通结构安全保护技术规范》(CJJ/T 202—2013)[48]中的要求。此后,由于受到周围土体的摩擦阻碍,轨道高差逐渐减小,最终接近于零。既有隧道道床最终变形效果如图 8.12 所示。

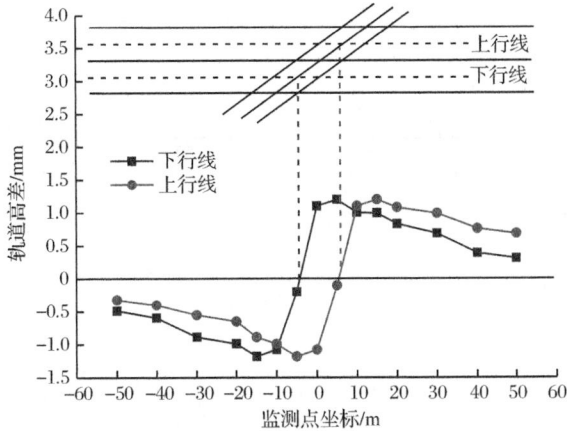

图 8.11　既有地铁隧道轨道高差趋势

图 8.12　既有隧道道床最终变形效果

8.3.2　既有地铁隧道边墙变形分析

图 8.13 给出了既有地铁隧道边墙上四条测线各测点累计沉降的变化曲线。可以看出,D、A、H、E 四条测线上的最大沉降量分别为 5.90mm、5.92mm、5.91mm、5.96mm,与道床上四条测线的最大沉降量近似相等,说明既有隧道在此截面处发生了整体沉降;四条测线上最大沉降对应点位于盾构隧道中心线的正上方,再次说明既有隧道结构在交叉截面处沉降最大。

结合既有隧道的道床和边墙变形规律可知,既有结构上存在一个如图 8.14 所示的特殊截面。此截面位于盾构隧道中心线的正上方,既有隧道在此特殊截面处的沉降最大,且以此特殊截面为中心产生了方向相反的扭转变形,既有隧道结构容易在此截面处产生扭拉破坏,施工时应重点关注此特殊截面。

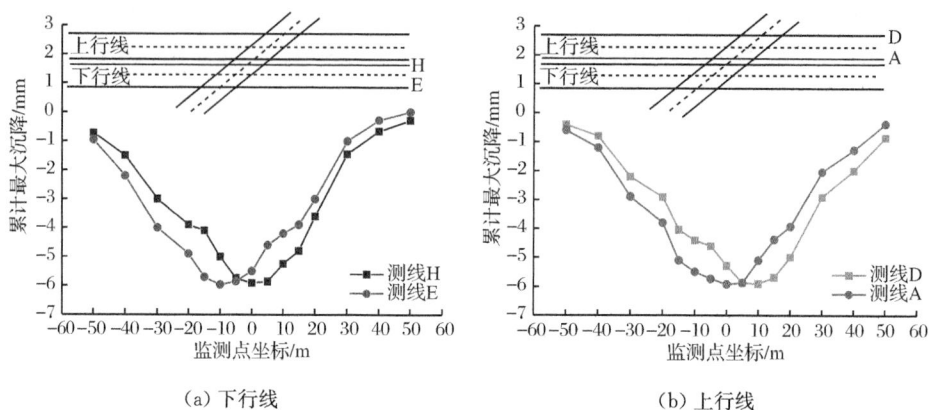

图 8.13　既有地铁隧道边墙沉降曲线

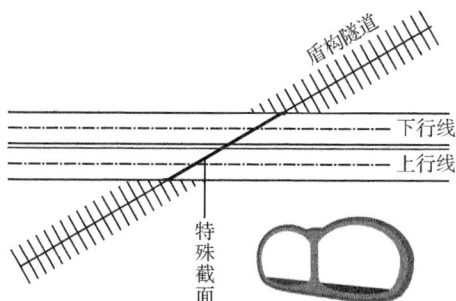

图 8.14　特殊截面示意图

8.3.3　盾构不同掘进位置时既有隧道竖向位移分析

为了详细了解盾构掘进至不同位置时既有隧道结构的变形情况,现取图 8.15 所示的三种典型阶段进行分析。

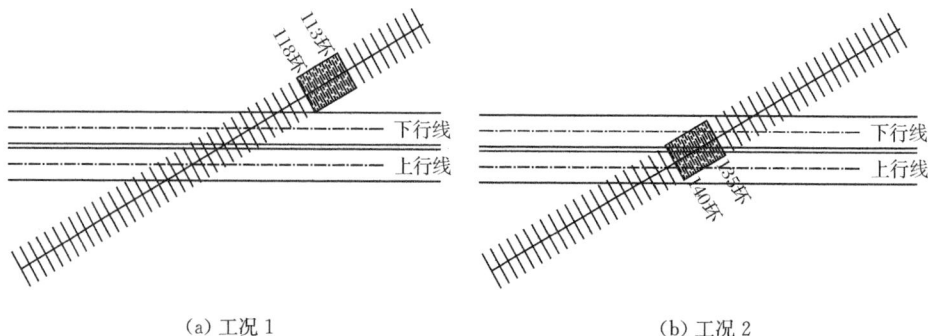

（a）工况 1　　　　　　　　　　　　　　　（b）工况 2

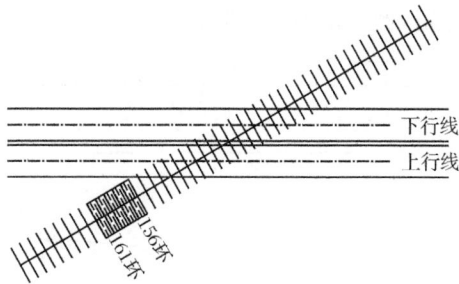

(c) 工况 3

图 8.15　三种典型的盾构位置示意图

1. 工况 1

如图 8.15(a)所示,此时盾构机刀盘位于 118 环,盾尾位于 113 环,盾构机即将进入既有隧道的下方,此时既有隧道道床沉降曲线如图 8.16 所示。

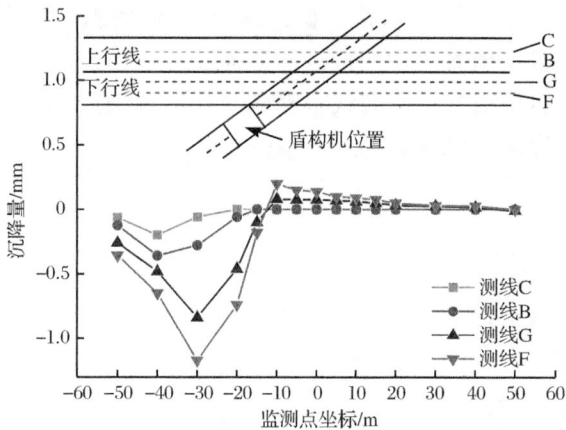

图 8.16　工况 1 时既有隧道道床沉降曲线

由图 8.16 可以看出,由于受到盾构施工的扰动,既有隧道结构已经出现了微型沉降槽;四条测线的沉降峰值出现在其与盾构刀盘所在平面的交点处,因此既有隧道上行线沉降峰值的位置延迟于下行线;由于此时下行线与盾构距离更近,受盾构施工的影响更大,因此下行线道床沉降量大于上行线沉降量;在盾构刀盘前方 10m 范围内测线 G、F 上出现了较小程度的隆起,这是由土仓压力略大导致的。

2. 工况 2

如图 8.15(b)所示,此时盾构机刀盘位于 140 环,盾尾位于 135 环,盾构机处于既有线正下方中间位置,此时既有隧道道床沉降曲线如图 8.17 所示。

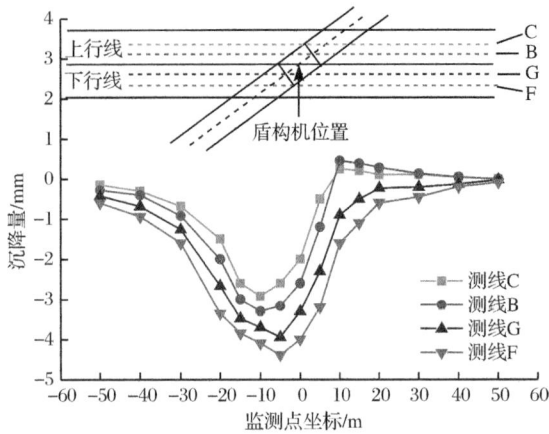

图 8.17　工况 2 时既有隧道道床沉降曲线

由图 8.17 可以看出,随着盾构的掘进,既有隧道的纵向沉降槽变得更宽、更深,沉降峰值的位置也随着盾构的掘进而向前迁移;此时位于盾尾后方的既有线沉降较大,而位于盾尾前方的既有线沉降较小,导致既有线道床产生了较大的差异沉降。因此,该阶段是既有隧道产生差异沉降的高危阶段,应保证盾构快速通过。

3. 工况 3

如图 8.15(c)所示,此时盾构机刀盘位于 161 环,盾尾位于 156 环,盾构机盾尾刚脱离既有线正下方,此时既有隧道道床沉降曲线如图 8.18 所示。

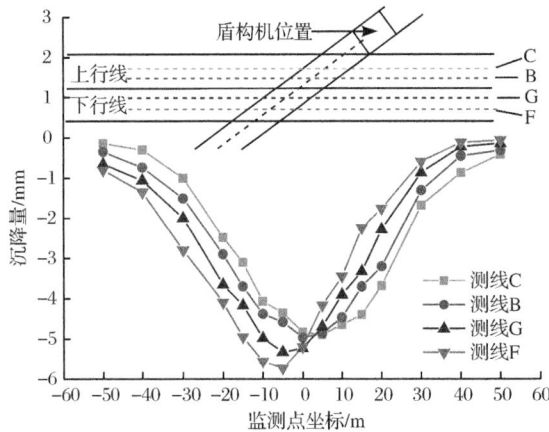

图 8.18　工况 3 时既有隧道道床沉降曲线

由图 8.18 可以看出,工况 3 与工况 2 相比,既有隧道下行线道床沉降峰值的位置基本不变,只是沉降值在变大,而上行线道床沉降峰值的位置仍在向前迁移,且其沉降变化量大于下行线,这主要是因为工况 2 之后盾构施工对下行线的影响越来越小,而对上行线的影响仍在增大。另外,在盾构完全进入上行线下方之后,上行线受施工扰动的影响程度大于下行线,上行线的沉降量开始大于下行线。

整体来看,随着盾构的掘进,既有隧道结构上的沉降槽不断变大、变深,沉降峰值的位置也随之迁移,最后停留在特殊截面处;对于特殊截面前方的既有隧道结构,下行线受施工扰动的影响程度大于上行线,既有隧道向下行线一侧倾斜;而对于特殊截面后方的既有隧道结构,上行线受施工扰动的影响程度大于下行线,既有隧道向上行线一侧倾斜,因此产生了前面提到的扭转变形。

8.3.4　既有隧道单测点沉降时程分析

为了说明施工参数对既有隧道沉降的影响规律,以下行线道床 F7 号监测点为例,分析其随盾构掘进的沉降规律。从图 8.19 可以看出,在刀盘抵达监测点正下方之前,监测点有一定的隆起,但是隆起值较小,不影响行车安全,此外监测点在盾构通过时的沉降也较小,说明本工程所采用的土仓压力是合理的;在盾尾脱离监测点后,监测点竖向沉降急剧增大,本工程通过采用初凝时间短、早期强度高的水泥砂浆作为同步注浆材料,有效地遏制了监测点的沉降速率,加之施工时根据监测数据及时优化同步注浆量和注浆压力等参数,成功地将沉降控制在 6.2mm 左右;随后进行了二次补浆,从时程曲线可以看出,二次补浆对既有隧道结构有一定的抬升作用并加快既有结构进入稳定状态,最终稳定时 F7 监测点的沉降为 6.08mm。因此对于此类下穿工程,应该根据需要及时进行二次甚至多次补浆,但是不能为了抬升既有隧道而盲目进行过压、过量补浆。二次或多次补浆时注浆压力过大或者注浆量过多,会对新建隧道管片产生较大的压力,严重时可导致盾构管片破裂。

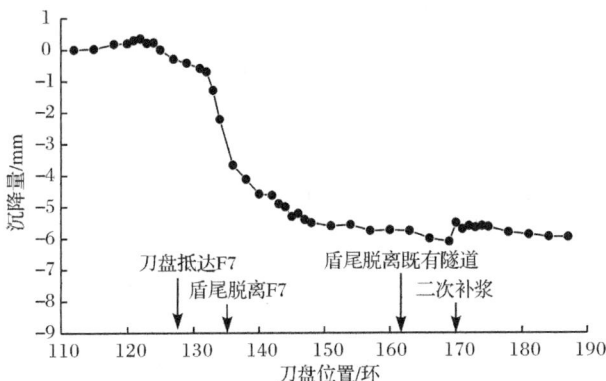

图 8.19　F7 号监测点累计沉降时程曲线

8.4　既有地铁隧道受力监测结果分析

本次现场测试时间为 2016 年 4 月 17 日～5 月 4 日,历时 17 天,数据已基本趋稳定。测试过程中,经万用表检测应变片无损坏,采集了一定数量可靠的监测数据,基本满足分析研究的需要。

将各个监测点三个方向的应变数据收集整理,并将其代入式(8.1)和式(8.2)得到测点位置的主应力[125]。

$$\sigma_1 = \frac{E}{1-\nu^2}\left[\frac{1+\nu}{2}(\varepsilon_0+\varepsilon_{90})+\frac{1-\nu}{\sqrt{2}}\sqrt{(\varepsilon_0-\varepsilon_{45})^2+(\varepsilon_{45}-\varepsilon_{90})^2}\right] \tag{8.1}$$

$$\sigma_3 = \frac{E}{1-\nu^2}\left[\frac{1+\nu}{2}(\varepsilon_0+\varepsilon_{90})-\frac{1-\nu}{\sqrt{2}}\sqrt{(\varepsilon_0-\varepsilon_{45})^2+(\varepsilon_{45}-\varepsilon_{90})^2}\right] \tag{8.2}$$

1) 断面 1 应力特性分析

图 8.20 为断面 1 处各监测点最小主应力变化趋势,可以看出,在盾构刀盘抵达既有隧道下行线之前(2016 年 4 月 21 日之前),断面 1 各监测点的附加内力是非常小的,此后才开始逐渐增大;1#、2#、5#、6# 监测点所产生的附加压应力规律是一致的,均表现为先增大后减小最后稳定,这四个监测点的附加压应力在 2016 年 4 月 24 日(盾尾完全进入既有隧道正下方时)达到最大;7#、8# 监测点所产生的附加压应力规律是一致的,均随着盾构的掘进不断增大,最后趋于稳定。从数值上看,断面 1 所产生的附加压应力最大值为 1.3MPa,远小于混凝土的极限抗压强度,即下穿工程中,既有隧道所受附加压应力非常小,不易发生受压破坏。

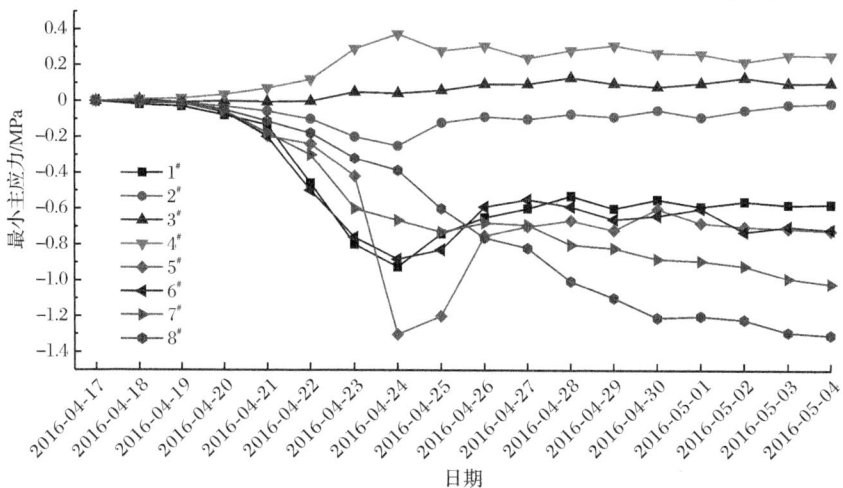

图 8.20　断面 1 处各监测点最小主应力变化趋势

图 8.21 为断面 1 处各监测点最大主应力变化趋势,可以看出,在盾构刀盘抵达既有隧道下行线之前(2016 年 4 月 21 日之前),断面 1 各监测点的附加内力是非常小的,此后开始逐渐增大;3#、4#、7#、8# 监测点所产生的附加拉应力规律是一致的,均表现为先增大后减小最后稳定,尤其是 4#、7# 监测点,其附加拉应力在 2016 年 4 月 24 日(盾尾完全进入既有隧道正下方时)达到最大,最大附加拉应力分别为 1.049MPa 和 1.015MPa;5#、6# 监测点所产生的附加拉应力规律是一致的,均随着盾构的掘进不断增大,最后趋于稳定,稳定时附加拉应力分别为 1.13MPa 和 1.09MPa。结合既有隧道变形监测结果可知,既有隧道受盾构隧道施工产生的竖向沉降仅为 6.08mm,但是所产生的附加拉应力较大,这是因为既有隧道在竖向沉降的同时伴随扭转变形,竖向沉降导致既有隧道产生一定的纵向拉应力,而扭转变形则会导致既有隧道产生一定的环向拉应力,两者叠加导致既有隧道所受附加拉应力很大,因此小角度斜下穿工程中既有隧道的变形形式对其受力状态极为不利。

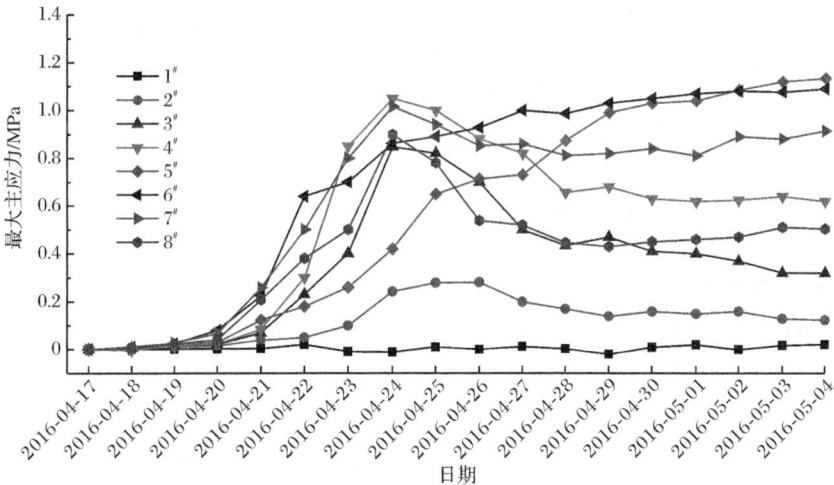

图 8.21　断面 1 处各监测点最大主应力变化趋势

整体来看,当盾尾完全进入既有隧道正下方时,既有双连拱隧道中隔墙底部会优先产生较大的附加拉应力,随后该位置的附加拉应力有所减小,而拱脚位置的附加拉应力仍在增大,最终表现为既有隧道拱脚处拉应力最大;虽然产生的附加拉应力较大,但是由于既有衬砌结构为钢筋混凝土材料,强度较大,衬砌结构表面并没有出现裂缝,即整个下穿工程是安全的。

2) 断面 2 应力特性分析

图 8.22 为断面 2 处各监测点最小主应力变化趋势,可以看出,在盾构刀盘抵达既有隧道下行线之前(2016 年 4 月 21 日之前),断面 2 各监测点的附加内力是

非常小的,此后开始逐渐增大;$2^{\#}$、$3^{\#}$、$5^{\#}$ 监测点所产生的附加压应力规律是一致的,均表现为先增大后减小最后稳定,这三个监测点的附加压应力在 2016 年 4 月 24 日(盾尾完全进入既有隧道正下方时)达到最大;$1^{\#}$、$6^{\#}$、$7^{\#}$、$8^{\#}$ 监测点所产生的附加压应力规律是一致的,均随着盾构的掘进不断增大,最后趋于稳定;从数值上看,断面 2 所产生的附加压应力最大值为 1.06MPa,小于断面 1 处的最大附加压应力 1.3MPa,说明离交叉中心越远的截面受力越小。

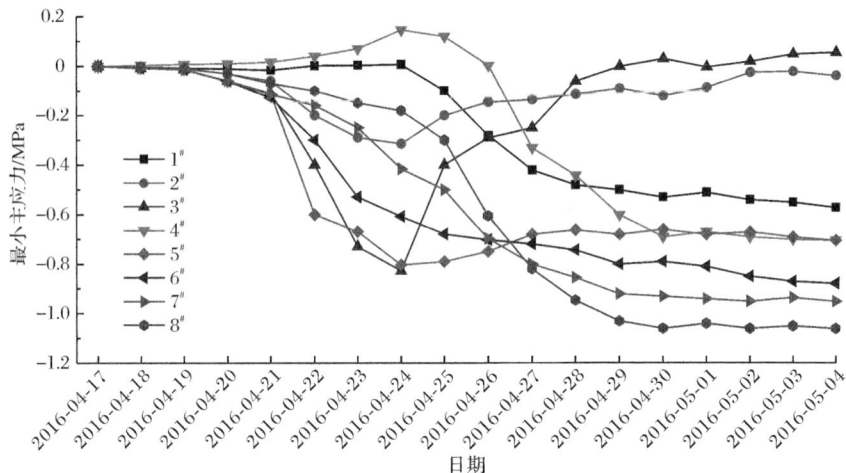

图 8.22　断面 2 处各监测点最小主应力变化趋势

图 8.23 为断面 2 处各监测点最大主应力变化趋势,可以看出,$1^{\#}$、$2^{\#}$、$4^{\#}$、$8^{\#}$ 监测点所产生的附加拉应力规律是一致的,均表现为先增大后减小最后稳定,尤其是 $1^{\#}$、$8^{\#}$ 监测点,其附加拉应力在 2016 年 4 月 24 日(盾尾完全进入既有隧道正下方时)达到最大,最大附加拉应力分别为 0.75MPa 和 0.64MPa;$3^{\#}$、$5^{\#}$、$6^{\#}$、$7^{\#}$ 监测点所产生的附加拉应力规律是一致的,均随着盾构的掘进不断增大,最后趋于稳定时,其附加拉应力分别为 0.34MPa、0.95MPa、0.84MPa、0.77MPa。从数值上看,仍是断面 2 上拱脚部位所受附加拉应力最大,但是小于断面 1 处的最大附加拉应力,说明离交叉中心越远的截面受力越小。二次补浆(4 月 28 日)之后,所有监测点的变化均较为平缓,并很快趋于稳定,说明及时进行二次补浆有利于控制既有结构附加内力并加快既有结构进入稳定状态。

综合来看,既有隧道受盾构施工的影响,在二次衬砌上呈现出"上压下拉"的受力形态,受力最不利截面位于新旧隧道中心线交叉处正上方,最不利部位为拱脚;既有二衬附加压应力比混凝土的极限抗压强度小,既有隧道很难发生受压破坏,其附加拉应力却和混凝土的极限抗拉强度较为接近,但是由于二衬内部有钢筋,提高了整体抗拉性能,加之及时进行二次补浆加快了既有结构进入稳定状态,

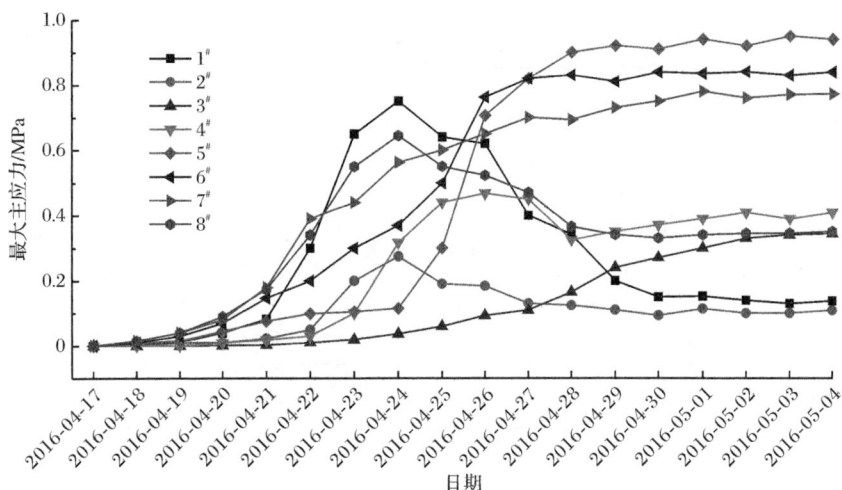

图 8.23　断面 2 处各监测点最大主应力变化趋势

现场巡视时二衬表面未见有裂缝产生,说明整个下穿施工过程对既有隧道结构是安全的。

8.5　既有地铁隧道力学行为数值分析

8.5.1　数值模拟与现场监测结果对比分析

1. 施工参数对比

第 6 章中通过数值模拟给出了建议的施工参数组合为 0.10MPa 土仓压力＋0.22MPa 注浆压力＋0.23m 注浆厚度。为了验证数值模拟结果的可靠性,现将数值模拟结果和实际施工参数进行对比,结果如下。

图 8.24 为实际土仓压力与理论土仓压力的对比结果,可以看出,实际土仓压力大部分都是和理论土仓压力一样的,即使有时候不是 0.1MPa,但也是围绕0.1MPa 进行上下小幅度浮动。因此,可以认为数值模拟推荐的土仓压力与实际土仓压力是相符的。

图 8.25 为实际注浆压力与理论注浆压力的对比结果,可以看出,实际注浆压力也是围绕数值模拟推荐的注浆压力 0.22MPa 进行上下小幅度浮动。因此,可以认为数值模拟推荐的注浆压力与实际注浆压力是相符的。

对于注浆厚度,施工单位一般记录的是每环注浆量,而数值模拟时采用的是注浆厚度,为了更为直观地进行对比,需将施工时的每环注浆量换算为注浆厚度然后进行对比。由于地质条件的复杂性,施工方会根据位移监测数据实时改变注

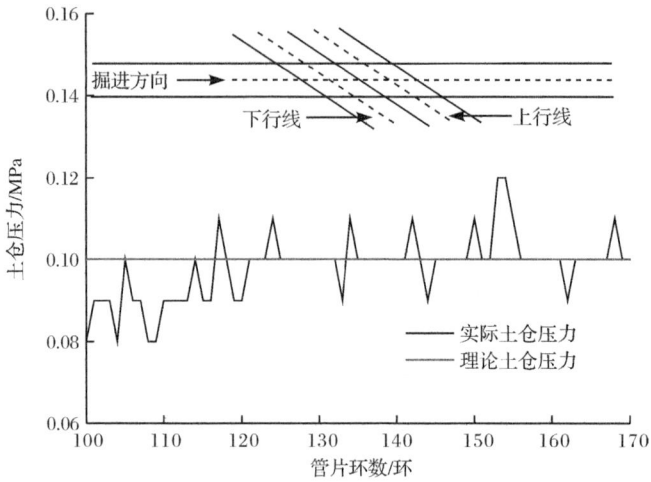

图 8.24　实际土仓压力与理论土仓压力对比结果

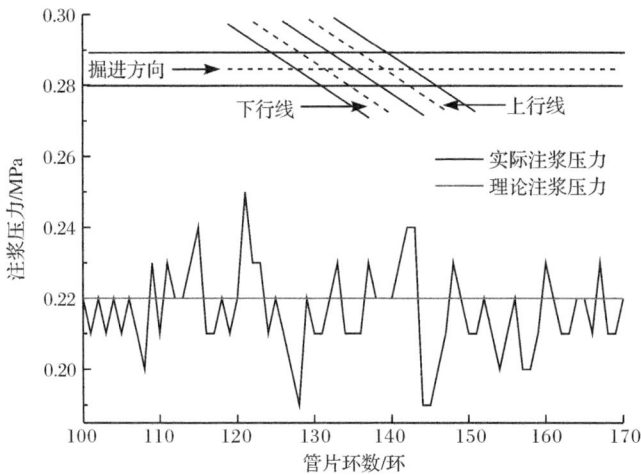

图 8.25　实际注浆压力与理论注浆压力对比结果

浆量,因此实际注浆量往往是在一定范围内浮动的。图 8.26 为实际注浆厚度与理论注浆厚度的对比结果,可以看出,实际注浆厚度也是围绕数值模拟推荐的注浆厚度 0.23m 进行上下浮动。因此,可以认为数值模拟推荐的注浆厚度与实际注浆厚度是相符的。

2. 变形结果对比

图 8.27 和图 8.28 分别为通过数值模拟计算得到的既有隧道竖向位移和水平

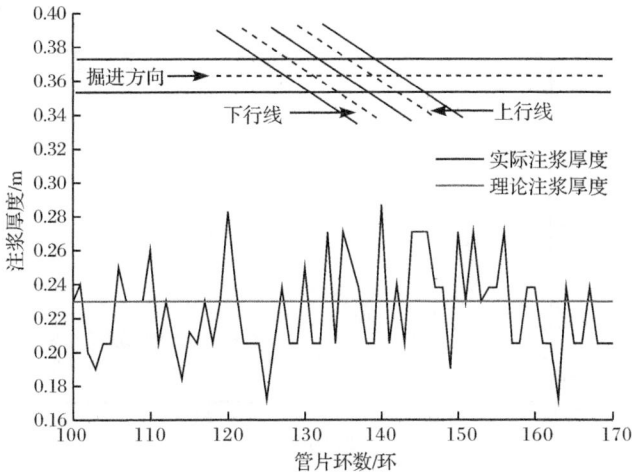

图 8.26　实际注浆厚度与理论注浆厚度对比结果

位移云图,现将其中的变形数值进行提取,然后从 H 测线竖向变形及 E9、F9、G9、H9 竖向变形等方面与现场监测数据进行对比分析,结果如下。

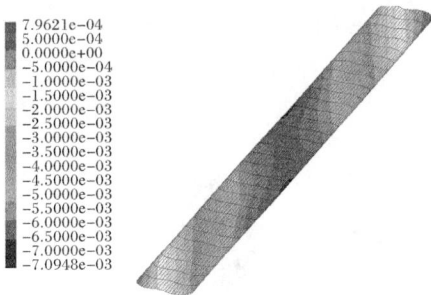

图 8.27　既有隧道竖向位移云图(单位:m)　　图 8.28　既有隧道水平位移云图(单位:m)

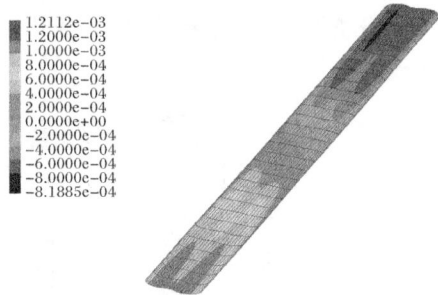

1) H 测线竖向变形对比分析

为了论证数值模拟结果的可靠性,以下行线直墙 H 测线为对象,以该测线最终沉降为指标,将数值模拟与实测数据进行对比分析。如图 8.29 所示,数值模拟与现场实测结果在数值上存在少许的偏差,这主要是因为数值模拟较为理想化,是在对复杂的实际工程进行合理简化的基础上进行的。此外,在实际盾构施工过程中,工作人员会根据现场监测的信息反馈,实时对土仓压力、注浆压力、注浆厚度等施工参数进行调整,且在下穿影响范围内盾尾后方一定距离进行了二次补强注浆,使既有地铁出入段线沉降控制效果较好。因此,两者在数值上存在较小的差异是难以避免的。但两者都很好地反映了既有隧道结构在下穿工程中的变形规律,其"沉降槽"趋势是一致的,说明数值模拟与实测数据吻合良好。

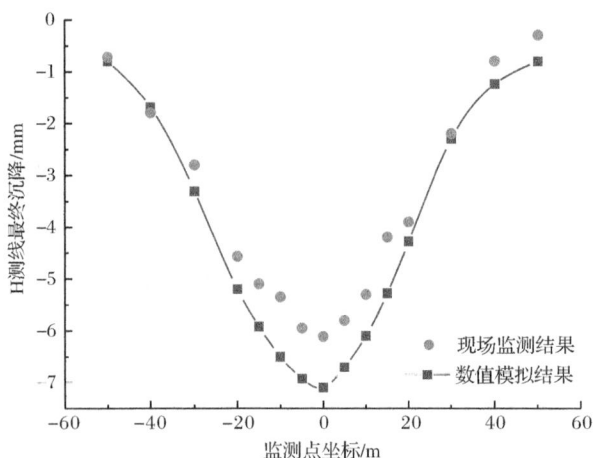

图 8.29　H 测线数值模拟与监测对比结果

2）E9、F9、G9、H9 竖向变形对比分析

图 8.30 为 E9、F9、G9、H9 监测点现场监测和数值模拟得到的竖向沉降对比结果，可以看出，对于断面 9 下行线上的四个监测点的竖向变形情况，现场监测结果略小于数值模拟结果，但是其变化规律是一致的，原因同 H 测线的竖向变形分析。

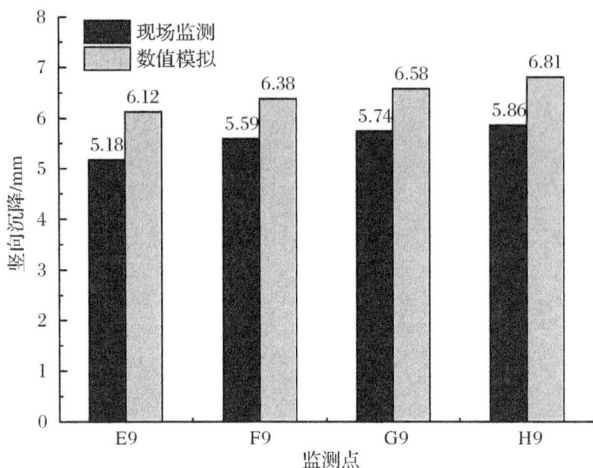

图 8.30　E9、F9、G9、H9 监测点竖向沉降对比结果

3. 受力结果对比

现场监测结果为既有隧道所受的附加应力，在进行受力结果对比时，数值模拟结果采用作差法得到附加应力，选取既有隧道下行线现场监测断面 1 的 8 个测

点的附加最大主应力作为对比对象,结果如图 8.31 所示。

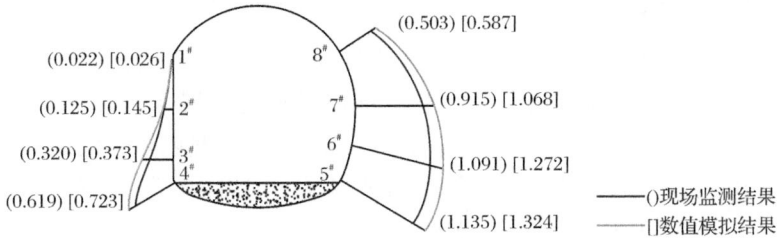

图 8.31　断面 1 附加应力数值模拟与监测对比结果(单位:MPa)

可以看出,和变形对比结果类似,数值模拟所得到的受力结果与现场监测结果在变化趋势上是一致的;但是在数值大小方面,由于数值模拟是在假定理想的基础上进行的,只能近似模拟施工情况,而在施工现场一般会根据监测的数据和工程环境,实时调整施工参数。因此,现场监测受力结果小于数值模拟结果,这与现场监测变形结果小于数值模拟结果是吻合的。

综上来看,数值模拟结果是真实可靠的,可以用于分析既有隧道变形规律和受力特性。

8.5.2　变形规律分析

1. 既有隧道水平位移分析

图 8.32 为既有隧道下行线拱顶和拱底的水平位移,可以看出,既有隧道拱顶和拱底在水平面内均产生了 S 形摆动,且摆动方向相反,这与前面得到的既有结构产生了扭转变形的结论是相呼应的,也再次说明数值模拟结果的可靠性。此外,既有线下行线拱顶和拱底的水平位移在横坐标为 -4.27m 处同时为零,恰好位于特殊截面上,再次说明既有线的扭转变形是以特殊截面为中心的。

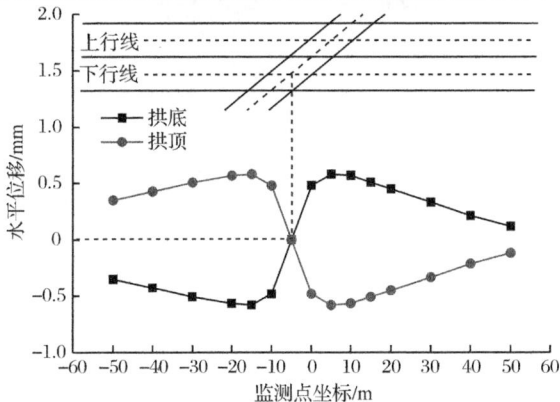

图 8.32　既有隧道下行线拱顶和拱底水平位移

2. 沉降槽发展形成过程

以既有双连拱隧道下行线的测线 H 为例,通过分析其在盾构掘进至不同位置时的沉降形态,进而得到既有隧道结构纵向沉降槽的发展形成过程。如图 8.33所示,工况 1 表示盾构机完全进入影响区,工况 2 表示刀盘刚抵达测线 H 正下方,工况 3 表示盾尾刚抵达测线 H 正下方,工况 4 表示盾尾刚完全脱离测线 H 正下方,工况 5 表示盾构机完全脱离影响区。

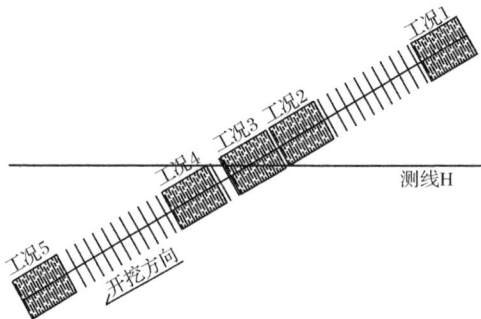

图 8.33　盾构位置示意图

图 8.34 为不同盾构掘进位置时既有地铁隧道竖向位移云图,图 8.35 直观地展示了既有隧道下行线测线 H 的纵向沉降槽随盾构掘进的形成演变过程。可以看出,盾构开始掘进至影响区时,测线 H 上产生了沉降槽的雏形;随着盾构的掘进,测线 H 上的沉降槽不断变宽、变深,沉降峰值的位置也随之迁移;在盾尾脱离测线 H 与盾构隧道轴线交叉点以后,沉降峰值停留在交叉点处并保持不动,而沉降槽继续发展扩大,直到形成最终的形状。这与现场实测得到的结论是一致的。

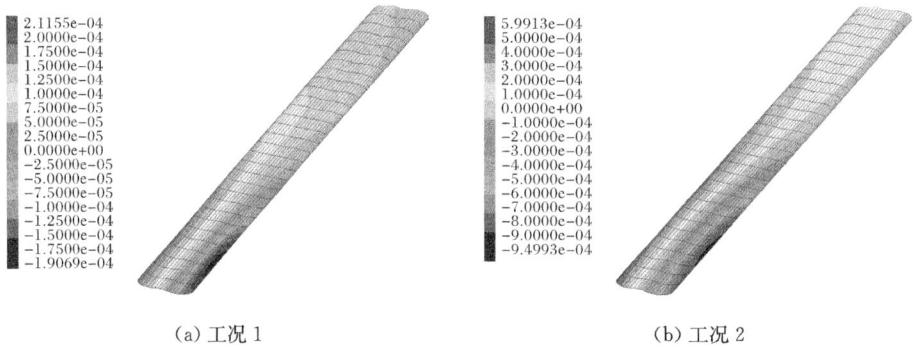

(a) 工况 1　　　　　　　　　　　　　　　　(b) 工况 2

(c) 工况 3

(d) 工况 4

(e) 工况 5

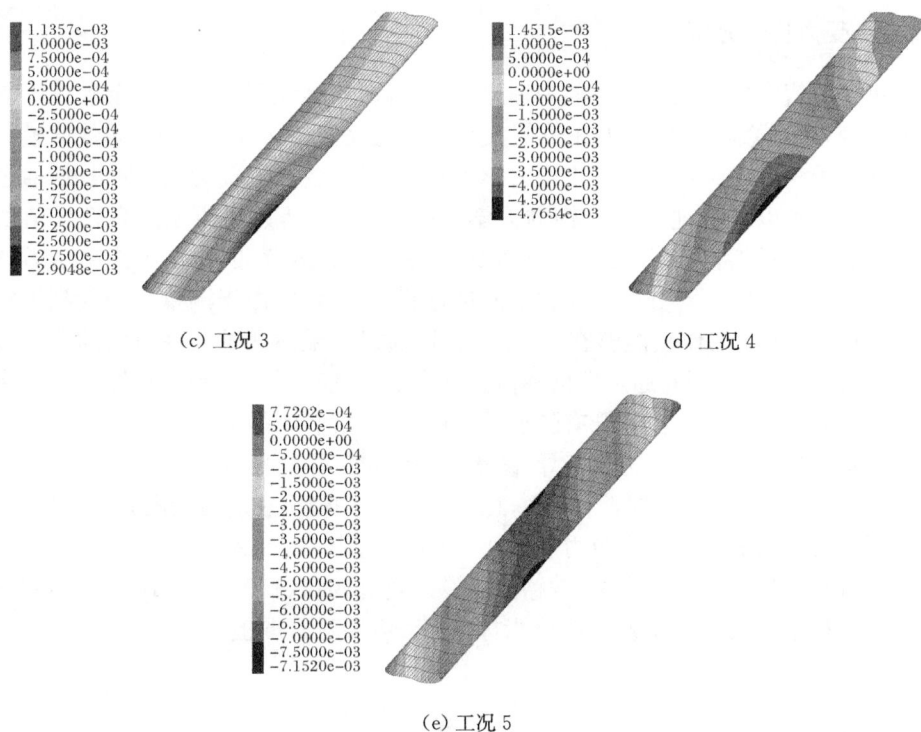

图 8.34　不同盾构掘进位置时既有地铁隧道竖向位移云图(单位:m)

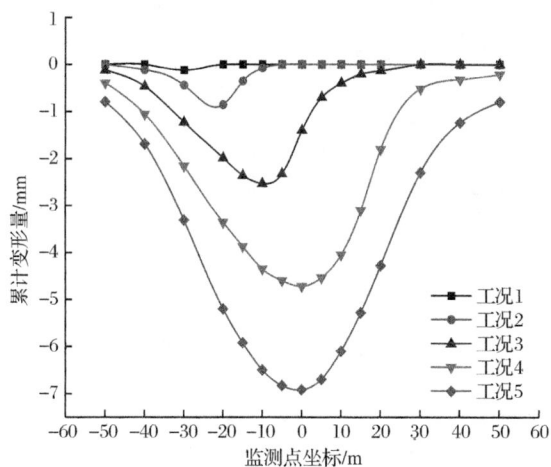

图 8.35　不同盾构掘进位置时测线 H 的沉降形态

8.5.3　受力特性分析

由于数值模拟往往进行了较为理想的简化，而实际地层条件的复杂和施工参数的多变，导致数值模拟结果在数值大小上不能完全等于实际数值，即数值模拟不能从定量角度准确描述实际工程力学大小，但是只要合理简化、合理假设，通过数值模拟是可以定性地反映结构的力学规律的，这也是数值模拟的真正价值所在。对于本依托工程，由于下穿施工时既有隧道已经运营，因此不可能将压力盒等试件放入二衬内部对其内部受力情况进行测量。另外，由于测量时间受到地铁运营的影响，测试工作只能够在晚上进行，即通过有限的测试元件得到的测量数据也是极为有限的，因此通过数值模拟去补充揭示既有隧道的受力特性是非常有必要的。通过数值模拟找到既有隧道受力最不利截面和最不利位置，可以为今后类似工程的现场监测工作提供指导，减小今后测量工作的盲目性。

选取如图 8.36 所示的 7 个断面，在 FLAC3D 中输出主应力云图并进行切片，即可得到所有断面的最大主应力和最小主应力云图（在 FLAC3D 中，正值代表拉应力，负值代表压应力）。查阅《铁路隧道设计规范》(TB 10003—2016)[92]，本依托工程中二衬采用的 C40 混凝土强度指标按照表 8.1 进行取值。

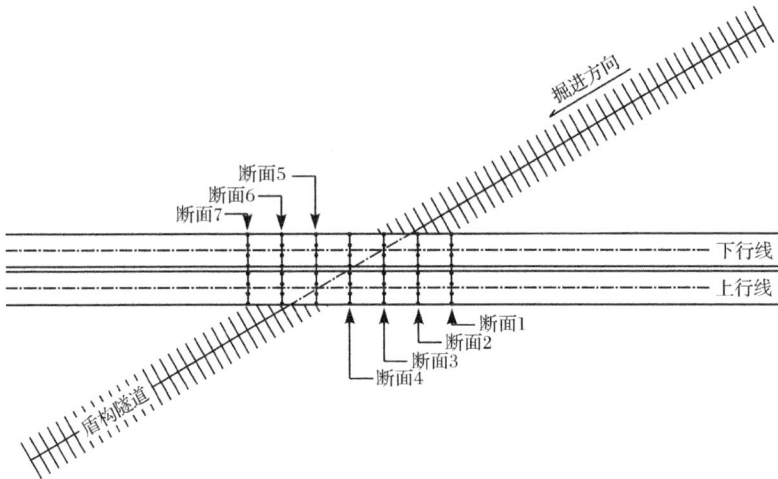

图 8.36　内力监测断面

表 8.1　混凝土强度指标　　　　　　　　　　　　（单位：MPa）

强度指标	标准值	设计值
轴心抗压	27	20
轴心抗拉	2.7	1.8
弯曲抗压	29.5	21.5

1. 既有隧道二衬最小主应力特性分析

既有隧道变形基本稳定时,上述 7 个典型断面处最小主应力云图如图 8.37 所示,可以看出,新建隧道开挖前既有地铁隧道二衬上初始压应力在拱脚处达到最大,最大压应力为 1.10MPa,且最小主应力云图是关于中隔墙对称的。新建隧道开挖脱离影响区后,既有隧道断面 1 上最大压应力在上行线拱腰位置处达到最大,最大压应力为 1.219MPa;断面 2 上最大压应力在下行线拱顶位置处达到最大,最大压应力为 1.538MPa;断面 3 上最大压应力在下行线拱顶位置处达到最大,最大压应力为 1.821MPa;断面 4 上最大压应力在下行线拱顶位置处达到最大,最大压应力为 1.804MPa,但是与断面 3 相比,其上行线拱肩部位也产生了较大的压应力;断面 5 上最大压应力在上行线拱顶位置处达到最大,最大压应力为 1.841MPa;断面 6 上最大压应力在上行线拱顶位置处达到最大,最大压应力为 1.599MPa;断面 7 上最大压应力在下行线拱脚位置处达到最大,最大压应力为 1.399MPa。从数值上来看,既有隧道受新建隧道盾构施工影响产生的附加压应力远小于混凝土抗压强度指标,但是由于混凝土抗拉强度较低,因此应重点分析既有地铁隧道二衬的受拉情况。

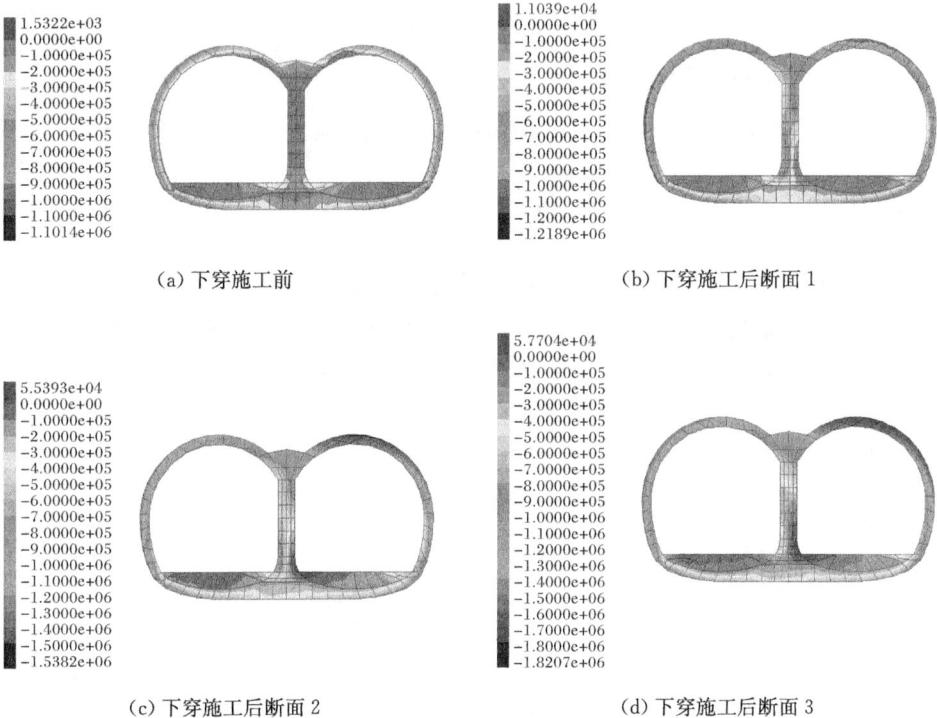

(a) 下穿施工前

(b) 下穿施工后断面 1

(c) 下穿施工后断面 2

(d) 下穿施工后断面 3

(e) 下穿施工后断面 4　　　　　　　　　　　(f) 下穿施工后断面 5

(g) 下穿施工后断面 6　　　　　　　　　　　(h) 下穿施工后断面 7

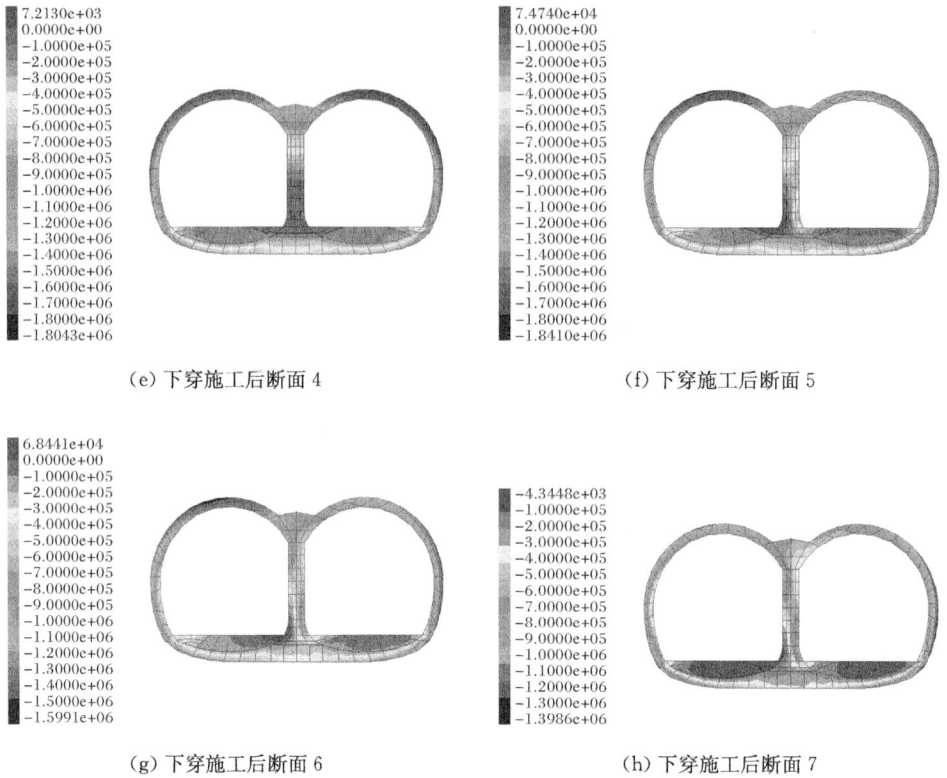

图 8.37　下穿施工前及施工后各断面处最小主应力云图(单位:Pa)

2. 既有隧道二衬最大主应力特性分析

通过 FLAC3D 数值模拟,得到既有隧道变形基本稳定时,上述 7 个典型断面处最大主应力云图如图 8.38 所示。可以看出,新建隧道开挖前既有隧道二衬上初始拉应力在拱顶与中隔墙顶端连线的中间位置处达到最大,最大拉应力为 0.380MPa,且最大主应力云图关于中隔墙对称。新建隧道开挖脱离影响区后,断面 1 处既有隧道在上行线拱脚和下行线直墙底部出现了较大的拉应力,分别为 0.677MPa 和 0.55MPa;断面 2 处既有隧道同样是在上行线拱脚和下行线直墙底部出现了较大的拉应力,但是相比断面 1,两处的拉应力值更大,分别为 0.934MPa 和 0.825MPa;断面 3 与断面 2 相比,既有隧道上行线最大拉应力的位置仍在拱脚处,但是下行线最大拉应力的位置由直墙底部迁移到了拱脚处,最大拉应力分别为 1.22MPa 和 1.05MPa;在所有断面中既有隧道二衬在断面 4 处所受的最大拉应力最大,即断面 4 是受力最不利横截面,其最大主应力云图基本关于中隔墙对称,既有隧道上行线和下行线二衬所受最大拉应力均在拱脚处达到最大,最大拉应力分别为 1.453MPa 和 1.441MPa；断面 5 处既有隧道在上行线拱脚和下行线拱脚处出现了较大的拉应力，最大拉应力分别为 1.20MPa 和 1.31MPa，与断面 3 相比，断面 5 上最大拉应力出现的位置与断面 3 是相反的，数值上是相近的，这与前面得到的既有隧道的变形规律是相呼应的；同样，断面 6 上最大拉应力出现的位置与断面 2 是相反的，数值上也是相近的，断面 6 处既有隧道在上行线直墙底部和下行线拱脚处产生了较大的拉应力，最大拉应力分别为 0.91MPa 和 1.02MPa；断面 7 处既有隧道同样是在上行线直墙底部和下行线拱脚处产生了较大的拉应力，最大拉应力分别为 0.65MPa 和 0.75MPa。

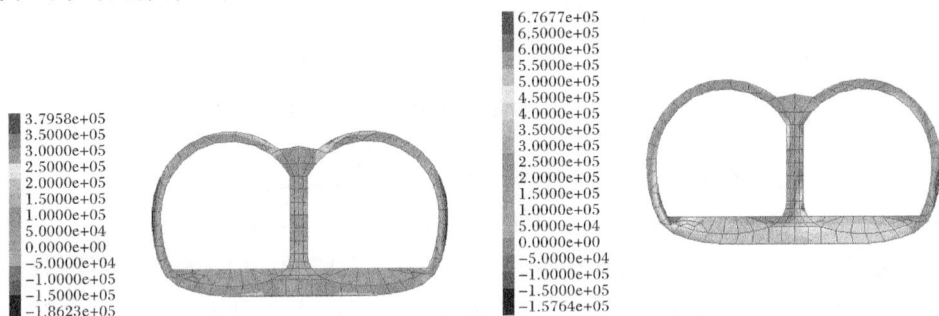

（a）下穿施工前

（b）下穿施工后断面 1

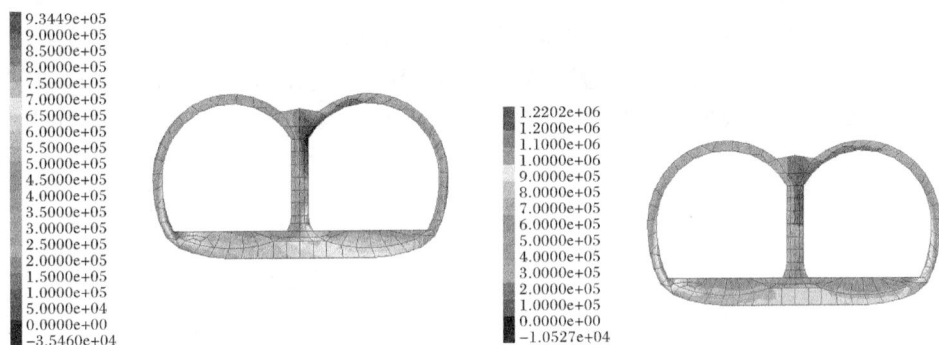

（c）下穿施工后断面 2

（d）下穿施工后断面 3

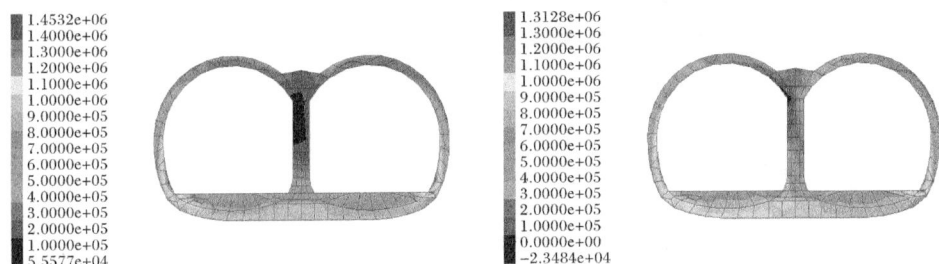

（e）下穿施工后断面 4

（f）下穿施工后断面 5

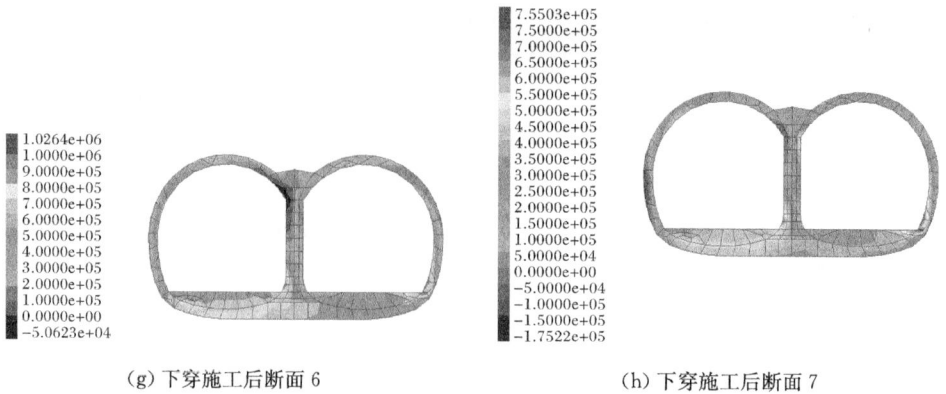

（g）下穿施工后断面 6　　　　　　　　　　（h）下穿施工后断面 7

图 8.38　下穿施工前及施工后各断面处最大主应力云图（单位：Pa）

　　整体来看，既有地铁隧道受新建盾构隧道施工的影响在其二衬结构上产生了较大的附加拉应力，最不利横断面为断面 4，最不利位置在断面 4 的拱脚处，最大拉应力高达 1.453MPa，这是既有隧道在产生竖向沉降的同时还伴有扭转变形导致的，虽然此最大拉应力小于混凝土的极限抗拉强度 1.8MPa，但是已经非常接近，因此在下穿施工期间，应加强对既有隧道二次衬砌拱脚部位进行巡视，注意查看是否有裂缝产生。

　　为了更加详细地得到既有隧道二衬的受力特性（主要是最大主应力）和时空变化规律，现针对图 8.39 所示五种施工工况（不同盾构掘进位置）对断面 1～4 处既有隧道二衬上典型位置（拱顶、拱腰、拱脚，如图 8.40 所示）的最大主应力进行

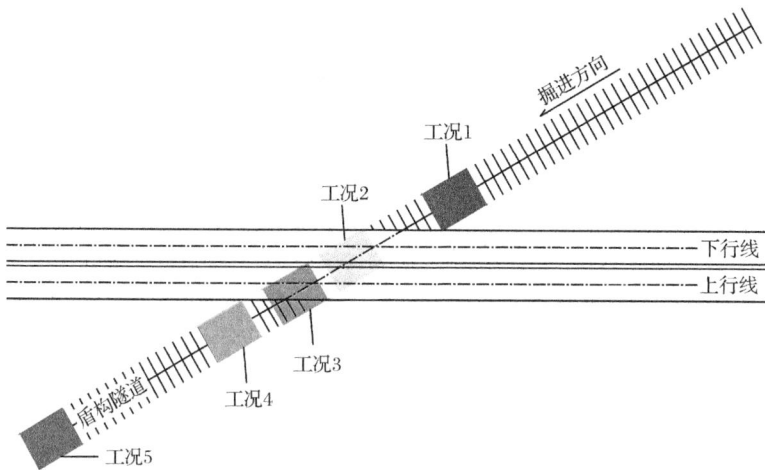

图 8.39　既有二衬最大主应力分析工况

分析。其中,工况 1 为盾构刀盘刚刚抵达既有隧道下方,工况 2 为盾尾刚刚完全进入既有隧道下行线正下方,工况 3 为盾尾刚刚完全脱离既有隧道下行线,工况 4 为盾尾刚刚完全脱离既有隧道上行线,工况 5 为盾构脱离影响区,既有隧道沉降已基本稳定。断面 1~4 上既有隧道二衬的受力特性(主要是最大主应力)和时空变化规律分析如下。

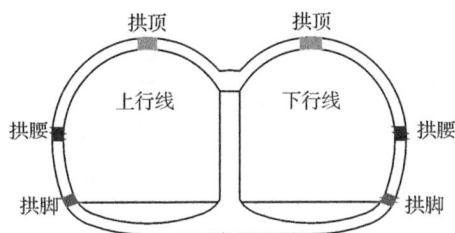

图 8.40　最大主应力分析部位分布

1) 断面 1

将不同盾构掘进位置工况下既有隧道二衬在断面 1 处典型位置的最大主应力进行提取并汇总,结果如表 8.2 所示。

表 8.2　断面 1 处最大主应力　　　　(单位:MPa)

工况	上行线拱顶	上行线拱腰	上行线拱脚	下行线拱顶	下行线拱腰	下行线拱脚
初始	0.021	0.019	0.131	0.035	0.050	0.200
工况 1	−0.016	0.010	0.196	0.019	0.121	0.187
工况 2	−0.014	−0.027	0.256	−0.061	0.436	−0.052
工况 3	−0.002	0.030	0.445	0.047	0.308	0.124
工况 4	0.023	0.151	0.575	0.046	0.293	0.201
工况 5	0.234	0.443	0.814	0.138	0.316	0.238

图 8.41 为不同工况下既有隧道二衬在断面 1 处拱顶位置最大主应力变化趋势。可以看出,既有隧道上行线拱顶位置最大主应力呈现出先减小后增大的变化趋势;且当盾构刀盘刚刚抵达既有隧道正下方时,其最大主应力达到最小;在盾尾完全脱离既有隧道之后,既有隧道上行线拱顶位置所产生的附加拉应力增幅最大;当盾构机完全脱离影响区后,其最大主应力达到最大,最大主应力为 0.234MPa。既有隧道下行线拱顶位置最大主应力呈现出先减小后增大的变化趋势;且当盾尾刚刚完全进入既有隧道下行线正下方时,其最大主应力达到最小;当盾构机完全脱离影响区后,其最大主应力达到最大,最大主应力为 0.138MPa。

图 8.42 为不同工况下既有隧道二衬在断面 1 处拱腰位置最大主应力变化趋势。可以看出,既有隧道上行线拱腰位置拉应力呈现出先缓慢减小后急剧增大的

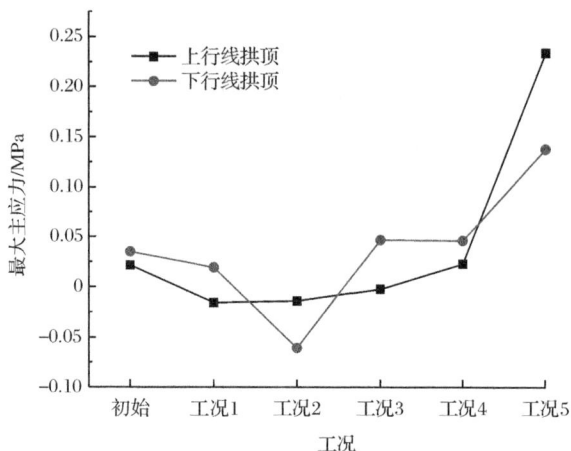

图 8.41　不同工况下既有隧道二衬断面 1 处拱顶位置最大主应力变化趋势

变化趋势;且当盾尾刚刚完全进入既有隧道下行线正下方时,其拉应力最小;盾构机完全脱离影响区后,其拉应力最大,最大主应力为 0.443MPa。既有隧道下行线拱腰位置拉应力呈现出先急剧增大后缓慢减小的变化趋势;且当盾尾刚刚完全进入既有隧道下行线正下方时,其拉应力最大,且最大拉应力为0.436MPa;此后,该位置的拉应力逐渐减小并最终稳定在 0.316MPa。

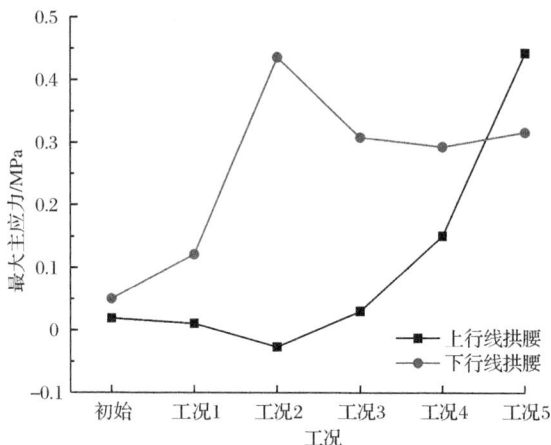

图 8.42　不同工况下既有隧道二衬断面 1 处拱腰位置最大主应力变化趋势

图 8.43 为不同工况下既有隧道二衬在断面 1 处拱脚位置最大主应力变化趋势。可以看出,既有隧道上行线拱脚位置拉应力随着盾构隧道的掘进不断增大,当盾构机完全脱离影响区后,其拉应力最大,最大主应力为0.814MPa。既有隧道下行线拱脚位置拉应力随着盾构隧道的掘进呈现出先减小后增大的变化趋势,最终

该位置的拉应力为 0.238MPa，与初始值 0.20MPa 相比，并未出现明显变大，即在整个新建盾构隧道施工的全过程中，该位置始终是安全的。

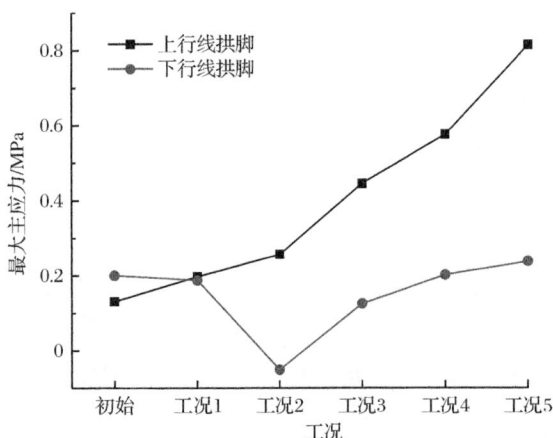

图 8.43　不同工况下既有隧道二衬断面 1 处拱脚位置最大主应力变化趋势

2）断面 2

将不同盾构掘进位置工况下既有隧道二衬在断面 2 处典型位置的最大主应力进行提取并汇总，结果如表 8.3 所示。

表 8.3　断面 2 处最大主应力　　　　　　　　（单位：MPa）

工况	上行线拱顶	上行线拱腰	上行线拱脚	下行线拱顶	下行线拱腰	下行线拱脚
初始	0.021	0.019	0.131	0.035	0.050	0.200
工况 1	−0.006	0.013	0.201	0.033	0.296	0.316
工况 2	0.001	−0.015	0.417	0.077	0.749	0.052
工况 3	0.012	0.084	0.592	0.039	0.548	0.267
工况 4	0.047	0.215	0.750	0.041	0.522	0.358
工况 5	0.270	0.585	1.057	0.159	0.605	0.494

图 8.44 为不同工况下既有隧道二衬在断面 2 处拱顶位置最大主应力变化趋势。可以看出，既有隧道上行线拱顶位置最大主应力在盾构刀盘抵达既有隧道下方之前略有减小；此后，拉应力先逐渐增大，待盾尾完全脱离既有双连拱隧道上行线之后，拉应力开始急剧增大，最大拉应力为 0.27MPa。既有隧道下行线拱顶位置最大主应力在盾构刀盘抵达既有隧道下方到盾尾完全脱离既有隧道下行线期间，经历了暂时性增大后恢复至初始值的过程；直到盾尾完全脱离既有隧道上行线之后，该位置的拉应力重新开始增大，最大拉应力为 0.159MPa。

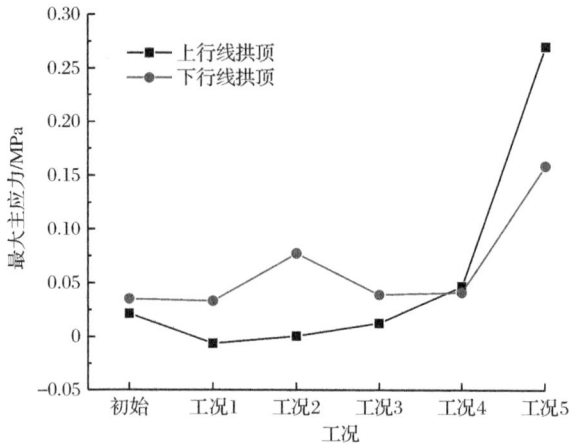

图 8.44　不同工况下既有隧道二衬断面 2 处拱顶位置最大主应力变化趋势

　　图 8.45 为不同工况下既有隧道二衬在断面 2 处拱腰位置最大主应力变化趋势。可以看出,既有隧道上行线拱腰位置拉应力呈现出先缓慢减小后急剧增大的变化趋势;且当盾尾刚刚完全进入既有隧道下行线正下方时,其拉应力最小;盾构机完全脱离影响区后,其拉应力最大,最大主应力为 0.585MPa。既有隧道下行线拱腰位置拉应力呈现出先急剧增大后缓慢减小的变化趋势;且当盾尾刚刚完全进入既有隧道下行线正下方时,其拉应力最大,且最大拉应力为0.749MPa;此后,该位置的拉应力逐渐减小并最终稳定在 0.605MPa。

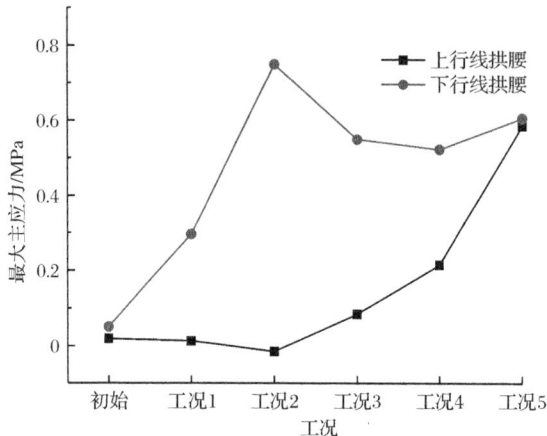

图 8.45　不同工况下既有隧道二衬断面 2 处拱腰位置最大主应力变化趋势

　　图 8.46 为不同工况下既有隧道二衬在断面 2 处拱脚位置最大主应力变化趋势。可以看出,既有隧道上行线拱脚位置拉应力随着盾构隧道的掘进不断增大,当盾构机完全脱离影响区后,其拉应力最大,最大主应力为1.057MPa。既有隧道

下行线拱脚位置拉应力随着盾构隧道的掘进呈现出先增大后减小再增大的变化趋势,最终该位置的拉应力为 0.494MPa,与初始值 0.20MPa 相比,虽然有所增大但也不是特别明显,即在整个新建盾构隧道施工的全过程中,该位置相对来说是安全的。

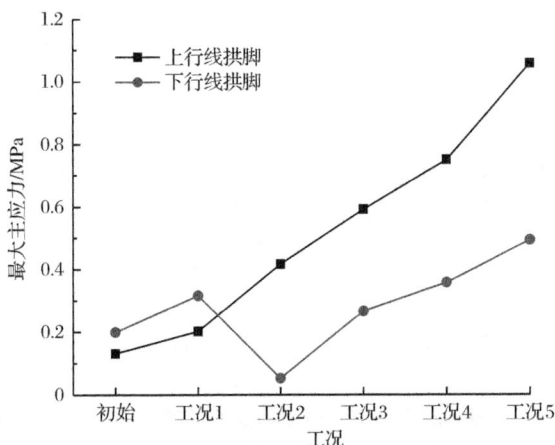

图 8.46　不同工况下既有隧道二衬断面 2 处拱脚位置最大主应力变化趋势

3) 断面 3

将不同盾构掘进位置工况下既有隧道二衬在断面 3 处典型位置的最大主应力进行提取并汇总,结果如表 8.4 所示。

表 8.4　断面 3 处最大主应力数据汇总　　　　　（单位:MPa）

工况	上行线拱顶	上行线拱腰	上行线拱脚	下行线拱顶	下行线拱腰	下行线拱脚
初始	0.021	0.019	0.131	0.035	0.050	0.200
工况 1	0.016	0.018	0.187	0.105	0.327	0.354
工况 2	0.075	0.037	0.520	0.158	1.054	0.538
工况 3	0.021	0.177	0.732	0.040	0.814	0.728
工况 4	0.072	0.331	0.923	0.045	0.771	0.858
工况 5	0.295	0.767	1.319	0.190	0.878	1.091

图 8.47 为不同工况下既有隧道二衬在断面 3 处拱顶位置最大主应力变化趋势。可以看出,随着新建盾构隧道的掘进,既有隧道上行线拱顶位置拉应力经历了先缓慢减小后增大再减小最后再增大的变化过程;在盾尾刚刚脱离既有隧道上行线之前,该位置拉应力虽然变化多端,但是变化幅度相对较小;而在此之后,该位置拉应力急剧增大,最大拉应力为 0.295MPa。在盾尾完全进入既有隧道下行线正下方之前,既有隧道下行线拱顶位置拉应力由初始的 0.035MPa 急剧增大到

0.158MPa;此后,当盾尾完全脱离既有隧道下行线时,该位置拉应力又恢复到与初始值接近的0.04MPa,而当盾尾完全脱离既有隧道上行线之后,该位置拉应力急剧增大到0.190MPa。

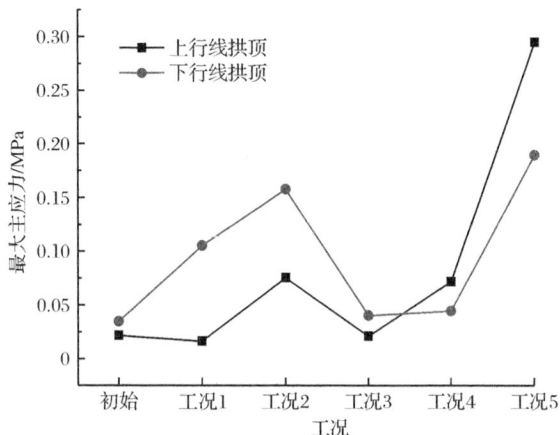

图8.47 不同工况下既有隧道二衬断面3处拱顶位置最大主应力变化趋势

图8.48为不同工况下既有隧道二衬在断面3处拱腰位置最大主应力变化趋势。可以看出,既有隧道上行线拱腰位置拉应力呈现出先缓慢减小后急剧增大的变化趋势;且当盾尾刚刚完全进入既有隧道下行线正下方时,其拉应力最小;盾构机完全脱离影响区后,其拉应力最大,最大主应力为0.767MPa。既有隧道下行线拱腰位置拉应力呈现出先急剧增大后缓慢减小的变化趋势;且当盾尾刚刚完全进入既有隧道下行线正下方时,其拉应力最大,且最大拉应力值为1.054MPa;此后,该位置的拉应力逐渐减小并最终稳定在0.878MPa。

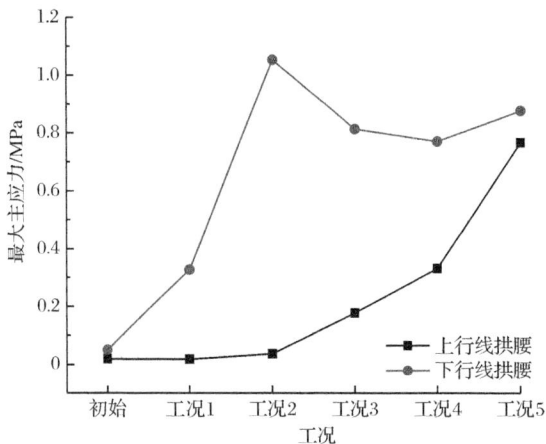

图8.48 不同工况下既有隧道二衬断面3处拱腰位置最大主应力变化趋势

　　图 8.49 为不同工况下既有隧道二衬在断面 3 处拱脚位置最大主应力变化趋势。可以看出,随着新建盾构隧道的掘进,既有隧道上行线和下行线拱脚位置拉应力均不断增大。上行线二衬拱脚位置最大拉应力为 1.319MPa,下行线二衬拱脚位置最大拉应力为 1.091MPa。

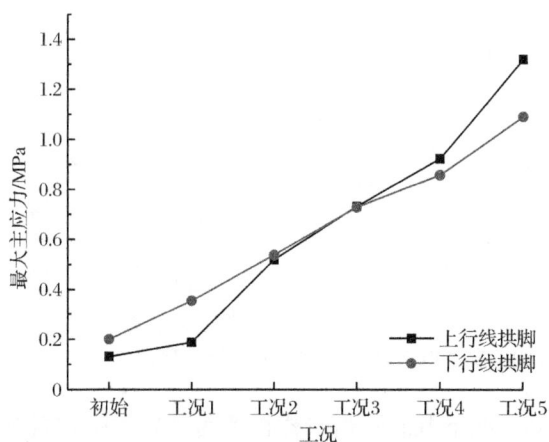

图 8.49　不同工况下既有隧道二衬断面 3 处拱脚位置最大主应力变化趋势

4)断面 4

　　将不同盾构掘进位置工况下既有隧道二衬在断面 4 处典型位置的最大主应力进行提取并汇总,结果如表 8.5 所示。

表 8.5　断面 4 处最大主应力　　　　　　（单位:MPa）

工况	上行线拱顶	上行线拱腰	上行线拱脚	下行线拱顶	下行线拱腰	下行线拱脚
初始	0.021	0.019	0.131	0.035	0.050	0.200
工况 1	0.080	0.044	0.178	0.190	0.233	0.302
工况 2	0.253	0.182	0.428	0.452	0.689	0.399
工况 3	0.027	0.274	0.757	0.155	0.891	1.002
工况 4	0.012	0.546	1.004	0.121	0.887	1.208
工况 5	0.207	1.005	1.482	0.249	0.989	1.489

　　图 8.50 为不同盾构掘进位置工况下既有隧道二衬在断面 4 处拱顶位置最大主应力变化趋势。可以看出,随着新建盾构隧道的掘进,既有隧道上行线和下行线拱顶位置拉应力均呈现出先增大后减小再增大的规律,但是下行线二衬拱顶拉应力始终大于上行线二衬拱顶拉应力;当盾尾完全进入既有隧道下行线正下方时,上行线、下行线二衬拱顶拉应力均达到最大,且最大拉应力分别为 0.253MPa和 0.452MPa;最终当盾构脱离影响区后,上行线、下行线二衬拱顶拉应力分别为

0.207MPa 和 0.249MPa。

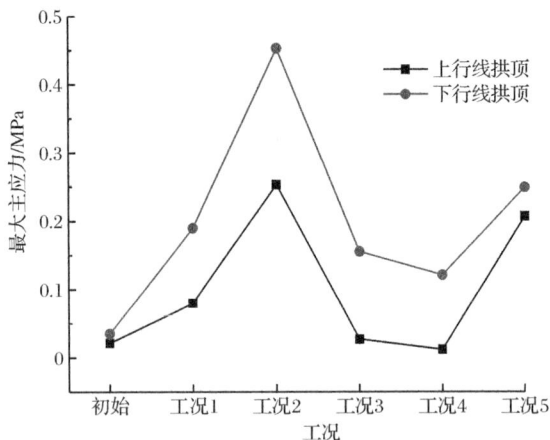

图 8.50　不同工况下既有隧道二衬断面 4 处拱顶位置最大主应力变化趋势

图 8.51 为不同工况下既有隧道二衬在断面 4 处拱腰位置最大主应力变化趋势。可以看出,随着新建盾构隧道的掘进,既有隧道上行线和下行线拱腰位置拉应力均不断增大,但是对于拉应力增大幅度,下行线二衬拱腰表现为前期(盾尾刚刚完全进入既有隧道下行线正下方之前)幅度大、后期(盾尾刚刚完全进入既有隧道下行线正下方之后)幅度小,上行线二衬拱腰表现为前期(盾尾完全脱离既有隧道下行线之前)幅度小、后期(盾尾完全脱离既有隧道下行线之后)幅度大;最终既有隧道上行线和下行线拱腰位置拉应力分别为 1.005MPa 和 0.989MPa。

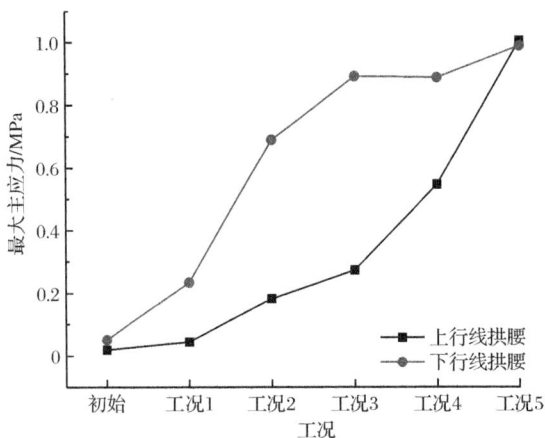

图 8.51　不同工况下既有隧道二衬断面 4 处拱腰位置最大主应力变化趋势

图 8.52 为不同工况下既有隧道二衬在断面 4 处拱脚位置最大主应力变化趋

势。可以看出,随着新建盾构隧道的掘进,既有隧道上行线和下行线拱脚位置拉应力均不断增大,对于上行线拱脚,在盾构刀盘抵达既有隧道下方之后个各阶段,其拉应力增大幅度基本一样,而下行线拱脚在从盾尾刚刚完全进入既有隧道下行线正下方到盾尾刚刚完全脱离既有隧道下行线期间,其拉应力增大幅度明显大于其他阶段。最终既有隧道上行线和下行线拱脚位置拉应力分别为 1.482MPa 和 1.489MPa。

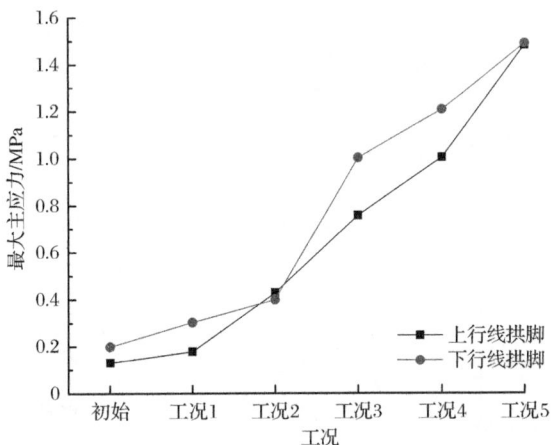

图 8.52 不同工况下既有隧道二衬断面 4 处拱脚位置最大主应力变化趋势

为了从不同角度揭示既有隧道二衬的受力特性和时空变化规律,现将不同断面同一部位的最大主应力放在一起进行对比分析,结果如下:

(1) 拱顶。图 8.53 为上行线拱顶最大主应力随盾构掘进的变化趋势,图 8.54 为下行线拱顶最大主应力随盾构掘进的变化趋势。可以看出,当盾尾刚刚完全进入既有隧道下行线正下方时,相比其他断面,既有隧道在断面 4 处拱顶产生了较大的拉应力;既有隧道二衬拱顶并未受新建盾构隧道施工的影响而产生特别大的附加拉应力,下穿施工时,拱顶位置可以不作为重点监测部位。

(2) 拱腰。图 8.55 为上行线拱腰最大主应力随盾构掘进的变化趋势,图 8.56 为下行线拱腰最大主应力随盾构掘进的变化趋势。可以看出,既有隧道上行线断面 1~4 处拱腰位置拉应力变化规律一致,附加拉应力在盾尾完全脱离既有隧道上行线至盾构脱离影响区期间增幅最大,因此在该施工阶段应该对上行线二衬拱腰部位进行重点关注。既有隧道下行线断面 1~3 处拱腰位置拉应力变化规律一致,均在盾构刀盘刚刚抵达既有隧道下方至盾尾刚刚完全进入既有隧道下行线正下方阶段急剧增大,随后又逐渐减小至稳定,而断面 4 处拱腰拉应力此后仍在增大,因此在该施工阶段应该对下行线二衬拱腰部位进行重点关注,而对于断面 4 处拱腰则需全程关注;从最终拉应力数值来看,离交叉中心越近的断面,其拱腰部

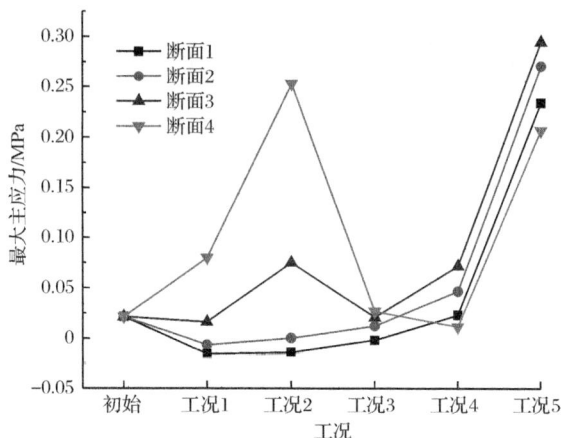

图 8.53　上行线拱顶最大主应力变化趋势

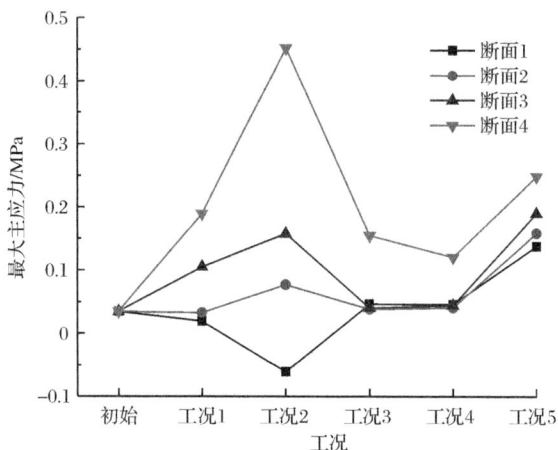

图 8.54　下行线拱顶最大主应力变化趋势

位所受的附加拉应力越大。

（3）拱脚。图 8.57 为上行线拱脚最大主应力随盾构掘进的变化趋势,图 8.58 为下行线拱脚最大主应力随盾构掘进的变化趋势。可以看出,既有隧道上行线断面 1~4 处拱脚位置拉应力变化规律一致,均表现为随着盾构掘进一直在增大,而且相比其他部位,拱脚所受的附加拉应力最大,因此应对影响区内上行线拱脚部位进行全程关注;从数值上来看,离交叉中心越近的断面,其拱脚部位所受的附加拉应力越大。既有隧道下行线断面 1、断面 2 处拱脚位置拉应力变化规律一致,与初始值相比,这两个断面拱脚处拉应力并未发生太大改变,因此可以全程忽略;而断面 3、断面 4 处拱脚位置拉应力变化规律一致,均表现为随着盾构掘进一直在增

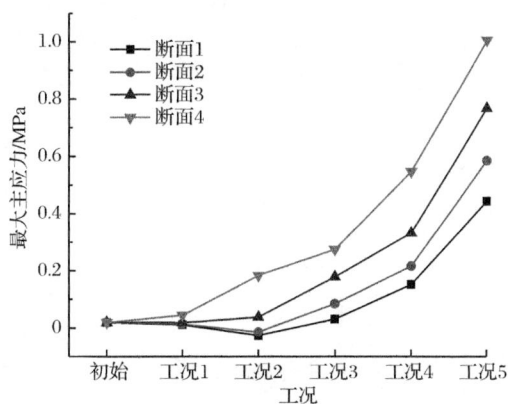

图 8.55　上行线拱腰最大主应力变化趋势

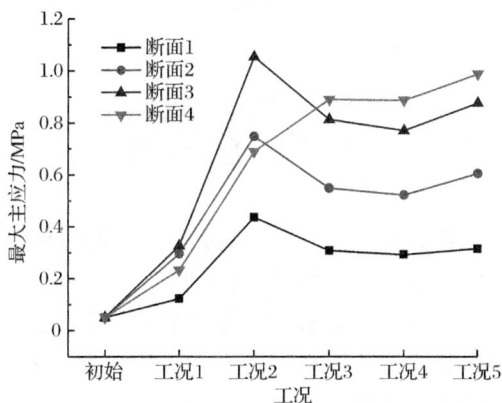

图 8.56　下行线拱腰最大主应力变化趋势

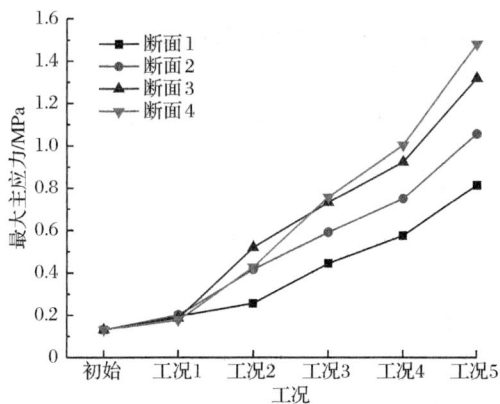

图 8.57　上行线拱脚最大主应力变化趋势

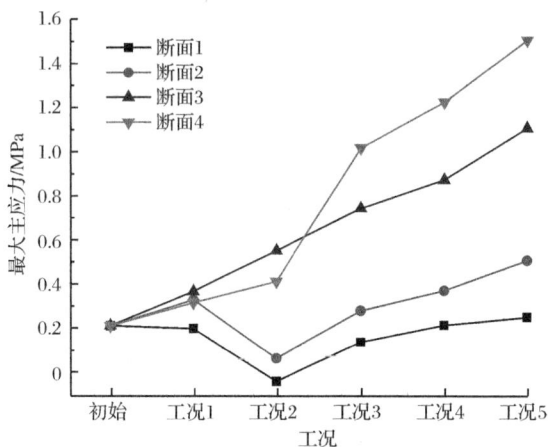

图 8.58　下行线拱脚最大主应力变化趋势

大,需全程对其进行关注。

8.6　本 章 小 结

本章首先对既有地铁隧道附加变形自动化现场监测及附加内力人工现场监测的监测方案和监测结果进行了详细的介绍和分析,得到了既有地铁隧道受盾构隧道小角度斜下穿施工影响的变形规律和受力特性,然后通过对比前面数值模拟结果中推荐的施工参数方案和实际施工参数以及数值模拟结果与实际监测结果,论证了数值模拟的可靠性,并在此基础上通过数值模拟,进一步深入研究了既有地铁隧道变形规律和受力特性。主要结论如下:

(1)既有隧道变形以竖向沉降为主,同时伴有扭转变形,进而导致轨道的差异沉降,这种变形形式对既有地铁的行车安全极为不利。

(2)既有隧道结构在盾构隧道中心线的正上方存在一个特殊截面,此截面是既有隧道扭转变形的中心,具有沉降最大、受力最为不利等特性,下穿施工时应对此截面重点关注。对于特殊截面前方的既有隧道结构,下行线受施工扰动的影响程度大于上行线,既有隧道向下行线一侧倾斜,而对于特殊截面后方的既有隧道结构,上行线受施工扰动的影响程度大于下行线,既有隧道向上行线一侧倾斜,这是既有隧道产生扭转变形的根本原因。

(3)随着盾构的掘进,既有隧道纵向沉降槽不断变宽、变深,沉降峰值的位置也随之向前迁移,在盾尾脱离特殊截面以后,沉降峰值停留在特殊截面处并保持不动,此后沉降槽继续发展扩大,直到形成最终的形状。

(4)既有地铁隧道二衬上受力由下穿施工前的"上拉下压"变为下穿施工后的

"上压下拉",其所受的压应力与混凝土极限抗压强度相比较小,一般不会对结构造成威胁,而其所受的拉应力与混凝土极限抗拉强度非常接近,即既有地铁隧道极有可能发生受拉破坏。

(5) 在既有地铁隧道二衬的典型部位中,拱顶部位所受拉应力较小,对结构安全不会构成威胁,施工时可以不予关注;拱腰部位所受拉应力较大,对结构安全构成一定的威胁,应适当予以关注;拱脚部位所受拉应力最大,对结构安全构成极大威胁,务必全程重点关注;对于拱腰、拱脚部位,距离下穿交叉中心越近的断面,其拉应力越大。

(6) 对于断面 1~4 上下行线拱脚、断面 1~4 上行线拱腰、断面 4 下行线拱腰,其拉应力在盾构机脱离既有隧道正下方后仍在增大,因此盾构机脱离既有隧道正下方之后还需对上述部位持续监测和巡视;断面 1~3 下行线拱腰拉应力在盾尾刚刚完全进入既有隧道下行线正下方时取得最大,此施工阶段应加强对断面 1~3 下行线拱腰部位进行监测。

第9章 暗挖通道上跨既有地铁隧道理论分析

9.1 概　　述

在地铁大规模建设中,各条线路交错建设的情况会越来越多。其中,地铁线路与人行通道交错的问题也成为地铁建设中的一大施工难题。在暗挖通道上跨既有地铁线路施工中,由于既有地铁结构的变形、受力要求严格,因此在保证既有隧道安全的前提下,如何将新建暗挖通道施工对既有结构的影响程度降到最小成为暗挖通道上跨既有地铁隧道的一个重要难点。针对西安地区复杂施工环境下近距离上跨既有地铁隧道,依托西安地铁3号线太白南路站Ⅲ-C～Ⅱ-B暗挖过街通道上跨既有隧道,该工程是西安地区首例采用浅埋暗挖法施工的人行通道从采用浅埋暗挖法施工的既有地铁上方交叠穿越的工程。为保证既有地铁结构安全,必须采用特定的专项施工方案。在依托工程施工前,根据不同施工顺序和预加固措施提出几种不同的施工方案。为确保暗挖通道上跨施工时既有地铁结构的安全性,利用FLAC3D对几种施工方案分别进行数值模拟,通过对比采用不同方案进行上跨施工时既有地铁结构变形和受力的差异,考虑施工安全性、经济性后,比选得出最合理的施工方案指导暗挖通道施工,并为今后类似工程提供一定的理论和实践经验。

9.2 依托工程概况

9.2.1 工程简介

西安地铁3号线太白南路站—吉祥村站区间隧道位于吉祥路正下方,区间里程为Y(Z)DK18+658.726～Y(Z)DK20+107.867,右线全长1449.14m,左线全长1441.47m,区间隧道采用台阶法开挖,区间穿越了f6、f6′和f7三条地裂缝。太白南路车站总平面图如图9.1所示,区间隧道断面结构设计图如图9.2所示。

西安地铁3号线太白南路站位于太白南路与科技路的交汇口西侧,呈东西向布置在科技路上。车站附属工程中包括七个出入口、两组风亭风道和三条过街暗挖通道,其中,Ⅲ-C～Ⅱ-B过街暗挖通道总长65.7m,顶板覆土深度为3.5～4.8m,底板埋深为9.0～9.7m,采用中隔壁法施工,通道线形分为平直段、下压段

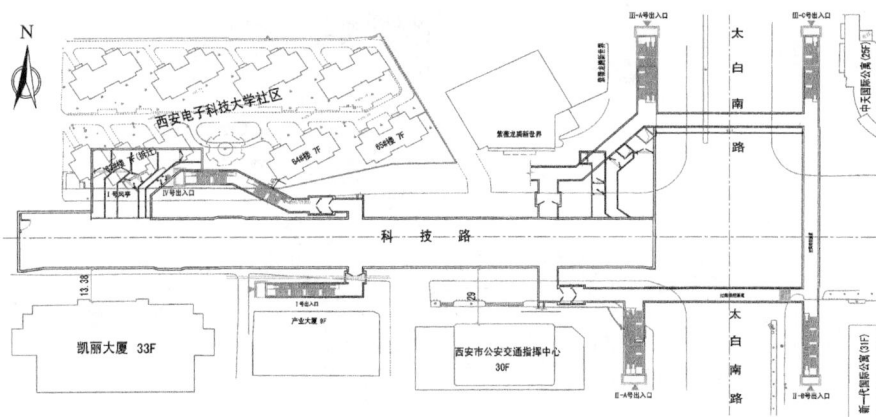

图 9.1　太白南路车站总平面图

和上升段三部分。通道开挖方向为Ⅲ-C→Ⅱ-B,分别在通道开挖至 36.5m 和 51.5m时开始上跨既有隧道左线和右线。该暗挖通道断面结构如图 9.3 所示。

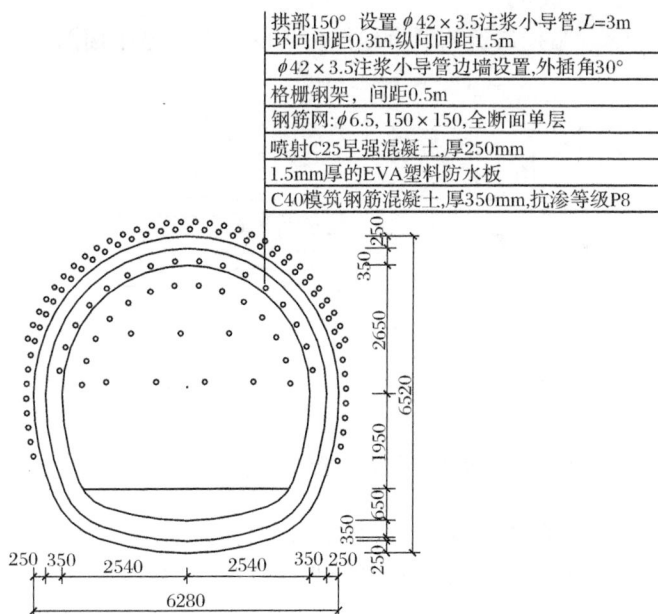

图 9.2　区间隧道断面结构(单位:mm)

太白南路站Ⅲ-C～Ⅱ-B过街暗挖通道位于太白南路与科技路十字东侧,南北向横穿吉祥路,且从太白南路站—吉祥村站区间隧道里程 YDK19＋713.2(ZDK19＋713.2)处上方垂直穿过。过街暗挖通道覆土深4.3～4.9m,距离既有地铁左右线结构物仅 0.777m,近距离下穿 DN1200 给水管和 DN400 污水管的净距分别为

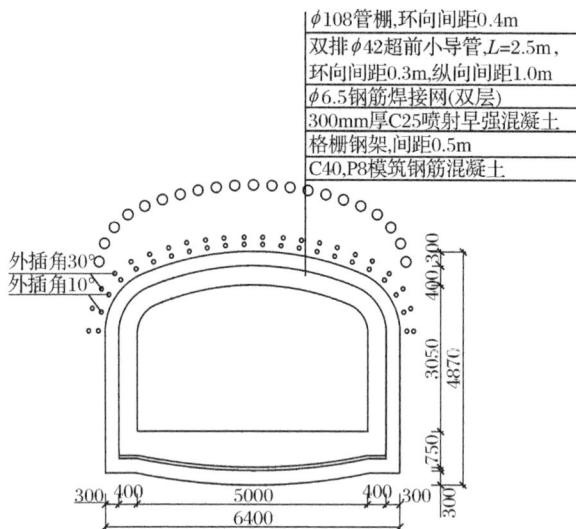

图 9.3　暗挖通道断面结构（单位：mm）

685mm 和 330mm。暗挖通道与既有地铁隧道的位置关系平面图如图 9.4 所示。

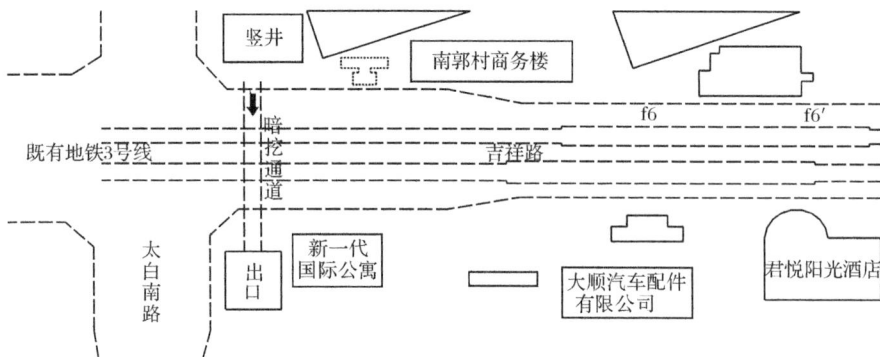

图 9.4　暗挖通道与既有地铁隧道位置关系平面图

在现场测试开始时，既有地铁 3 号线区间隧道左右线均已贯通，与通道相交位置的二次衬砌已浇筑。暗挖通道自 Ⅲ-C→Ⅱ-B 方向施工，测试前已开挖 27.5m，掌子面距离既有地铁 3 号线区间隧道左线边缘 6m。暗挖通道掌子面与既有地铁隧道的位置关系平面图如图 9.5 所示。

9.2.2　工程地质与水文地质情况

1. 工程地质

结合本区段的地层特性，对既有地铁隧道与暗挖通道相交段地质情况描述

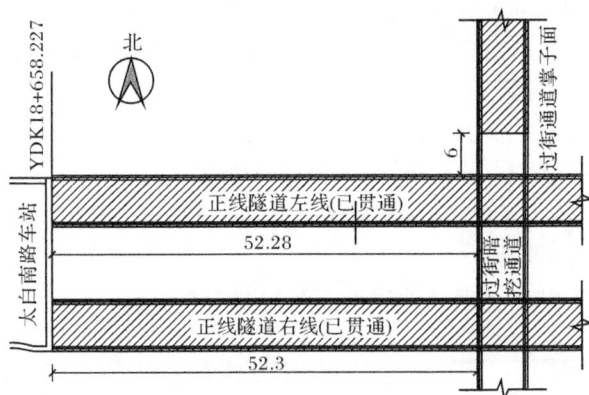

图 9.5　暗挖通道掌子面与既有地铁隧道的位置关系平面图(单位:m)

如下:

(1) 1-2 层素填土:主要为粉质黏土,黄褐色、稍湿、稍密。局部含少量砖块、碎石。土的状态为硬塑,属中等压缩性土。其上部一般有厚 0.3～0.8m 的路基基层。该层场地分部广泛,层厚 0.8～3.5m,层底深度 0.8～3.5m,层底标高 405.45～408.64m。

(2) 2-1 层黄土状土:褐黄色,大孔隙发育,可见虫孔、蜗牛壳的碎片及红色的氧化铁薄膜,含有少量的钙质结核,一般核径 10～30mm,属中压缩性土,具湿陷性。该层场地分部广泛,层厚 5.7～8.2m,层底深度 7.6～10.2m,层底标高 398.47～401.84m。

(3) 2-2 层粉质黏土:黄褐色,可见黑色的锰质斑点和红色的氧化铁条纹,土的状态为可塑,属于中等压缩性土,呈透镜体状在 2-5 层中砂中产出,层厚约 1.2m。

(4) 2-5 层中砂:灰白色、均匀性好、质纯、级配不良,主要成分为石英和长石,底部一般含砾石,砾石的成分以石英为主,平均粒径为 0.498mm。水位以下呈饱和状态。该层场地内分部广泛,局部相变为粗砂,层厚 2.3～11.5m,层底深度 12.4～19.9m,层底标高 397.45～389.11m。

(5) 2-6 层粗砂:灰白色、均匀性好、质纯、级配不良,主要成分为石英和长石,底部一般含砾石,砾石的成分以石英为主,平均粒径 0.763mm。水位以下呈饱和状态,密实。该层场地内分部广泛,局部地段相变为中砂,层厚 5.5～8.8m,层底深度 17.4～18.4m,层底标高 391.08～392.03m。

(6) 3-4 层粉质黏土:黄褐色,可见黑色的锰质斑点和红色的氧化铁条纹,含有少量的钙质结核,一般粒径 10～30mm,属于中等压缩性土。该层场地内分布广泛,层底深度 17.2～19.9m,层底标高 389.11～392.03m。

(7) 3-6 层细砂:灰白色、质纯、级配一般,主要成分为石英和长石,饱和,密实。

呈透镜体夹层出现在 3-4 层粉质黏土层中,层厚约 1.2m。

(8) 3-7 层中砂:灰白色、均匀性好、质纯、级配不良,主要成分为石英和长石,含有砾石,砾石的成分以石英为主,平均粒径 0.465mm,饱和,密实。呈透镜体夹层出现在 3-4 层粉质黏土层中,层厚 1.3～4.5m。

(9) 4-4 层粉质黏土:黄褐色,最大揭露厚度 32.3m。

(10) 4-6 层细砂:灰黄色,砂质纯净,该层以夹层或透镜体的形式出现于 4-4 层粉质黏土层中,层厚 0.6～2.1m。

既有地铁隧道和暗挖通道地层剖面图如图 9.6 所示。

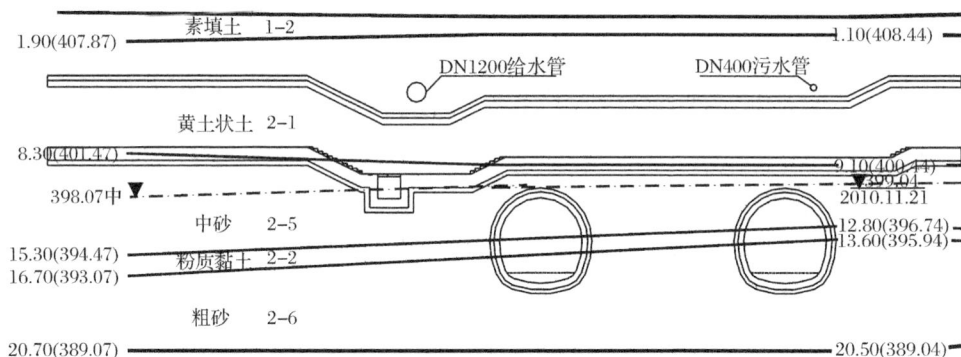

图 9.6　既有地铁隧道和暗挖通道地层剖面图(单位:m)

2. 水文地质

1) 地下水位

本站区内地下水属潜水类型,水位在 10.49～11.81m,相应高程为 398.38～397.45m,水位年变幅 2m 左右。地下水主要以大气降水、地下水渗流及地下管道的渗漏作为补给,渗流方向主要为西北向,潜水的排泄方式主要为人工开采、径流排泄、蒸发消耗等。

2) 地下水土的腐蚀性评价

场地地下水对混凝土结构具有微腐蚀性,在干湿交替的环境下,地下水对钢筋混凝土结构中的钢筋具有微腐蚀性。该场地地基土对混凝土结构和钢筋混凝土结构中的钢筋都具有微腐蚀性。

3) 特殊岩土及不良地质

根据室内湿陷性试验结果,结合场地地层条件,场地内湿陷性土层为 1-2 层素填土及 2-1 层黄土状土。湿陷性地层在场地内连续分布,层厚 2.2～3.5m,为非自重湿陷性黄土,地基湿陷等级为 Ⅰ 级(轻微)。

人工填土主要为素填土,以粉质黏土为主,疏密不均,全场地均有分布。上部一般有厚 0.3～0.8m 的路基填筑土,主要成分为水泥稳定碎石。

9.2.3　周边建筑物情况

新一代国际公寓位于既有地铁隧道右线南侧,距离右线开挖轮廓线 15.8m。钢筋混凝土框架结构,共 31 层,地上 29 层,地下 2 层,总高度 113.6m。基础采用钻孔灌注桩,桩径 800mm,桩深 45m,如图 9.7 所示。

中天国际公寓位于既有地铁隧道左线北侧,距离左线开挖轮廓线 20.36m。钢筋混凝土框架结构,裙房 3 层,主楼 30 层,地下一层人防车库,总高度 110m。基础采用钻孔灌注桩,桩径 800mm,桩深 45m,如图 9.8 所示。

图 9.7　新一代国际公寓　　　　　　　图 9.8　中天国际公寓

9.2.4　地下管线情况

经现场调查并结合设计文件,区间隧道与车站过街通道相交范围内的主要地下管线有东西向 DN400 污水管、东西向 DN600 给水管和东西向 DN1200 给水管。各管线的管径、材质、埋深等基本情况及与区间隧道、过街通道的位置关系如表 9.1 所示。

表 9.1　太白南路站附属工程主要影响管线

序号	管线名称	管径/mm	材质	走向	埋深/m	与区间隧道和过街通道的位置关系
1	DN400 污水管	400	混凝土	东西	4.5	位于区间隧道正上方,管底距离过街通道拱顶 0.33m
2	DN600 给水管	600	铸铁	东西	2.7	位于区间隧道左右线之间,距离右线边缘 1.4m,管底距离过街通道拱顶 2.9m
3	DN1200 给水管	1200	铸铁	东西	3.3	位于区间隧道左线北侧 4.6m,距离过街通道拱顶 0.97m

9.3　有限元模型的建立

依据依托工程,通过有限差分分析软件 FLAC3D 建立三维有限元模型,模拟不同预加固措施下上穿通道的开挖对既有地铁的影响,通过比较分析不同预加固措施下既有地铁隧道结构的变形与受力,选出最佳的预加固措施,来证实施工现场所选的预加固措施的合理性。

9.3.1　模型概况

本模型采用标准的马蹄形隧道断面,如图 9.9 所示。断面高6.52m,宽6.28m,初期支护采用 C25 喷射混凝土,厚 25cm,二次衬砌采用 C40 混凝土,厚 35cm。

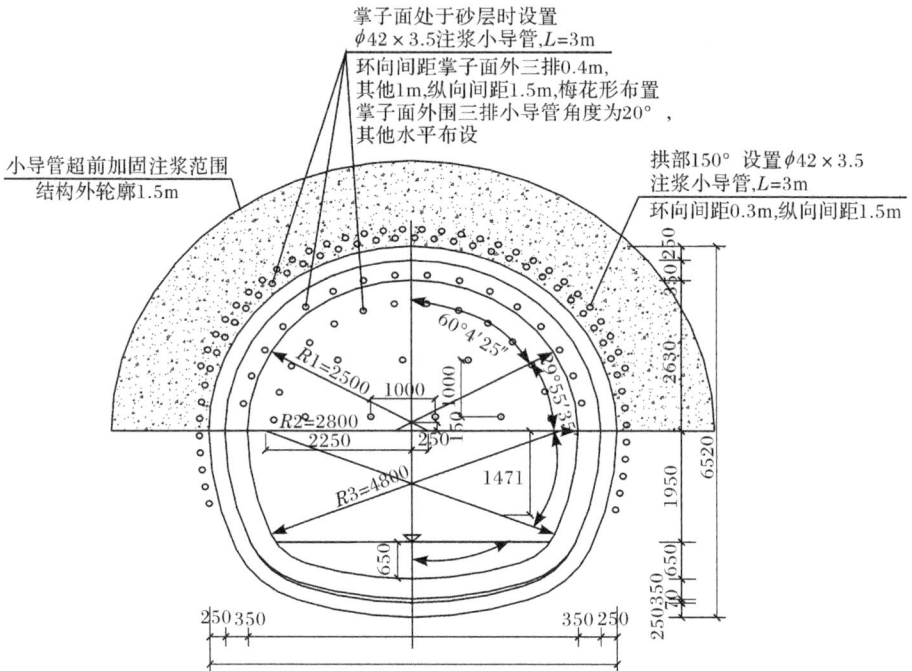

图 9.9　马蹄形地铁隧道断面(单位:mm)

本次模拟采用 ANAYS 建模,再将模型导入 FLAC3D 中进行计算。依据实体工程并结合圣维南原理建立三维模型,由于实体工程中上跨通道埋深 3.5m,上跨通道与既有地铁隧道距离 0.77m,故取既有地铁隧道下部地层厚度 18.69m,取既有地铁隧道轴向 46m,取上跨通道轴向 48m,最终模型大小为 46m×48m×36m,模型共划分 80350 个单元。计算模型如图 9.10 所示。

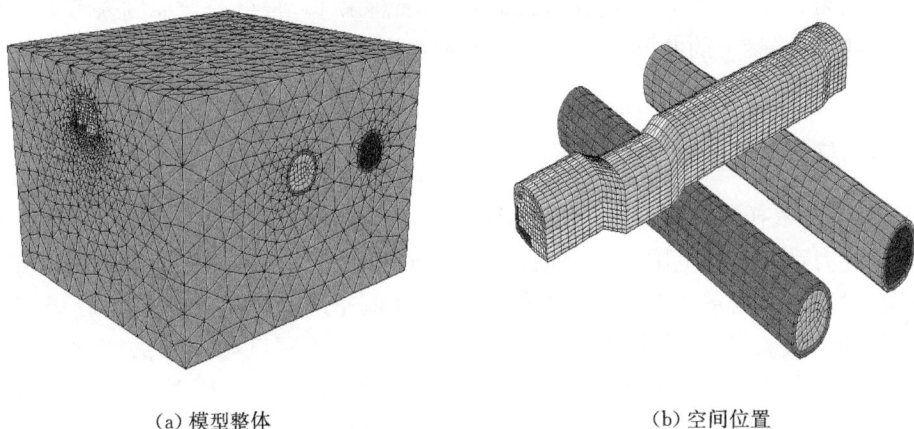

(a) 模型整体　　　　　　　　　　　(b) 空间位置

图 9.10　计算模型

9.3.2　模型计算假定及本构关系

(1) 假定各个地层性质为水平均匀分布,地表水平且在整个模型范围内无任何建筑物存在。

(2) 忽略地下水渗流对隧道结构的影响。

(3) 土体的变形为各向同性。

(4) 土体的初始应力场仅考虑自重应力。

(5) 土体的材料采用莫尔-库仑模型。

(6) 隧道支护结构的材料为弹性模型。

9.3.3　有限元单元的选取

本章数值模拟针对的是二次衬砌浇筑之前的施工过程,故数值模拟计算中只涉及对围岩、围岩加固圈及初期支护与临时支撑模拟单元的选取。

依据现场依托工程的实际地层情况对围岩进行分层,选取适当真实的土体参数,将不同地层的土体视为均质介质且选择三维实体单元模拟围岩。

所谓超前预加固指的是:在掌子面的前方,沿着隧道轮廓线打入满足管径与长度要求的管棚和小导管,经由管棚和小导管向前方及周围地层注浆,在完成注浆后才进行开挖掘进的技术措施。超前预注浆适用于具有较大渗透系数的土层,在数值模拟计算中,可以将注浆效果看成是形成于隧道掌子面前方的厚度为1.5m的环状围岩加固圈。因此,可以采取提高围岩整体参数的等效方法来模拟超前预加固效果。

初期支护是由喷射混凝土与格栅拱架共同组成的,考虑到锚喷支护的受力特点,使用可抵抗弯曲荷载与表面荷载的壳单元来模拟,根据等效原则来考虑格栅拱架与喷射混凝土的共同作用。初期支护选取模拟单元的原则同样适用于临时支撑。

9.3.4 模型计算边界

为了与依托工程实际施工情况接近,选取三维模型进行模拟。在岩体中开挖洞室,应力重分布的范围是有限的,因而计算的范围是有限的。实践和理论分析表明,对于地下洞室开挖后的应力和应变,仅在洞室周围距洞室中心点 3～5 倍隧道开挖宽度(或高度)范围内存在实际影响。在 3 倍宽度处的应力变化一般在 10％ 以下,完全可以满足计算的要求,故在结构两侧均取 3D,模型左右长取 48m,前后宽取 46m,暗挖通道埋深取 4m,既有地铁地板往下取 3D,上部取至地面,因而模型高取 36m。

依据现场实际,既有地铁隧道采用台阶法开挖模拟,上跨通道采用 CD 法开挖模拟,每次开挖进尺均为 1m。

本次有限元模拟采用地层结构法,可以认为隧道开挖引起的土体变形随着距离的增大而逐渐变小,在边界处接近于零。所以在地层左右边界施加 X 方向约束,前后边界施加 Z 方向约束,地层底部边界施加 Y 方向约束,由于上边界取至地表,因此设为自由边界。

9.3.5 模型计算参数

计算根据西安地铁 3 号线太白南路站—吉祥村站区间上跨段实际地层分布情况,采用地勘资料所给参数进行计算,各地层参数和支护参数如下。

1. 支护结构的物理力学参数

初期支护与二次衬砌的物理力学参数如表 9.2 所示。

表 9.2 初期支护与二次衬砌的物理力学参数

参数	$\rho/(g/cm^3)$	μ	E/MPa	K/MPa	G/MPa
初期支护	2.30	0.2	28000	15556	11667
二次衬砌	2.50	0.2	32500	18056	13542

体积模量和切变模量可由弹性模量和泊松比求得,其转换关系为

$$K = \frac{E}{3(1-2\mu)} \tag{9.1}$$

$$G = \frac{E}{2(1+\mu)} \tag{9.2}$$

2. 围岩的物理力学参数

根据依托工程的地质勘查资料,模拟围岩的物理力学参数取值如表 9.3 所示。

表 9.3　围岩物理力学参数

地层名称	埋深/m	$\rho/(g/cm^3)$	c/kPa	$\varphi/(°)$	μ	G/MPa	E/MPa
素填土	0～1.5	1.75	10	15	0.35	0.9	2.5
黄土状土	1.5～8.7	1.82	36	22	0.3	1.9	5
中砂	8.7～14.05	2.02	0	30	0.25	8.8	22
粉质黏土	14.05～15.15	1.99	33	22	0.3	2.3	6
粗砂	15.15～20.6	2.05	0	35	0.25	9.6	24
粉质黏土	20.6～36	1.98	34	22	0.3	3.8	10

3. 锁脚锚管的物理力学参数

锁脚锚管的物理力学参数如表 9.4 所示。

表 9.4　锁脚锚管的物理力学参数

名称	长度/m	拉伸强度/kN	截面积/m²	μ	E/GPa
锁脚锚管	2.5	300	$1.39×10^{-3}$	0.2	190

9.3.6　监测断面布置方案

由于既有地铁前后关于上跨通道中心线两侧对称,因此只取既有地铁左右线在 Z 轴方向的一半来选取监测断面,分别选左、右线上距离上跨通道中心线距离为 0、2m、4m、6m、10m、15m、20m 七个断面,命名为左 A、左 B、左 C、左 D、左 E、左 F、左 G、右 A、右 B、右 C、右 D、右 E、右 F、右 G 共计 14 个断面(见图 9.11),来研究上跨通道施工对既有地铁结构物变形的影响规律。

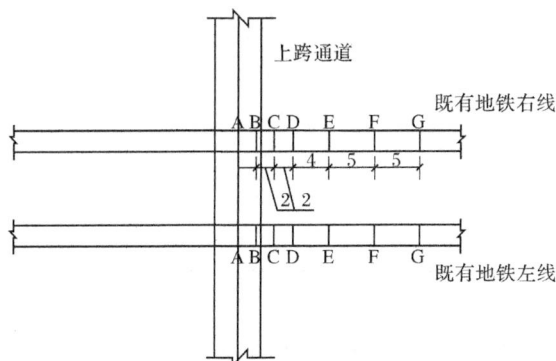

图 9.11　变形监测断面平面布置图(单位:m)

9.3.7　各种模拟工况

由于人行暗挖通道需要从西安地铁 3 号线太白南路站—吉祥村站区间段上方交叠穿越施工,施工顺序提出了两种不同的预加固方案。

方案一:既有地铁开挖支护结束后及时浇筑二次衬砌,然后再开挖暗挖通道。

方案二:既有地铁开挖支护后,不急于施作二次衬砌,而是用临时钢架加固既有地铁,然后进行上方暗挖通道的开挖,待上方暗挖通道施工穿越通过之后,再进行既有地铁二次衬砌的浇筑。

对于方案一,既有地铁开挖支护结束后及时浇筑二次衬砌形成完整的隧道结构,这样就能使地面沉降得到更好的控制,也有利于隧道结构的稳定。但是由于上部暗挖通道埋深较浅,且与既有地铁净距只有 0.77m,施工扰动很大,可能使下部既有地铁二次衬砌结构变形,产生裂缝甚至结构破坏。因此,需要考虑的主要问题在于如何减弱或消除暗挖通道施工对既有地铁衬砌结构的不利影响,尽可能避免既有地铁衬砌结构出现裂纹乃至破坏。

对于方案二,下方既有地铁隧道的初期支护施工完毕之后,先暂不进行二次衬砌的浇筑,而是先开挖上方的暗挖通道,然后再施作下方既有地铁的二次衬砌。但是仅仅靠既有地铁的初期支护承担上方地层中暗挖通道开挖及之后带来的扰动和附加的动荷载等是远远不够的,可能会造成既有地铁初期支护结构的坍塌。为防止既有地铁结构的变形超出允许范围,应对下部既有地铁隧道结构进行临时支撑加固以减小初期支护的变形和改善其受力状况,并减小地面沉降,使相互间的不利影响减小[75]。

根据新旧隧道的间距,邻近度划分如表 9.5 所示。

表 9.5　邻近度的划分(隧道交叉)

两座隧道的位置关系	隧道间隔	邻近度的划分
	$<1.5D$	限制范围
新建隧道在既有隧道的上方	$1.5D \sim 3D$	要注意范围
	$>3D$	不考虑范围
	$<2D$	限制范围
新建隧道在既有隧道的下方	$2D \sim 3.5D$	要注意范围
	$>3.5D$	不考虑范围

注:D 为新建隧道的外径。

近接施工对既有线产生的影响主要分为两个阶段,最先是引起既有结构物周围土的变形和应力重分布,土的运动将引起既有结构物发生受力和变形,同时将引起地表沉降,所以对夹层土体的加固显得尤为重要,通常采用注浆的方法来进行加固。既有夹层土体对穿越工程的施工影响如此之大,鉴于本依托工程夹层土体厚仅 0.77m,显然属于新建隧道在既有隧道上方的限制范围类型,因此对夹层土体注浆效果的分析就非常有必要。

鉴于上述考虑,提出以下四种加固方案,针对施工时这四种方案对既有地铁结构的变形与受力及地表沉降的影响规律进行分析比较。具体方案如表 9.6、图 9.12 和图 9.13 所示。

表 9.6　预加固工况

工况	内容
工况 1	注浆＋施作二次衬砌
工况 2	不注浆＋施作二次衬砌
工况 3	注浆＋施作临时钢架
工况 4	不注浆＋施作临时钢架

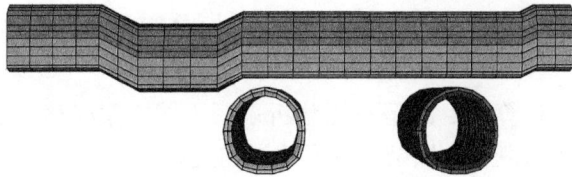

图 9.12　既有地铁先施作二次衬砌后开挖上跨通道方案

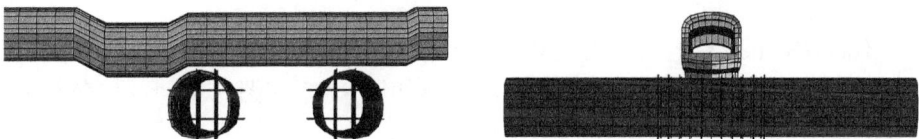

图 9.13　既有地铁先施作临时钢架开挖上跨通道后施作二次衬砌方案

内支撑架设的里程为 YDK18＋706.7～YDK18＋718.7,共 24m,左右线各 12m。内支撑纵向间距为 1.2m/榀,竖向支撑为 2 根Ⅰ40b 工字钢,每榀布置两道;水平支撑为 2 根Ⅰ25b 工字钢,沿竖向每榀布置两道;竖向及水平工字钢支撑与隧道初期支护结构接触点以纵向通长Ⅰ25b 工字钢进行连接,同时在内支撑与初期支护连接处的格栅钢架上预埋钢板制作而成的楔角,将纵向通长Ⅰ25b 工字钢与初期支护结构进行连接,在纵向工字钢与竖向和横向工字钢连接处用钢板包裹焊接以保证接触面[126]。

预注浆加固的刚度根据刚度等效换算来取值,即根据抗压刚度相等的原则计

算,施工过程中通过刚度等效换算将每一进尺支护的弹性模量折算到围岩中,参数折算公式为

$$E = E_0 + \frac{S_g + E_g}{S_C} \tag{9.3}$$

式中,E 为折算后地层的弹性模量,MPa;E_0 为原地层的弹性模量,MPa;S_g 为支护等效截面积,MPa;E_g 为支护体的弹性模量,MPa;S_C 为支护体断面截面积,m²。

预加固措施采用双层超前注浆小导管,上层小导管参数:采用 $\phi 42 \times 3.5$,长度 3m,环向间距 0.3m,纵向间距 1.5m,仰角 30°,布设范围 150°圆心角;下层小导管参数:采用 $\phi 42 \times 3.5$,长度 3m,环向间距 0.4m,纵向间距 1.5m,仰角 20°。预加固厚度取自结构外轮廓线起向外 1.5m,小导管弹性模量取 200GPa。注浆后加固体 c、φ 值按提高 30% 计算。本次计算根据小导管型号、环向间距和双排小导管注浆等一系列因素进行刚度等效,最后得出对夹层土体进行注浆加固后的弹性模量为 300MPa。

二次衬砌采用 C40 混凝土,弹性模量取 32.5GPa,泊松比取 0.2。

9.4　不同方案实施对既有地铁结构变形规律的计算分析

本节数值模拟计算的目的是对比分析采用不同方案时暗挖通道近距离上跨既有地铁隧道施工对既有地铁结构变形的影响规律,主要研究既有地铁初期支护的竖向变形和水平变形。

9.4.1　既有地铁结构竖向变形规律计算分析

不同方案下既有地铁结构左右线竖向位移云图如图 9.14 所示,既有左右线与上跨通道不同水平间距断面竖向上浮变形如图 9.15 和图 9.16 所示,表 9.7 为既有地铁结构最大竖向上浮变形。

表 9.7　既有地铁结构最大竖向上浮变形　　　　　　　　(单位:mm)

工况	既有左线		既有右线	
	最大竖向变形	部位	最大竖向变形	部位
工况 1	2.4938	左拱腰	2.2215	右拱腰
工况 2	3.4151	左拱腰	3.3152	右拱腰
工况 3	3.8802	左拱腰	3.9258	右拱腰
工况 4	4.3573	左拱腰	4.5413	右拱腰

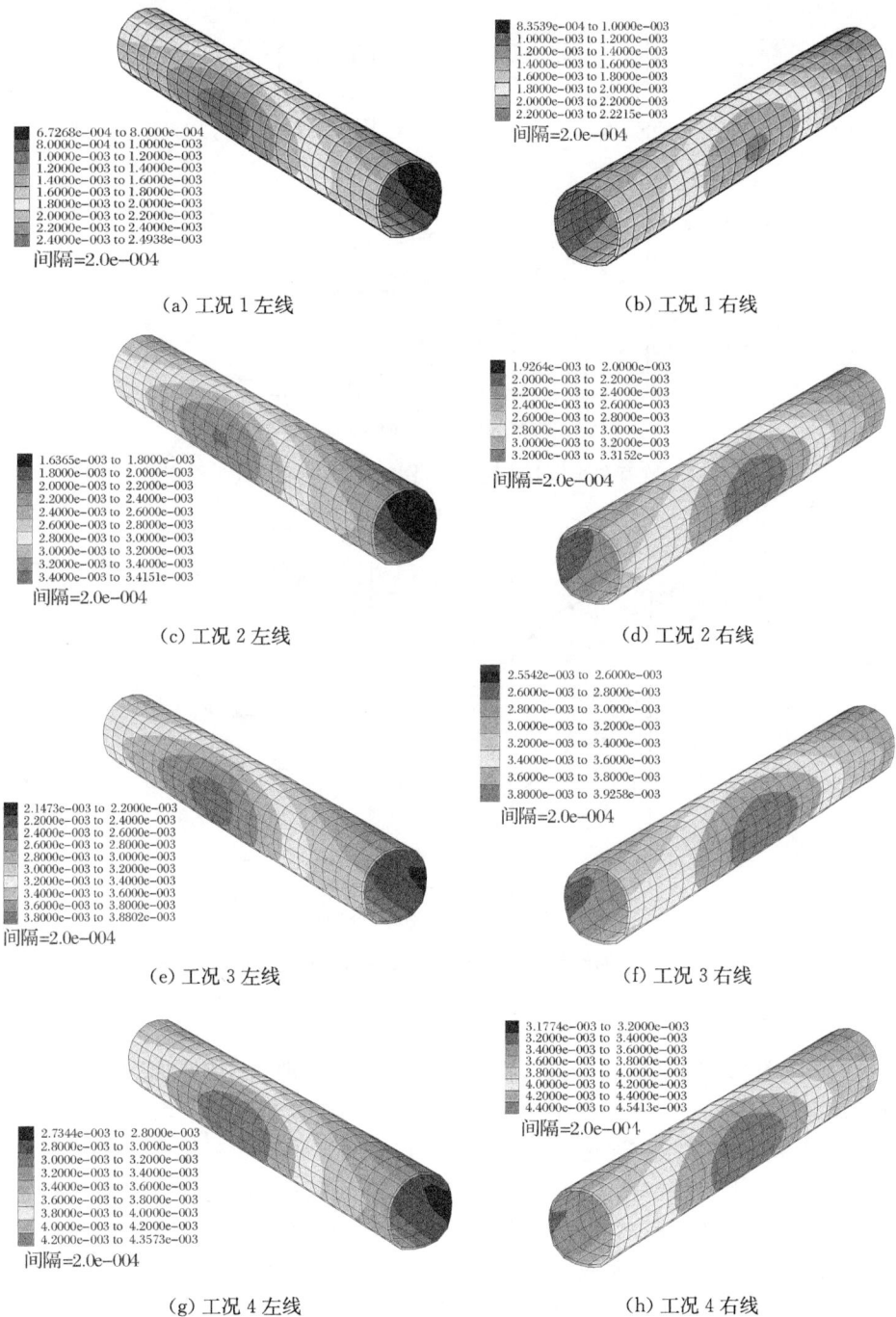

（a）工况 1 左线

（b）工况 1 右线

（c）工况 2 左线

（d）工况 2 右线

（e）工况 3 左线

（f）工况 3 右线

（g）工况 4 左线

（h）工况 4 右线

图 9.14　不同方案下既有地铁结构左右线竖向位移云图（单位：m）

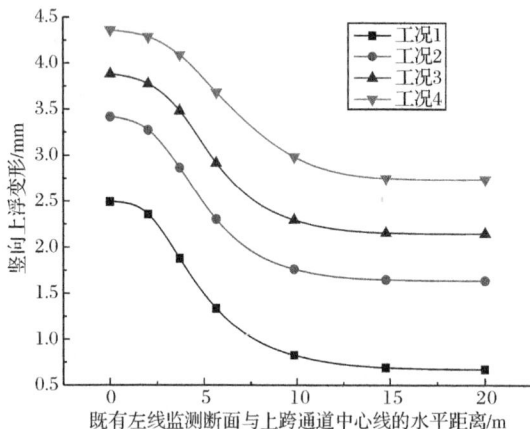

图 9.15　既有左线与上跨通道不同水平间距断面竖向上浮变形

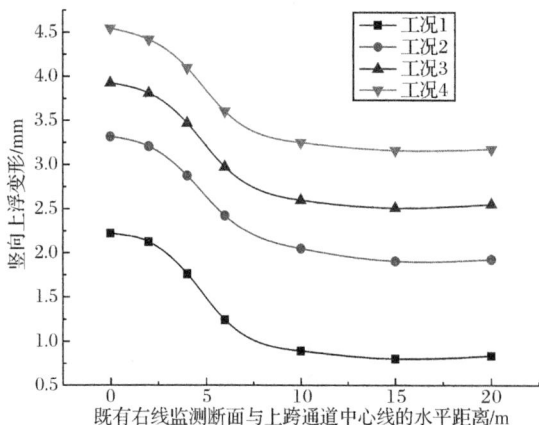

图 9.16　既有右线与上跨通道不同水平间距断面竖向上浮变形

由以上图表可以得出如下结论：

(1) 由图 9.14 可知,在暗挖通道近距离上跨既有地铁结构物施工时,由于上方开挖卸荷作用,暗挖通道下方的既有地铁结构左右线在竖向上均会产生一定程度的上浮现象,且在暗挖通道与既有地铁左右线交叉处的既有地铁左右线两个断面处上浮量最大,并沿着既有地铁纵向前后两侧逐渐减小且关于暗挖通道呈对称分布。在既有地铁结构横断面表现出既有左右线断面在整体上浮的同时有一定向内旋转的扭转作用,即左线顺时针旋转,右线逆时针旋转。

(2) 由图 9.15 和图 9.16 可知,在采用不同方案进行上跨施工时既有地铁左右线结构均表现出:在暗挖通道与既有地铁结构交叉处既有地铁结构竖向上浮变形量最大,并随着与上跨通道水平距离的增大而逐渐减小,变化趋势为:0～2m 内下降平缓;2～6m 内急速下降;6～10m 内又趋于平缓;10～20m 内基本稳定。工况 1～4 这四种方案实施时,既有地铁结构上浮量依次增大。针对夹层土体进行注浆加固也能减少其变形量。

(3) 由图 9.15 和图 9.16 可知,既有地铁结构上浮量比较大的范围主要沿既有地铁纵向分布在暗挖通道左右侧各 1D 范围内,故对夹层土体的注浆范围也应为该范围。

(4) 由表 9.7 可知,采用工况 1 方案时,既有地铁结构左线竖向上浮量为 2.4938mm,上浮量仅分别为工况 2～4 的 73%、64%、57%;采用工况 1 方案时,既有地铁结构右线竖向上浮量为 2.2215mm,上浮量仅分别为工况 2～4 的 67%、57%、49%。既有地铁结构左线上浮量比右线略大。

(5) 综上所述,从竖向变形角度来看,工况 1 方案对既有地铁结构竖向上浮变形控制效果最好。

9.4.2　既有地铁结构水平变形规律计算分析

不同方案下既有地铁结构左右线水平位移云图如图 9.17 所示,既有左右线水平变形如图 9.18 和图 9.19 所示,表 9.8 为既有地铁结构最大水平变形。

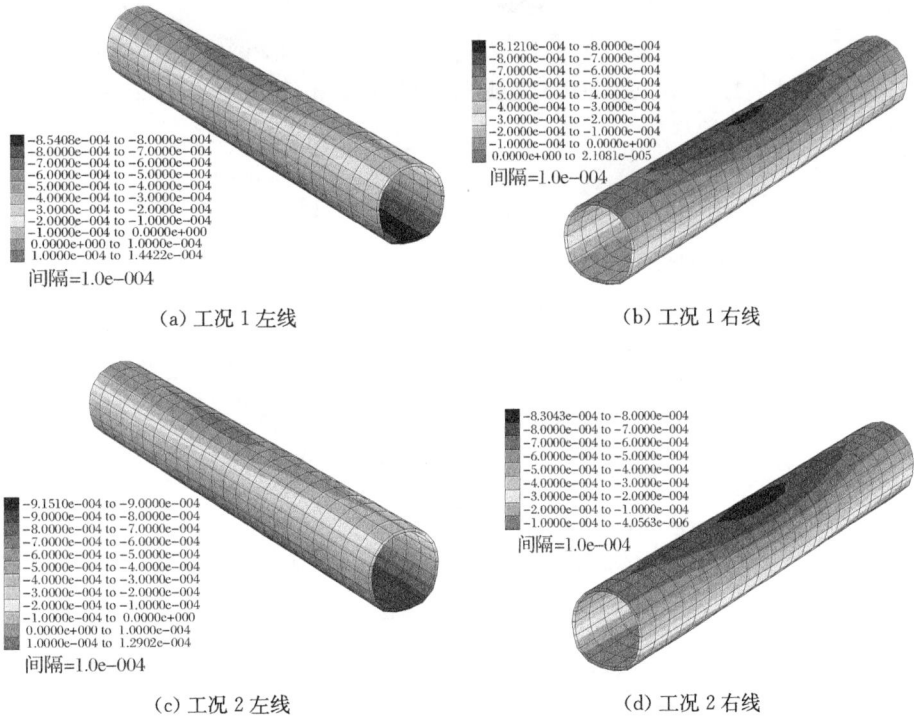

(a) 工况 1 左线　　　　　　　　　　(b) 工况 1 右线

(c) 工况 2 左线　　　　　　　　　　(d) 工况 2 右线

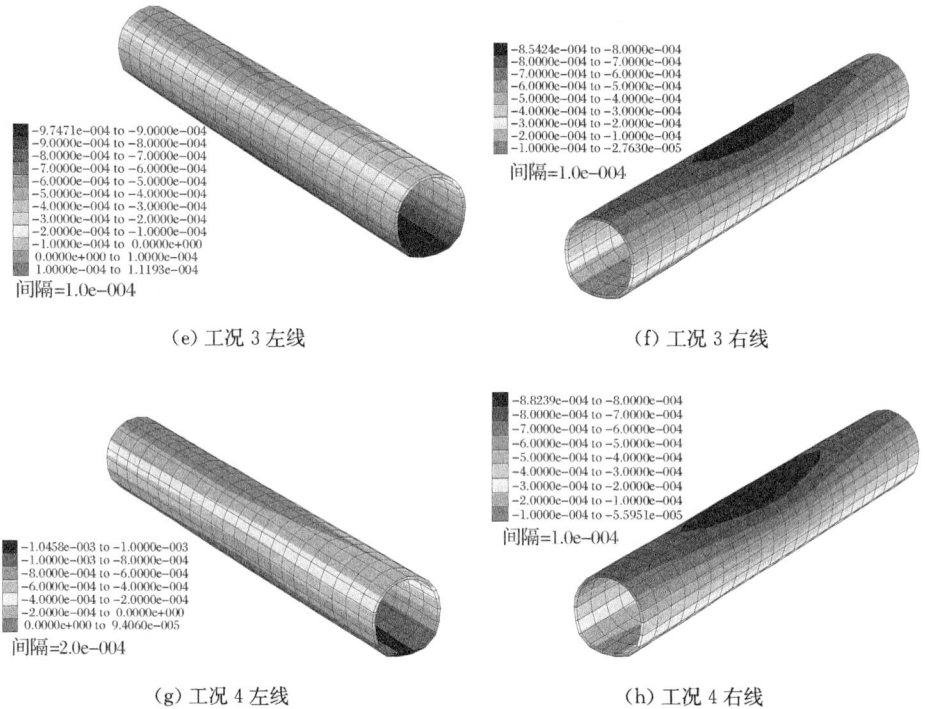

−9.7471e−004 to −9.0000e−004
−9.0000e−004 to −8.0000e−004
−8.0000e−004 to −7.0000e−004
−7.0000e−004 to −6.0000e−004
−6.0000e−004 to −5.0000e−004
−5.0000e−004 to −4.0000e−004
−4.0000e−004 to −3.0000e−004
−3.0000e−004 to −2.0000e−004
−2.0000e−004 to −1.0000e−004
−1.0000e−004 to 0.0000e+000
0.0000e+000 to 1.0000e−004
1.0000e−004 to 1.1193e−004
间隔=1.0e−004

−8.5424e−004 to −8.0000e−004
−8.0000e−004 to −7.0000e−004
−7.0000e−004 to −6.0000e−004
−6.0000e−004 to −5.0000e−004
−5.0000e−004 to −4.0000e−004
−4.0000e−004 to −3.0000e−004
−3.0000e−004 to −2.0000e−004
−2.0000e−004 to −1.0000e−004
−1.0000e−004 to −2.7630e−005
间隔=1.0e−004

(e) 工况 3 左线　　　　　　　　　　(f) 工况 3 右线

−1.0458e−003 to −1.0000e−003
−1.0000e−003 to −8.0000e−004
−8.0000e−004 to −6.0000e−004
−6.0000e−004 to −4.0000e−004
−4.0000e−004 to −2.0000e−004
−2.0000e−004 to 0.0000e+000
0.0000e+000 to 9.4060e−005
间隔=2.0e−004

−8.8239e−004 to −8.0000e−004
−8.0000e−004 to −7.0000e−004
−7.0000e−004 to −6.0000e−004
−6.0000e−004 to −5.0000e−004
−5.0000e−004 to −4.0000e−004
−4.0000e−004 to −3.0000e−004
−3.0000e−004 to −2.0000e−004
−2.0000e−004 to −1.0000e−004
−1.0000e−004 to −5.5951e−005
间隔=1.0e−004

(g) 工况 4 左线　　　　　　　　　　(h) 工况 4 右线

图 9.17　不同方案下既有地铁结构左右线水平位移云图(单位:m)

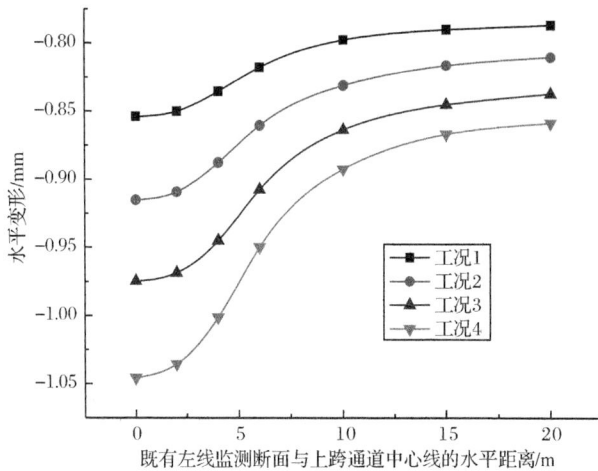

图 9.18　不同方案下既有左线水平变形

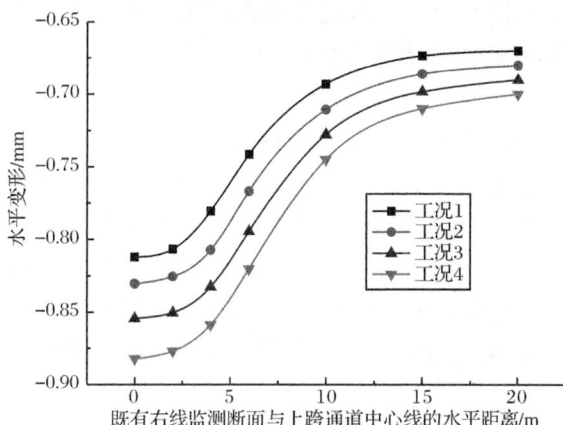

图 9.19　不同方案下既有右线水平变形

表 9.8　既有地铁结构最大水平变形　　　　　　（单位：mm）

工况	既有左线		既有右线	
	最大变形量	部位	最大变形量	部位
工况 1	−0.85408	拱底	−0.81210	拱顶
工况 2	−0.91510	拱底	−0.83043	拱顶
工况 3	−0.97471	拱底	−0.85424	拱顶
工况 4	−1.0458	拱底	−0.88239	拱顶

注：正值表示向 X 轴正方向变形，负值表示向 X 轴负方向变形。

由以上图表，可以得出如下结论：

（1）由图 9.17 可知，既有地铁左右线结构在采用不同方案进行暗挖通道上跨施工时均表现出：结构整体向 X 轴负向（与暗挖通道开挖方向相反）变形，且在暗挖通道与既有地铁左右线交叉处变形值最大，沿既有地铁纵向向两端逐渐减小，关于暗挖通道中心呈对称分布。通过观察云图呈对称分布可知，既有地铁结构的水平变形都是整体移动，而断面本身变形很小。左右线云图中拱顶处与拱底处颜色总是相反，说明既有地铁结构横断面表现出一定向内旋转的扭转作用，即左线顺时针旋转，右线逆时针旋转。

（2）由图 9.18 和图 9.19 可知，在采用不同方案进行上跨施工时既有地铁左右线结构均表现出：在暗挖通道与既有地铁结构交叉处，既有地铁结构水平变形量最大，并随着与上跨通道水平距离的增大而逐渐减小，变化趋势为：0～2m 内变形平缓；2～6m 内急速变形；6～10m 内又趋于平缓；10～20m 内基本稳定。工况 1～4 这四种方案实施时，既有地铁结构水平变形依次增大。针对夹层土体进行注浆加固也能提高夹层土体的刚度，从而减小其变形量。

(3) 由图 9.18 和图 9.19 可知,既有地铁结构水平变形比较大的范围主要沿既有地铁纵向分布,在暗挖通道左右侧各 1D 范围内,故对夹层土体的注浆范围也为该范围。

(4) 由表 9.8 可知,既有地铁结构左右线最大水平变形量除个别点外均小于1mm,说明在暗挖通道近距离上穿既有地铁时,对既有地铁结构变形的影响主要表现为竖向变形,水平变形较小。采用工况 1 方案时,既有地铁结构左线最大水平变形量为 −0.85408mm,仅分别为工况 2～4 的 93%、88%、82%;采用工况 1 方案时,既有地铁结构右线最大水平变形量为 −0.81210mm,仅分别为工况 2～4 的 98%、95%、92%。说明各种施工方案对既有地铁水平变形影响较小,既有地铁左线水平变形比右线略大。

9.5　不同预加固措施下既有地铁隧道受力规律计算分析

隧道中,衬砌结构的作用就是在开挖岩土体周围的地层产生应力重分布过程中,与地层产生协调变形,并对地层提供一定的抗力,与地层一起构成受力整体,从而保持洞室稳定。在西安地区,地铁区间隧道施工方法主要有浅埋暗挖法和盾构法两种。由浅埋暗挖法的施工原理可以知道,其采用先柔后刚的复合式衬砌作为支护结构,初期支护承担全部的基本荷载,二次模筑混凝土衬砌基本作为安全储备,受力很小。所以,在新建隧道近距离下穿既有地铁构筑物时,既有地铁结构二次衬砌所产生的附加应力将会直接影响衬砌结构的安全。

由隧道施工过程可知,隧道开挖、支护到最后衬砌结构与围岩达到平衡状态是一个应力不断重新分布的过程。在此过程中,围岩从最初的初始应力场,经过支护、平衡最终达到四次应力状态。当新建隧道下穿既有隧道时,围岩又经过开挖、支护、平衡达到八次应力状态。而对于既有隧道结构,从新建隧道开挖到最后的平衡状态,也经过了多次的应力重分布,具体过程如图 9.20 所示。本节就主要分析新建隧道结构稳定后,既有隧道结构四次应力状态的受力情况及其变化过程。

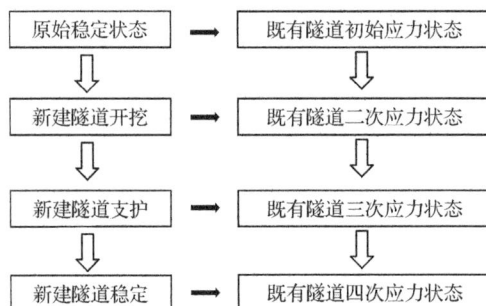

图 9.20　既有隧道开挖及衬砌结构应力重分布过程示意图

　　本节数值模拟计算的目的是研究上跨施工时对既有地铁结构二次衬砌的受力影响,因此只分析夹层土体注浆(工况1)与不注浆(工况2)这两种工况下既有地铁结构二次衬砌的受力状态。

9.5.1　夹层土体注浆时暗挖通道上跨施工对既有地铁的受力状态影响

　　既有地铁左右线整体结构及交叉断面最大应力如表9.9所示。

表 9.9　既有地铁结构最大应力　　　　　　(单位:MPa)

工况	左线		右线	
	最大压应力	最大拉应力	最大压应力	最大拉应力
工况 1	2.361	1.666	2.127	1.250
工况 2	5.992	3.723	6.001	3.722

9.5.2　夹层土体不注浆时暗挖通道上跨施工对既有地铁的受力状态影响

　　由以上图表,可以得出如下结论:

　　(1) 从最大压应力来看,工况1最大压应力远远低于工况2,说明夹层土体注浆后,既有地铁左右线结构二次衬砌的最大压应力均得到大幅度降低,且注浆后左右线最大压应力分别为 2.361MPa 和 2.127MPa,均远小于混凝土设计规范要求的 C40 混凝土轴心抗压强度设计值 19.1MPa。

　　(2) 从最大拉应力来看,工况2既有地铁左右线结构二次衬砌的最大拉应力分别为 3.723MPa、3.722MPa,已经远远超过《混凝土结构设计规范》(GB 50010－2010)要求的 C40 混凝土轴心抗拉强度设计值 1.71MPa,工况1的最大拉应力分别降为 1.666MPa 和 1.250MPa,说明夹层土体注浆后,既有地铁左右线结构二次衬砌的最大拉应力均得到大幅度降低,且低于《混凝土结构设计规范》(GB 50010－2010)要求的 C40 混凝土抗拉强度设计值1.71MPa,说明夹层土体的注浆对既有结构受力方面改善效果明显。

　　(3) 上方新建暗挖通道的施工会使既有地铁隧道周边一定范围内的地层产生松弛,作用在既有地铁结构衬砌上的荷载也会随之增加,同时会产生一定的偏压作用和结构的挠曲变形,甚至会使既有地铁隧道产生结构性的破坏和周边地层的塑性破坏。加之,空间立体交叉施工的相互影响不仅存在局域性,而且在局部范围内应力的重分布也是有梯度变化的,因此预注浆措施可以有效减小由于开挖带来的区域地层松弛,减小作用在既有地铁结构上的附加荷载,减小既有地铁结构周围地层的塑性区域。

　　(4) 在既有地铁隧道内进行临时支护加固虽然能减少初期支护的变形和受力,但是长时间不浇筑二次衬砌同样也不利于既有地铁隧道的稳定性和安全性。

因此,上跨既有线施工时,在工期允许的条件下应该首选工况 1 的施工方案。

9.6　本章小结

(1) 在暗挖通道近距离上跨既有地铁结构物施工时,对既有地铁结构物的变形影响主要是竖向变形,水平变形影响很小。竖向变形方面,由于上方开挖卸荷作用,暗挖通道下方的既有地铁结构在竖向上会产生一定程度的整体上浮现象,且在暗挖通道与既有地铁左右线交叉处的既有地铁左右线两个断面处上浮值最大,并沿着既有地铁纵向前后两侧逐渐减小且关于暗挖通道呈对称分布。水平变形方面,结构整体向 X 轴负向(与暗挖通道开挖方向相反)变形,且在暗挖通道与既有地铁左右线交叉处变形值最大,沿既有地铁纵向向两端逐渐减小,关于暗挖通道中心呈对称分布。横断面变形方面,断面本身变形很小,但表现出有一定的向内扭转变形,即左线顺时针旋转,右线逆时针旋转。

(2) 在采用不同方案进行上跨施工时,在暗挖通道与既有地铁结构交叉处,既有地铁结构竖向和水平变形量均最大,并随着与上跨通道水平距离的增大而逐渐减小,变化趋势为:0～2m 内下降平缓;2～6m 内急速下降;6～10m 内又趋于平缓;10～20m 内基本稳定。

(3) 既有地铁结构竖向变形和水平变形比较大的范围主要沿既有地铁纵向分布在暗挖通道左右侧各 1D 范围内,故对夹层土体的注浆范围也应为该范围。

(4) 在上穿既有地铁施工时,先施工既有地铁二次衬砌后开挖上跨通道对变形的控制效果更佳。从本章模拟的变形规律中可知,工况 1～4 这四种方案实施时,既有地铁结构的竖向变形和水平变形均依次增加。

(5) 在上穿既有地铁施工时,夹层土体注浆不仅对既有地铁结构的变形有很好的控制效果,而且对既有地铁结构的最大拉压应力也有很好的改善作用。由本章模拟的变形规律可知,工况 1 对既有地铁结构的竖向和水平变形控制效果比工况 2 要好。同理,工况 3 对变形的控制作用也优于工况 4。由本章模拟的受力规律可知,夹层土体未注浆时既有地铁结构的最大拉应力远超过混凝土设计规范中要求的混凝土轴心抗拉强度设计值,而注浆后受力情况得到有效改善。

综上所述,在上跨既有地铁施工时,采用工况 1 方案(先施工既有地铁二次衬砌后开挖上跨通道同时对夹层土体进行注浆加固)进行施工,既有地铁结构附加受力和变形效果均最佳,是一种保障上跨施工安全的最合理方案。

第10章 暗挖通道上跨既有地铁隧道力学特征实测

10.1 概　　述

在确定暗挖通道采用先施作既有地铁隧道二次衬砌后开挖通道同时对夹层土体进行注浆加固的方案进行施工后,虽然数值模拟得出既有隧道结构变形和受力效果均最佳,但是暗挖通道施工工序多、开挖支护交替进行等因素使既有隧道围岩应力分布、支护衬砌结构受力和变形状况变得相当复杂。对既有隧道监测是暗挖通道上跨施工期间确保既有隧道安全的措施。由于在暗挖通道上跨施工期间,西安地铁3号线仍处于施工建设期,因此可以采取进洞方式进行监测。

为提高黄土地区暗挖隧道上跨既有隧道相关工程的施工水平,全面、准确了解暗挖通道上跨施工引起既有隧道围岩、初期支护、二次衬砌受力和变形及地表变形的变化规律,本章结合依托工程,在既有地铁隧道左右线各选取一个断面对初期支护与二次衬砌接触压力、二次衬砌混凝土变化规律进行监测,并在地表和既有隧道各选取四个断面对变形规律进行监测。通过现场测试分析暗挖通道施工过程,及时判断既有结构的安全性和稳定性,对既有结构可能发生的不利影响及时预报,使施工方及时采取措施,避免造成更大的经济损失。同时,可以掌握上跨施工时既有地铁隧道结构受力、变形规律,为黄土地区新建隧道上跨既有隧道的设计与施工提供理论参考。

10.2 监测项目及监测要求

1. 监测项目

具体监测项目及频率如表10.1所示。

表 10.1　监测项目及频率

监测项目	监测内容	监测仪器	监测频率		
			$1\sim3D$	$<1D$	主线上方
应力观测	初期支护与二次衬砌间的接触应力	压力盒	1次/2d	1次/d	1~2次/d
	二次衬砌混凝土应力	混凝土应变计			

续表

监测项目	监测内容	监测仪器	监测频率		
			1~3D	<1D	主线上方
变形观测	地表沉降	精密水准仪			
	拱顶下沉	精密水准仪	1次/2d	1次/d	1~2次/d
	周边收敛	收敛计			

注:表中 D 为洞径。

2. 监测要求

(1)变形观测的基准点必须为位于监测点 3 倍洞径范围以外的固定点。

(2)应力和变形观测需严格按照规定的监测频率进行。

(3)在不影响正常施工的前提下,尽快埋设监测点,并保护所有监测点在整个监测过程中不被破坏。

(4)变形观测的测量精度:拱顶下沉为±1mm、周边收敛为±0.5mm、地表沉降为±0.5mm。

(5)测量时间一直持续到新建暗挖通道中央临时支撑全部拆除、二次衬砌全部浇筑完成,且数据趋于稳定之后结束。

10.3 监测方法与测点布置

10.3.1 监测方法

1. 传感器埋设

本次现场量测采用钢弦式压力盒量测一次衬砌与二次衬砌之间的接触压力,采用混凝土应变计量测钢筋混凝土结构的内力。测试元件现场埋设如图 10.1 所示。

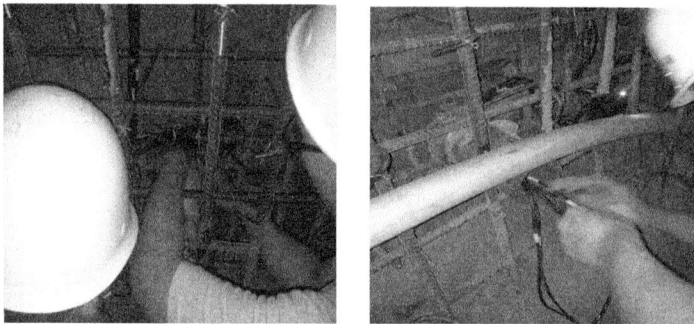

图 10.1 测试元件现场埋设

（1）接触压力。为量测初期支护与二次衬砌之间的接触压力，在它们之间埋设钢弦式压力盒，做法是预先将土压力盒安放在二次衬砌的几个代表性的位置上，并将其和混凝土浇筑在一起。这样从衬砌环浇注后就可以连续地从土压力盒上采集到土压力的数值，判断衬砌中围岩荷载的大小以及二次衬砌承担围岩压力的情况，分析暗挖通道开挖及支护过程中二次衬砌受力情况的变化规律。隧道左右线各选 1 个断面，分别为 ZDK18＋713.2 和 YDK18＋713.2，每个断面设 7个测点。

（2）二次衬砌内力。将混凝土应变计附着在二次衬砌的环向钢筋上，通过测试混凝土应变计的频率，计算混凝土应变计的受拉情况，进而分析二次衬砌混凝土的内部受力。接触压力盒和混凝土应变计的埋设如图 10.2 所示。隧道左右线各选 1 个断面，分别为 ZDK18＋713.2 和 YDK18＋713.2，每个断面设 7 个测点。

图 10.2　接触压力盒、混凝应变计现场埋设

2. 地表沉降点、拱顶下沉点、周边收敛点埋设

本次现场量测采用 DS05 高精度自动安平水准仪量测地表沉降、区间隧道拱顶下沉；采用 JSS30A 型系列数显收敛计量测区间隧道的周边收敛。

（1）地表沉降点：沿既有隧道左右线中轴线各设 4 个测点，断面位置与变形测点断面位置对应。地表沉降点布置如图 10.3 所示。

（2）拱顶下沉点：隧道左右线各选 4 个断面，分别为 ZDK18＋709.2、ZDK18＋713.2、ZDK18＋715.2、ZDK18＋719.2、YDK18＋709.2、YDK18＋713.2、YDK18＋715.2、YDK18＋719.2，每个断面设 1 个测点。拱顶下沉点布置如图 10.4 所示。

（3）周边收敛点：隧道左右线各选 4 个断面，断面位置与拱顶下沉相同，每个断面设 1 对测点。周边收敛点布置如图 10.5 所示。

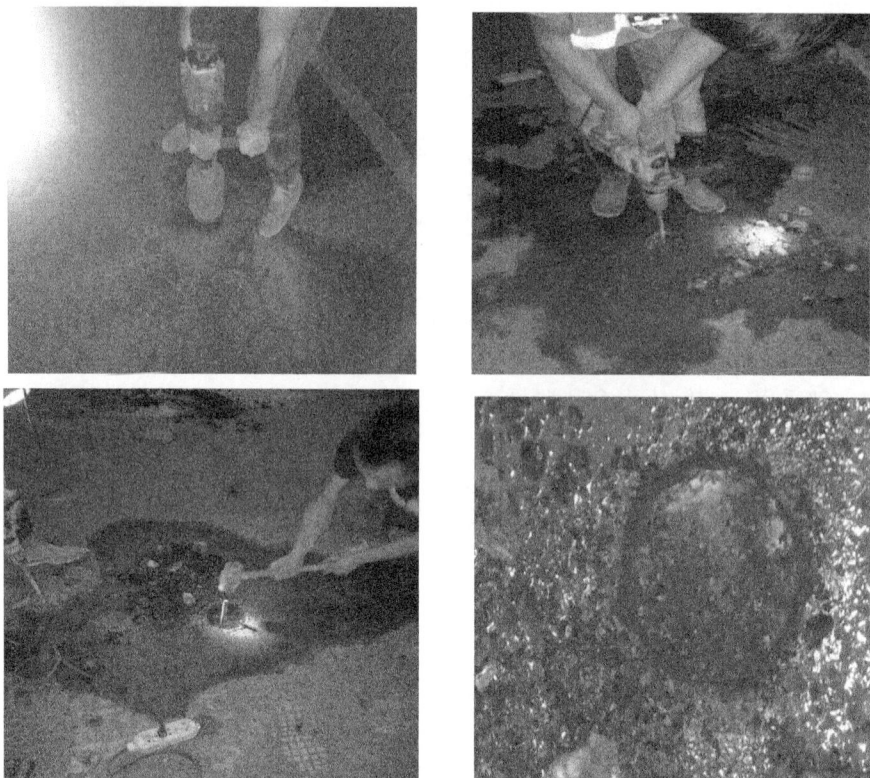

图 10.3　地表沉降点的埋设

图 10.4　拱顶下沉点的埋设

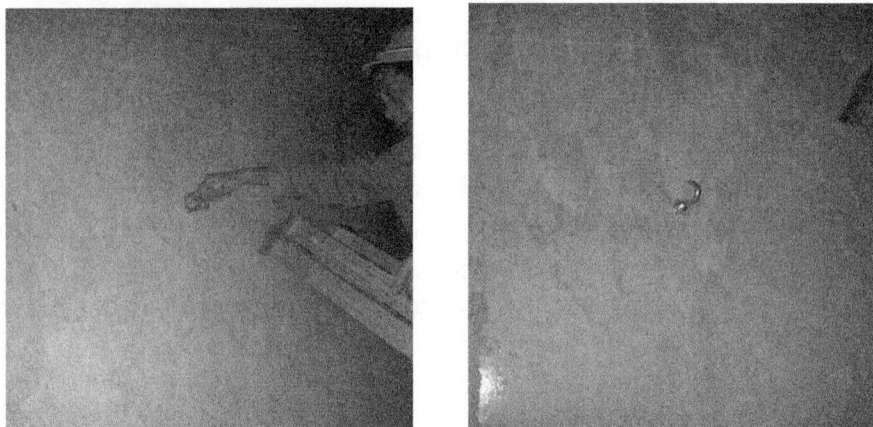

图 10.5　周边收敛点的埋设

10.3.2　所用测试元件及其工作原理

钢弦式测试元件的构造比较简单,测试结果相对来说较为稳定,且温度、潮湿环境及其他外界条件对其结果影响较小,适合于长距离、多点观测及长期观测,在岩土隧道和地下工程的现场测试及监测中得到了广泛使用。但是,钢弦式测试元件同时也存在工作条件与标定条件不一致,仪器自身刚度与所埋设的土体、围岩或混凝土的刚度有差异,压力盒边缘效应等问题[127]。

在地铁工程现场测试中,常利用钢弦式压力盒和混凝土应变计作为测试所用元件,其基本原理是用仪器测得钢弦自振频率的变化情况,通过推导进一步得出钢弦内应力的变化情况[128]。根据《数学物理方程》[129]一书中利用钢弦的振动微分方程可以推导并得出钢弦自振频率与钢弦应力的关系:

$$f = \frac{1}{2L}\sqrt{\frac{\sigma}{\rho}} \tag{10.1}$$

式中,f 为钢弦自振频率;L 为钢弦长度;σ 为钢弦所受张拉应力;ρ 为钢弦密度。

1. 压力盒

钢弦式压力盒是利用钢弦内应力改变,自振频率也随着改变的原理,先由频率仪测量频率,将之转化后进而得到其表面所受的压力,关系式为

$$P = K(f^2 - f_0^2) \tag{10.2}$$

式中,P 为压力盒所受压力;K 为仪器标定系数,与压力盒的内部构造有关;f 为受压之后的频率;f_0 为受压之前的频率。

量测频率的原理是利用电磁波使钢弦激振,起振之后将振动频率转化为电

量,再进行频率量测[130]。

采用频率仪来测定钢弦式压力盒的振动频率,频率仪主要由放大器、振荡器、示波管、激发电路等部分组成,数字频率仪还包括数显装置。频率仪的主要原理是,压力盒内的电磁线路接收来自频率仪自动激发电路装置发射出的脉冲信号,待其接收到信号后,激励钢弦产生振动,振动的钢弦就会在压力盒的电磁线路内感应产生交变电动势,输入频率仪经过放大器放大之后,加在示波管的 y 轴偏转板上,再在示波管的 x 轴偏转板上把调节频率仪振荡器的频率作为比较频率附加上,使之在荧光屏幕上显示出一幅椭圆状的图形为止。此时,频率仪上显示的频率即为钢弦的振动频率。

2. 混凝土应变计

混凝土应变计的工作原理是利用频率仪测量出应变计受力后的自振频率,再用标定曲线换算求得混凝土产生的应变,然后再转化求得应力。

10.3.3　测点布置及其注意事项

1. 测点布置

根据水文、地质和区间地铁隧道断面设计情况,选取区间地铁隧道 8 个断面进行现场测试,太白南路站—吉祥村站区间 ZDK18+713.2 和 YDK18+713.2 两个断面用于埋设压力盒和混凝土应变计,太白南路站—吉祥村站区间 ZDK18+709.2 断面、ZDK18+713.2 断面、ZDK18+715.2 断面、ZDK18+719.2 断面、YDK18+709.2 断面、YDK18+713.2 断面、YDK18+715.2 断面、YDK18+719.2 断面用于埋设地表沉降点、拱顶下沉点、周边收敛点。

1) 压力盒和混凝土应变计埋设方案
各测试断面测点布置如图 10.6 所示。

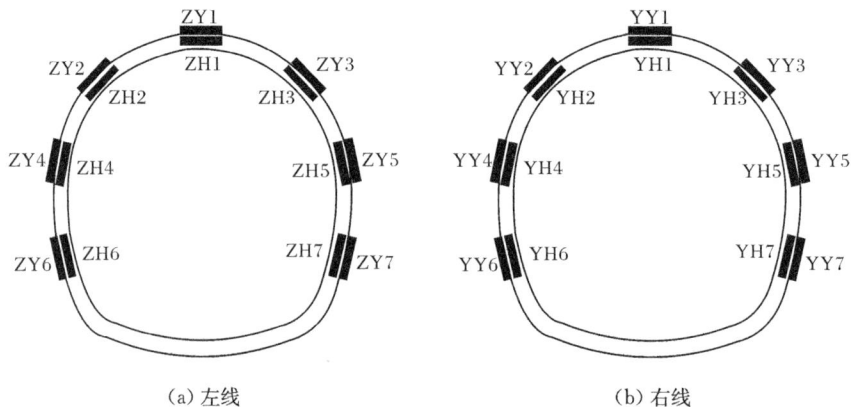

（a）左线　　　　　　　　　　　　　　　（b）右线

图 10.6　压力盒、混凝土应变计布置

2) 地表沉降点埋设方案

太白南路站—吉祥村站区间 ZDK18＋709.2 断面、ZDK18＋713.2 断面、ZDK18＋715.2 断面、ZDK18＋719.2 断面、YDK18＋709.2 断面、YDK18＋713.2 断面、YDK18＋715.2 断面、YDK18＋719.2 断面共布置 8 个地表沉降点,具体位置如图 10.7 所示。

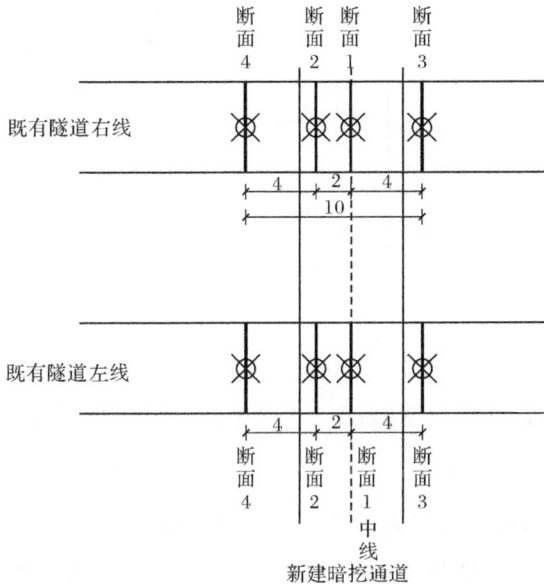

图 10.7　地表沉降测点平面布置(单位:m)

3) 拱顶下沉点、周边收敛点埋设方案

太白南路站—吉祥村站区间 ZDK18＋709.2 断面、ZDK18＋713.2 断面、ZDK18＋715.2 断面、ZDK18＋719.2 断面、YDK18＋709.2 断面、YDK18＋713.2 断面、YDK18＋715.2 断面、YDK18＋719.2 断面,共布置 8 个拱顶下沉点和周边收敛点,具体位置如图 10.8 所示。

2. 元件埋设注意事项

在现场测试时,埋设测量元件的方法是保证其正常工作的重要因素,否则因埋设方法不正确、保护措施不到位,就可能造成测量元件的测量"误差"变化为测量"错误",所以现场埋设时必须确保测量元件的埋设方法正确。

(1) 压力盒。本工程施工现场测试中采用的是钢弦式压力盒。埋设压力盒时,要使承压面完全受力变形,这样才能准确测出接触压力。在初期支护与二次衬砌之间埋设时,要将压力盒牢牢固定在二次衬砌钢筋骨架外侧,保证压力盒与防水板充分接触,将线从预埋管道引出,测得初始数据后,再浇筑二次衬砌混

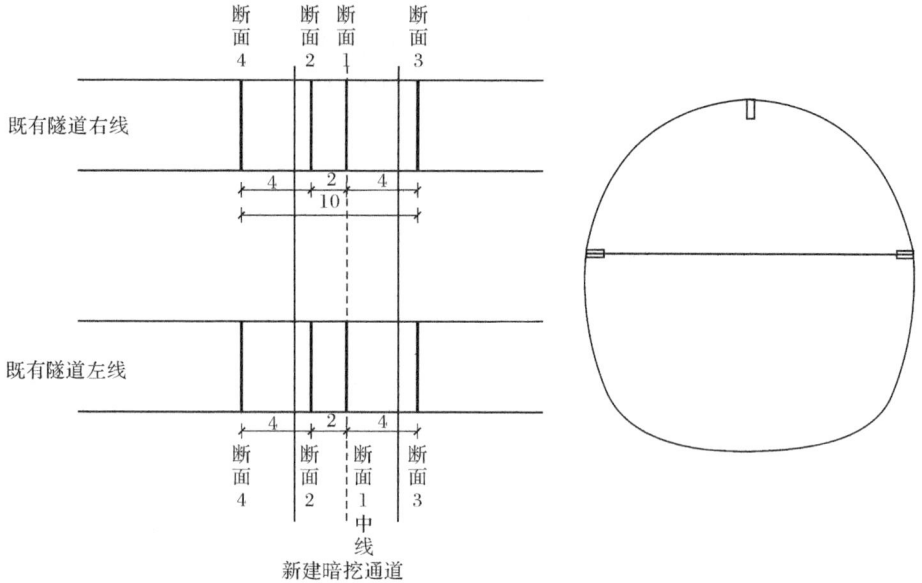

图 10.8 拱顶下沉点、周边收敛点平面布置(单位:m)

凝土。

(2) 混凝土应变计。埋设混凝土应变计时,要将其牢固绑扎在二次衬砌钢筋内部,尽量与内外轮廓线切线平行,然后同压力盒一样将线从预埋管道引出,测得初始数据后,再浇筑二次衬砌混凝土。

10.4 现场测试结果及分析

本次现场测试时间为 2014 年 9 月 5 日~2015 年 1 月 21 日,长达 100 多天。上跨通道于 2014 年 11 月 14 日全部贯通,之后经过两个月的后续监测,数据已趋稳定。

10.4.1 既有地铁隧道初期支护与二次衬砌间接触压力测试结果及分析

1. 接触压力沿二次衬砌周围分布情况

将各测点处二次衬砌最不利情况下的受力(取压力盒读数的最大值转化后的压力)绘制成接触压力空间分布图,如图 10.9 所示,可以看出:

(1) 左线压力整体上比右线小,这是因为该上跨通道施工过程中先跨左线、后跨右线,右线比左线受开挖影响时间要长。左右线衬砌两侧各自所受压力不对称,基本上是左侧大于右侧。

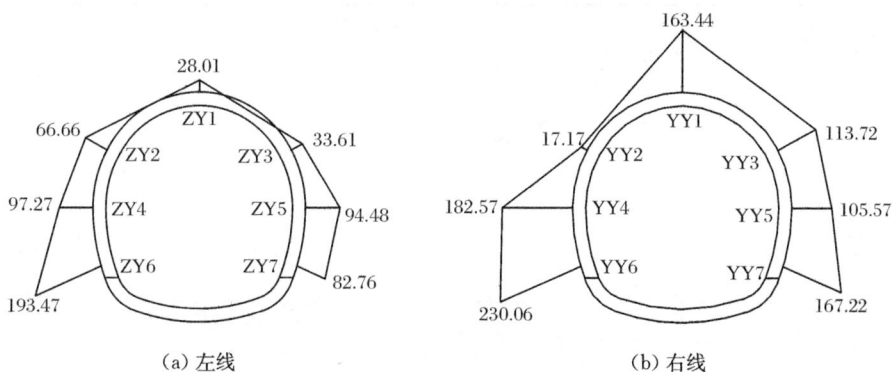

（a）左线　　　　　　　　　　　　　　（b）右线

图 10.9　初期支护与二次衬砌间接触压力分布图（单位：kPa）

（2）左、右线所测得的压力最大位置均在边墙以下部位，分别为 ZY6（193.47kPa）、ZY7（83.30kPa）、YY6（230.79kPa）、YY7（166.54kPa），说明在既有地铁隧道二次衬砌浇筑后边墙下部承受了大部分的垂直压力，设计和施工时需在此处采取加强措施。

（3）左、右线各自的 7 个测点中，压力最大值均在左侧边墙下部位置，即左线左侧 ZY6 点（193.47kPa）和右线左侧 YY6 点（230.79kPa）。

2. 接触压力随时间变化情况

对既有地铁隧道初期支护与二次衬砌间接触压力的数据进行处理后，将各测点的所有数据连接，得到各点压力随施工过程变化的时程曲线，如图 10.10 所示。

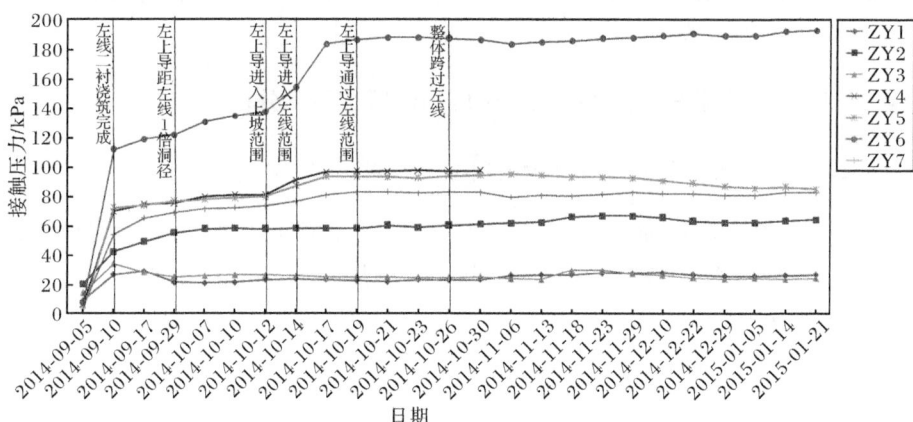

（a）左线

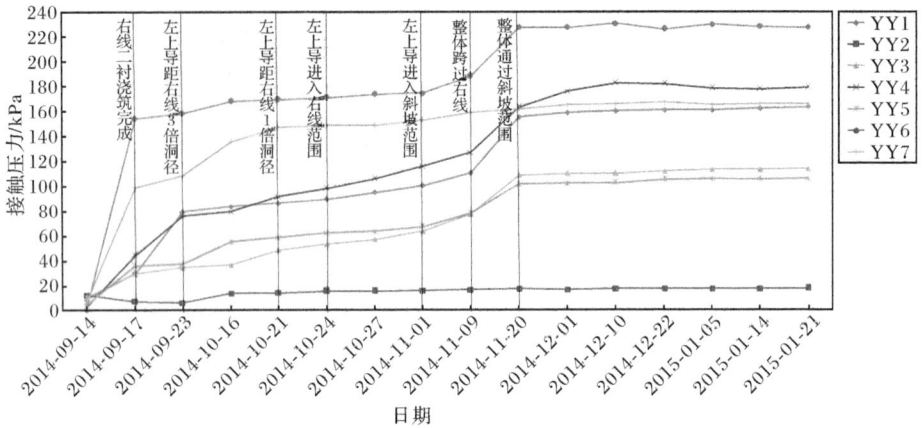

（b）右线

图 10.10　初期支护与二次衬砌间接触压力随施工过程变化时程曲线

由图 10.10 可以看出：

（1）左、右线二次衬砌混凝土浇筑后立承受较大荷载，尤其是左、右线左侧边墙下部位置增幅最大，ZY6 和 YY6 分别增加 111.7kPa 和 154.5kPa，说明在黄土地区浅埋暗挖地铁隧道中二次衬砌的确承担了大部分荷载，不仅仅是安全储备[131]。

（2）左、右线测点压力在上跨通道的掌子面进入抬升范围之后均有不同程度的增大，左线左侧 ZY4、ZY6 点分别增加 15.63kPa、46.39kPa，左线右侧 ZY5、ZY7 点分别增加 13.75kPa、7.48kPa；右线左侧 YY4、YY6 点分别增加 47.46kPa、53.03kPa，右线右侧 YY5、YY7 点分别增加 34.36kPa、8.81kPa。

10.4.2　既有地铁隧道二次衬砌混凝土应力测试结果及分析

1. 二次衬砌混凝土应力沿衬砌周围分布情况

将各测点处二次衬砌最不利情况下的受力（取混凝土应变计读数的最大值转化后的应力）绘制成二次衬砌混凝土应力空间分布图，如图 10.11 所示，正值表示受压，负值表示受拉。

由图 10.11 可以看出：

（1）左线二次衬砌混凝土应力左右分布不对称，左侧受压、右侧受拉，二次衬砌产生向左"扭转"的趋势。

（2）右线二次衬砌混凝土应力左右分布基本对称，在上跨通道施工过程中，各个测点测得的应力最大值均为压应力，且右线各个测点应力均大于左线。

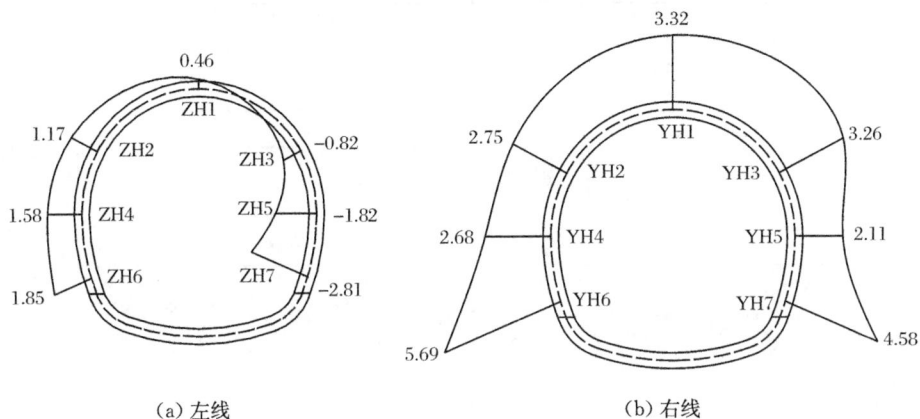

(a) 左线　　　　　　　　　　　　　　(b) 右线

图 10.11　二次衬砌混凝土应力分布图(单位:MPa)

2. 二次衬砌混凝土应力随时间变化情况

将各测点的所有数据连接,得到各点应力随施工过程变化的时程曲线,如图 10.12 所示,可以看出:

(1) 左线左侧二次衬砌混凝土应力随上跨通道施工不断增大;左线右侧 ZY3、ZY5、ZY7 点二次衬砌混凝土应力在上跨通道掌子面进入抬升范围之后由受压转为受拉。

(2) 右线各个测点(除 YH1 点外)二次衬砌混凝土应力在上跨通道掌子面进入抬升范围之后均表现为增大。

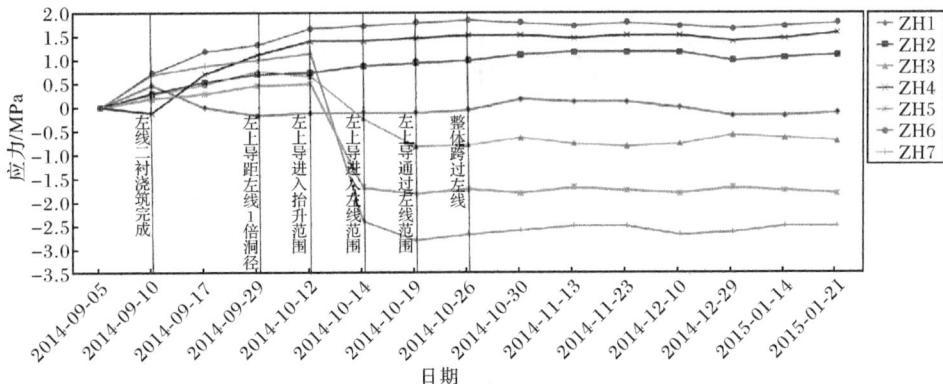

(a) 左线

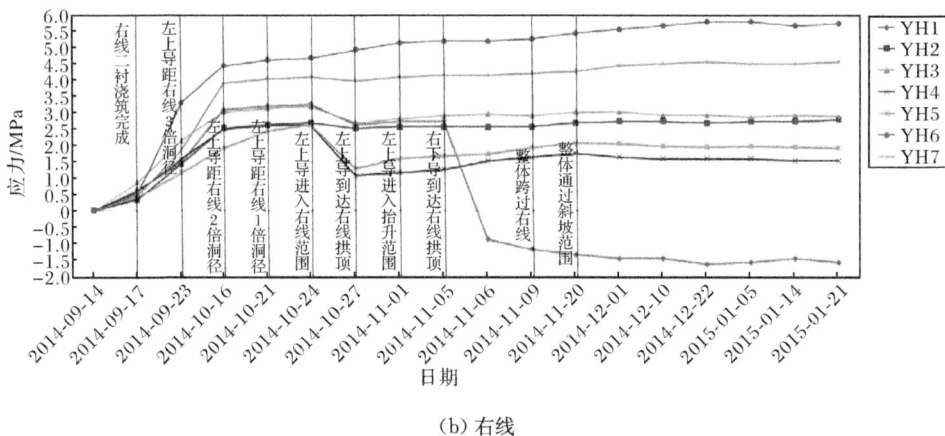

（b）右线

图 10.12　二次衬砌混凝土应力随施工过程变化曲线

（3）右线 YH1～YH5 测点应力在上跨通道掌子面进入右线范围直至拱顶的过程中产生突变，这是因为上跨通道掌子面进入右线范围后，受卸荷影响造成二次衬砌混凝土压应力减小。

10.4.3　新建上跨通道施工引起地表沉降测试结果及分析

将各测点的所有数据连接，得到既有地铁隧道上方地表各点沉降随施工过程变化的时程曲线，如图 10.13 所示，可以看出：

（1）既有地铁隧道左右线上方地表沉降过程均表现为先隆起后下沉并逐渐趋于稳定。

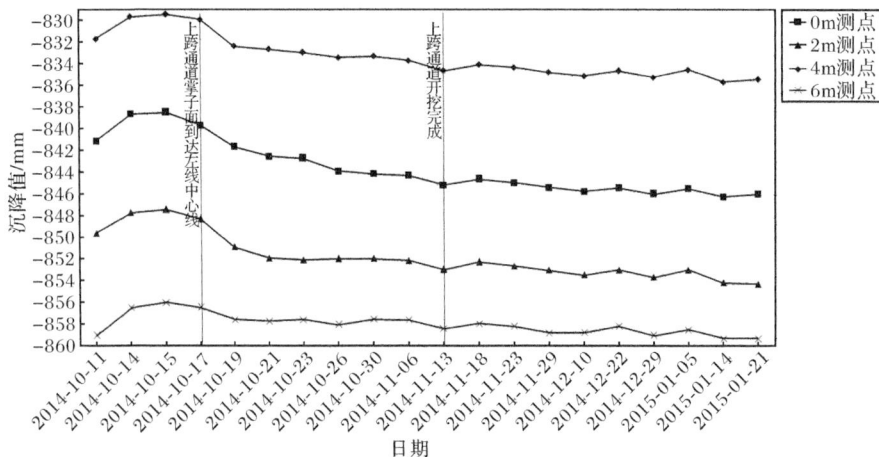

（a）左线

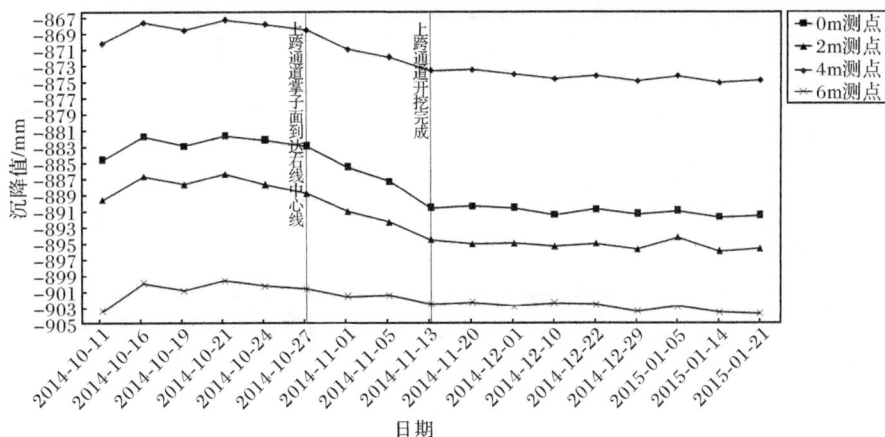

图 10.13　地表沉降随施工过程变化时程曲线

（2）既有地铁隧道左右线上方地表沉降均表现为上跨通道掌子面到达左右线各自中心线后明显增大,在上跨通道开挖完成后达到最大,沉降最大位置均为 0m 断面位置。

（3）总体来看,工程施工过程中地表沉降得到了有效控制,8 个测点中相对沉降最大值仅 7.02mm,远小于沉降报警值。

10.4.4　既有地铁隧道变形测试结果及分析

暗挖通道近距离上跨既有地铁隧道施工过程中,会引起既有地铁隧道变形,为了研究其施工期间对既有地铁隧道的影响情况,对既有地铁隧道进行了变形监测[132]。

1. 拱顶下沉

将各测点的所有数据连接,得到既有地铁隧道拱顶下沉随施工过程变化的时程曲线,如图 10.14 所示,其中,正值为结构隆起,负值为结构沉降。可以看出：

（1）既有地铁隧道拱顶变形随上跨通道施工过程表现为上穿之前发生沉降变形,上穿过程中逐渐发生隆起变形,上穿之后变形逐渐稳定。

（2）在监测截止日期（2015 年 1 月 21 日）时,既有地铁隧道左右线最大沉降量和隆起量均在 0m 断面。

（3）新建通道近距离上跨既有地铁隧道整个过程中,既有地铁隧道的拱顶下沉变形量都未超过限值,整个过程最大隆起量仅为 1.90mm,表明既有地铁隧道是安全稳定的。

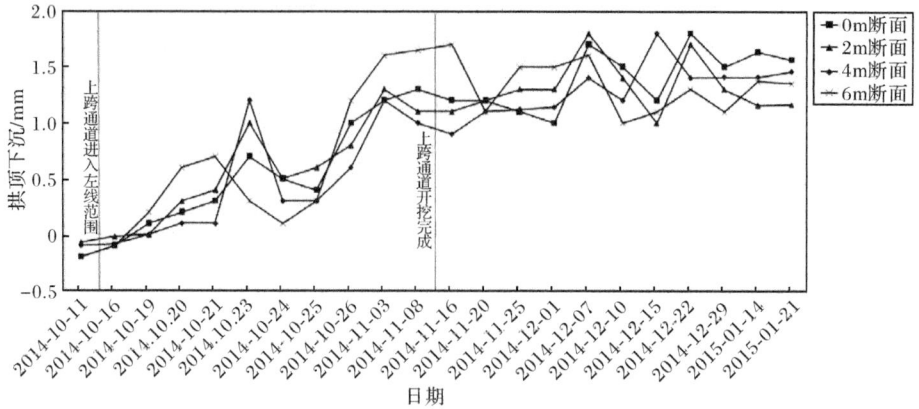

（a）左线

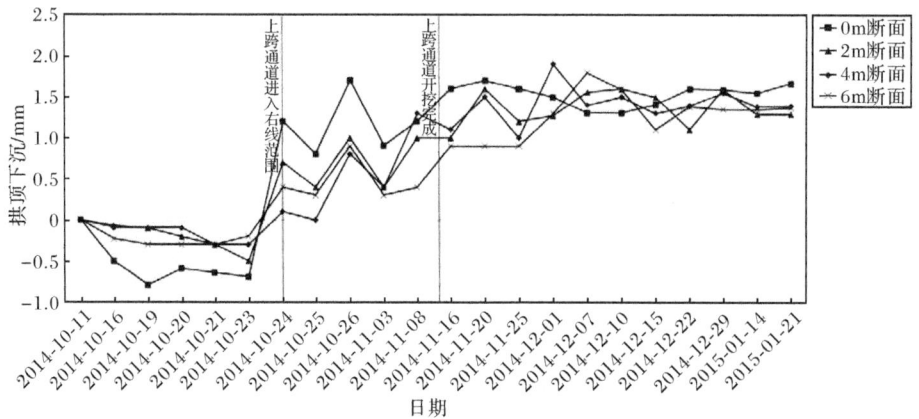

（b）右线

图 10.14　既有地铁隧道拱顶下沉随施工过程变化时程曲线

2. 周边收敛

将各测点的所有数据连接，得到既有地铁隧道周边收敛随施工过程变化的时程曲线，如图 10.15 所示，其中，正值为断面向外侧扩张，负值为断面向内侧收敛。

从图 10.15 可以看出：

（1）既有地铁隧道周边收敛随上跨通道施工过程表现为向内侧收敛，在施工结束之后逐渐稳定。

（2）既有地铁隧道左右线最大收敛值仅为 0.58mm，变化程度较小。

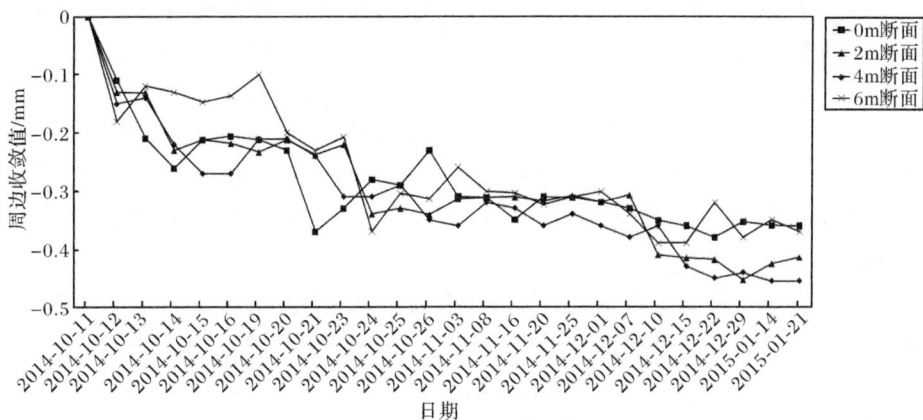

（a）左线

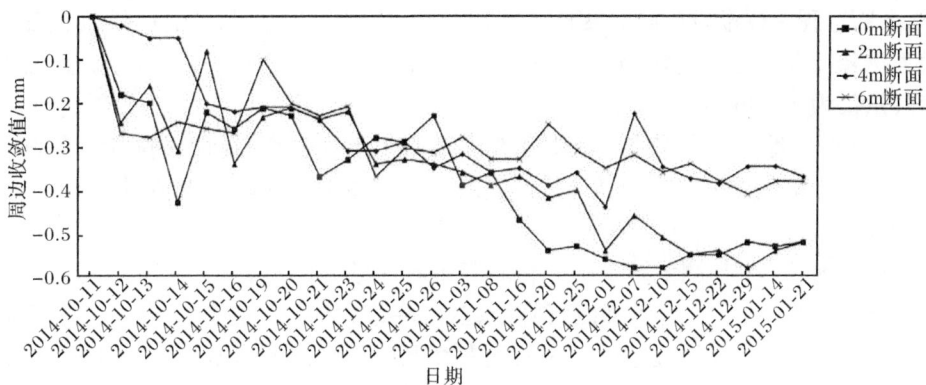

（b）右线

图 10.15 既有地铁隧道周边收敛随施工过程变化时程曲线

10.5 本 章 小 结

（1）既有地铁隧道初期支护与二次衬砌间的接触压力表现为左线压力整体上比右线小；左右线衬砌两侧各自所受压力不对称，基本上是左侧大于右侧；左右线所测得的压力最大位置均在边墙以下部位，且压力最大值均在左侧边墙下部位置。

（2）既有地铁隧道二次衬砌在混凝土浇筑后立即承受较大荷载；左右线初期支护与二次衬砌间接触压力在上跨通道掌子面进入各自抬升范围之后均有不同程度的增大，且均是左侧边墙下部压力增大最为明显。

（3）受上跨通道前后抬升及下压影响，左线二次衬砌混凝土应力左右分布不对称，左侧受压、右侧先受压后受拉，二次衬砌产生向左"扭转"的趋势；右线二次衬砌混凝土应力左右分布基本对称，测点应力整体比右线大。

（4）既有地铁隧道左线左侧二次衬砌混凝土应力随上跨通道施工不断增大；左线右侧 ZY3、ZY5、ZY7 测点二次衬砌混凝土应力在上跨通道掌子面进入抬升范围之后，由受压转为受拉；右线二次衬砌混凝土应力在上跨通道掌子面进入抬升范围之后均表现为增大。

（5）既有地铁隧道左右线上方地表沉降过程均表现为先隆起后下沉并逐渐趋于稳定，且变形均在上跨通道掌子面到达左右线各自中心线后明显增大，在上跨通道开挖完成后达到最大；左右线上方地表沉降最大位置均为 0m 断面；左右线各监测点的地表沉降值均在报警值之内。

（6）既有地铁隧道拱顶变形随上跨通道施工过程表现为上跨之前发生沉降变形，上跨过程中逐渐发生隆起变形，上跨之后变形逐渐稳定；既有地铁隧道左右线最大沉降量和隆起量均在 0m 断面；左右线的拱顶下沉变形量均未超过限值，最大隆起量仅为 1.90mm。

（7）既有地铁隧道周边收敛随上跨通道施工过程表现为向内侧收敛，在施工结束之后逐渐稳定。既有地铁隧道左右线最大收敛值都未超过限值，最大收敛值仅为 0.58mm。

（8）计算结果与测试结果的变化趋势基本一致，计算结果在一定程度上大于测试结果，左右线上方地表都以沉降为主，沉降最大部位均在 0m 测点，即上跨通道与既有地铁隧道正交位置；左右线均在交叉断面竖向变形最大，并伴随着与上跨通道距离的增大而逐渐减小；竖向变形表现为四个阶段：Ⅰ（A）快速上升区、Ⅱ（B）急速回落区、Ⅲ（C）波动上升区、Ⅳ（D）后期波动稳定区。

参 考 文 献

[1] 李志辉. 城市隧道浅埋暗挖地表沉降规律及控制研究[D]. 长沙：中南大学，2008.

[2] 彭华，白雁，蔡小培. 城市轨道交通[M]. 北京：人民交通出版社，2013.

[3] 闫朝霞，李振辉，许俊伟. 北京新建地铁近距离穿越既有线施工技术[J]. 铁道勘查，2010，36(2)：100-103.

[4] 由广明，刘维宁. 交叠车站与区间隧道列车振动对环境的影响[J]. 北京交通大学学报，2005，29(4)：40-44.

[5] 李兴高. 既有地铁线路变形控制标准研究[J]. 铁道建筑，2010，(4)：84-88.

[6] 白海卫，何海健，李玲. 正交下穿施工对上部既有隧道安全的影响研究[J]. 地下空间与工程学报，2014，10(2)：434-440.

[7] 李鹏. 穿越工程对地铁五棵松车站变形影响统计分析与预测[D]. 北京：北京交通大学，2010.

[8] 贺美德，刘军，乐贵平，等. 大断面通道近距离上穿盾构隧道引起的变形分析[J]. 岩石力学与工程学报，2014，33(2)：3682-3690.

[9] 袁金秀，王道远，李栋. 北京地铁 6 号线下穿既有 4 号线区间盾构隧道施工技术[J]. 城市轨道交通研究，2012，(3)：82-85.

[10] 莫崇杰. 盾构隧道近距离小角度上穿已建暗挖隧道的施工方案研究[D]. 北京：北京交通大学，2008.

[11] 刘蕾，尹亚坡. 北京地铁四号线宣武门站下穿运营车站沉降控制综合施工技术[J]. 隧道建设，2009，29(1)：112-119.

[12] 曹伟飚，姚燕明. 上海市轨道交通 8 号线(曲阜路—人民广场)区间隧道盾构穿越 2 号线影响分析[J]. 地下工程与隧道，2005，(3)：7-12.

[13] 白廷辉，尤旭东，李文勇. 盾构超近距离穿越地铁运营隧道的保护技术[J]. 地下工程与隧道，2000，19(3)：2-6，47.

[14] 徐前卫，尤春安，李大勇. 盾构近距离穿越已建隧道的施工影响分析[J]. 岩土力学，2004，25(z1)：95-98.

[15] 张丽娟，孙巍，谢明，等. 竖向近距离卸载对既有隧道影响的数值分析[J]. 地下空间与工程学报，2010，6(s1)：1408-1412.

[16] 陈湘生，李兴. 复杂环境下盾构下穿运营隧道综合技术[M]. 北京：中国铁道出版社，2011.

[17] 张昆，郭菊斌. 新建与既有地铁隧道正交段施工力学行为研究[J]. 铁道工程学报，2010，27(2)：81-84.

[18] 张瑾，王旭春，刘涛. 下穿隧道对既有地铁线路及周边环境影响研究[J]. 地下空间与工程学报，2012，8(5)：1088-1092.

[19] 郭磊，方俊波. 超浅埋、超近距离穿越运营地铁区间人行隧道施工技术[J]. 现代隧道技术，2001，38(2)：34-39.

[20] 宋文杰，董军，崔玉萍，等. 多种因素对新建隧道下穿既有地铁车站力学性能影响的研

究[A]//中国力学学会结构工程专业委员会,中国力学学会《工程力学》编委会,新疆大学.
第22届全国结构工程学术会议论文集第Ⅰ册.北京:工程力学杂志社,2013.

[21] 刘镇,房明,周翠英,等.交叉隧道施工中新建隧道周围复合地层与间距对既有隧道的沉降
影响研究[J].工程地质学报,2010,18(5):736-741.

[22] 宁寅,冯伟,马永其,等.泥水盾构下穿已有隧道施工过程数值模拟研究[J].现代隧道技
术,2011,(5):63-69.

[23] 赵晓勇.TBM法隧道施工下穿涵洞的数值模拟研究[J].地下空间与工程学报,2011,7(3):
513-517.

[24] 王金龙.广州地铁盾构隧道下穿过街通道桩基础处理[J].武汉大学学报(工学版),2007,
40(3):61-65.

[25] 朱正国,余剑涛,朱永全,等.新建隧道超近距离下穿既有地铁施工方案优化[J].铁道工程
学报,2013,30(9):111-115.

[26] 汪伟松.列车荷载作用下立体交叉隧道结构动力响应分析[D].成都:西南交通大学,2009.

[27] 白冰,李春峰.地铁列车振动作用下交叠隧道的三维动力响应[J].岩土力学,2007,28(s1):
715-718.

[28] 黎杰,李欢,霍飞.列车振动荷载作用下交叠隧道衬砌结构响应特性分析[J].公路工程,
2012,37(1):40-42,53.

[29] 刘强,施成华,彭立敏,等.高速列车振动荷载下立体交叉隧道结构动力响应分析[J].合肥
工业大学学报(自然科学版),2013,(9):1082-1087.

[30] 邵华,张子新.盾构近距离穿越施工对已运营隧道的扰动影响分析[J].岩土力学,2004,
25(s2):545-549.

[31] 胡群芳,黄宏伟.盾构下穿越已运营隧道施工监测与技术分析[J].岩土工程学报,2006,
28(1):42-47.

[32] 张晓丽.浅埋暗挖下穿既有地铁构筑物关键技术研究与实践[D].北京:北京交通大
学,2007.

[33] 何川,苏宗贤,曾东洋.地铁盾构隧道重叠下穿施工对上方已建隧道的影响[J].土木工程
学报,2008,41(3):91-98.

[34] 白海卫.新建隧道下穿施工对既有隧道纵向变形的影响和工程措施研究[D].北京:北京交
通大学,2008.

[35] 王子甲.双线暗涵近距离下穿既有地铁车站的影响及变形控制研究[D].北京:北京交通大
学,2009.

[36] 杨海平.地铁下穿既有线施工扰动变形控制关键技术应用研究[D].北京:中国地质大学
(北京),2009.

[37] 李东海,刘军,萧岩,等.盾构隧道斜交下穿地铁车站的影响与监测研究[J].岩石力学与工
程学报,2009,28(s1):3186-3192.

[38] 汪洋,何川,曾东洋,等.盾构隧道正交下穿施工对既有隧道影响的模型试验与数值模拟
[J].铁道学报,2010,32(2):79-85.

[39] 房明,刘镇,周翠英,等.新建隧道盾构下穿施工对既有隧道影响的三维数值模拟[J].铁道

科学与工程学报,2011,8(1):67-72.

[40] 胡军,杨小平,刘庭金.盾构下穿施工对既有隧道影响的数值模拟分析[J].铁道建筑,2012,(10):50-54.

[41] 马振超.北京既有线下穿工程的特点及影响规律研究[D].北京:北京交通大学,2012.

[42] 张明远.既有地铁隧道受下穿施工影响的力学行为研究[D].广州:华南理工大学,2012.

[43] 韩煊,刘赪炜,Jamie R S.隧道下穿既有线的案例分析与沉降分析方法[J].土木工程学报,2012,(1):134-141.

[44] 张海彦,和平,秦东平,等.新建盾构隧道垂直下穿对既有隧道的影响[J].中国铁道科学,2013,34(2):66-70.

[45] 康佐,代光辉.地铁盾构法隧道正交下穿施工对既有隧道影响分析[J].隧道建设,2014,34(10):931-936.

[46] 王剑晨,张顶立,张成平,等.北京地区浅埋暗挖法下穿施工既有隧道变形特点及预测[J].岩石力学与工程学报,2014,33(5):947-956.

[47] 张琼方,夏唐代,丁智,等.盾构近距离下穿对已建地铁隧道的位移影响及施工控制[J].岩土力学,2016,37(12):3561-3568.

[48] 中华人民共和国住房和城乡建设部.CJJ/T 202—2013 城市轨道交通结构安全保护技术规范[S].北京:中国建筑工业出版社,2014.

[49] 童利红,徐祯祥.地下工程近距离穿越地铁既有线施工技术综述[J].市政技术,2008,26(2):117-120.

[50] 房倩,张顶立.浅埋暗挖地铁车站下穿既有线结构施工方法研究[J].中国铁道科学,2007,28(5):72-77.

[51] 王梦恕.隧道工程浅埋暗挖法施工要点[J].隧道建设,2006,26(5):1-4.

[52] 贺长俊,蒋中庸,刘昌用,等.浅埋暗挖法隧道施工技术的发展[J].市政技术,2009,27(3):274-279.

[53] 董新平,彭中和.浅埋地下工程管棚法施工中合理管棚直径分析[J].岩土工程学报,2007,29(9):1356-1360.

[54] 孔恒,彭峰.分段前进式超前深孔注浆地层预加固技术[J].市政技术,2008,26(6):483-486.

[55] 崔志强.地铁车站方案设计探讨[J].隧道建设,2005,25(3):30-34.

[56] 邱蓉.新建线路与既有线换乘方案研究[J].铁道建筑技术,2013,(6):54-58.

[57] 李国清.北京地铁换乘站设计现状及建议[J].隧道建设,2010,34(4):434-438.

[58] 张志强,何川.南京地铁区间盾构隧道"下穿"玄武湖公路隧道施工的关键技术研究[J].岩土力学,2005,26(11):1711-1716.

[59] 张飞进.盾构施工穿越既有线地表沉降规律与施工参数优化[D].北京:北京工业大学,2006.

[60] 华科.地铁盾构施工对邻近结构物的影响预测与控制方法[D].成都:西南交通大学,2008.

[61] 张治国,张孟喜.软土城区土压平衡盾构上下交叠穿越地铁隧道的变形预测及施工控制[J].岩石力学与工程学报,2013,32(增 2):3428-3439.

［62］方晓慧.盾构隧道近接施工对既有隧道的影响分析［D］.长沙：中南大学，2014.

［63］李磊，张孟喜，吴惠明，等.近距离多线叠交盾构施工对既有隧道变形的影响研究［J］.岩土工程学报，2014，36(6)：1036-1043.

［64］马文辉.北京地铁双线盾构近距下穿既有盾构区间风险控制研究［D］.北京：北京交通大学，2015.

［65］张琼方，林存刚，丁智，等.盾构近距离下穿引起已建地铁隧道纵向变形理论研究［J］.岩土力学，2015，36(s1)：568-572.

［66］祝思然，黄佩格，矫伟刚.盾构近距离下穿既有地铁隧道沉降控制技术研究［J］.隧道建设，2016，36(2)：234-240.

［67］李围.隧道及地下工程 FLAC 解析方法［M］.北京：中国水利水电出版社，2009.

［68］彭文斌.FLAC3D 实用教程［M］.北京：机械工业出版社，2013.

［69］FLAC3D.FLAC3D(2.0)User's Manual［M］.Minnesota：Itasca Consulting Group，1997.

［70］陈育民，徐鼎平.FLAC/FLAC3D 基础与工程实例［M］.北京：中国水利水电出版社，2013.

［71］李围.隧道及地下工程 ANSYS 实例分析［M］.北京：中国水利水电出版社，2007.

［72］王新敏.ANSYS 工程结构数值分析［M］.北京：人民交通出版社，2007.

［73］中铁隧道勘测设计院有限公司.西安地铁黄土地层浅埋暗挖大断面工程设计与施工技术研究报告［R］.西安：西安市地下铁道有限责任公司，2014.

［74］张瑾，何满潮，刘涛.下穿隧道对既有地铁线路及周边环境影响研究［J］.地下空间与工程学报，2012，8(5)：1088-1093.

［75］孔恒，宋克志.城市地下工程邻近施工关键技术与应用［M］.北京：人民交通出版社，2013.

［76］王梦恕.地下工程浅埋暗挖技术通论［M］.安徽：安徽教育出版社，2004.

［77］冯师，张帆，何小玲.运营地铁隧道防沉"微扰动"注浆加固技术［A］//中国土木工程学会，上海土木工程学会，上海城建隧道股份有限公司.地下交通工程与工程安全——第五届中国国际隧道工程研讨会文集.上海：同济大学出版社，2011.

［78］关宝树，赵勇.软弱围岩隧道施工技术［M］.北京：人民交通出版社，2011.

［79］杨新锐.软土地区隧道开挖引起的地层变形研究［D］.北京：北京交通大学，2007.

［80］Park K H.Analytical solution for tunneling-induced ground movements in clays［J］.Tunnel & Underground Space Technology Incorporating Trenchless Technology Research，2005，20(3)：249-261.

［81］New B M,Bowers K H.Ground Movement Model Validation at the Heathrow Express Trial Tunnel［A］//Tunnelling 94.London：IMM，1993.

［82］Peck R B.Deep excavations and tunneling in softground［C］//Proceedings of the 7th International Conference on Soil Mechanics and Foundation Engineering，Mexico City，1969：225-290.

［83］Mair R J,Taylor R N,Bracegirdle A.Subsurface settlement profiles above tunnels in clays［J］.Geotechnique，1993，43(2)：315-320.

［84］王剑晨.城市暗挖隧道穿越既有地下结构的力学响应及其控制［D］.北京：北京交通大学，2014.

[85] 杨万精. 基于离心模型试验的黄土公路隧道变形与围岩压力特征研究[D]. 西安:长安大学,2013.

[86] 中华人民共和国住房和城乡建设部,中华人民共和国国家质量监督检验检疫总局. GB 50010—2010 混凝土结构设计规范[S]. 北京:中国建筑工业出版社,2010.

[87] 刘波,陶龙光,丁城刚,等. 地铁双隧道施工诱发地表沉降预测研究与应用[J]. 中国矿业大学学报,2006,35(3):356-361.

[88] 马可栓. 盾构施工引起地基移动与近邻建筑保护研究[D]. 武汉:华中科技大学,2008.

[89] 李倩倩,张顶立,房倩,等. 浅埋暗挖法下穿既有盾构隧道的变形特性分析[J]. 岩石力学与工程学报,2014,(s2):3911-3918.

[90] 吴华君,魏纲. 近距离双线平行盾构施工引起的土体沉降计算[J]. 现代隧道技术,2014,51(2):63-69,75.

[91] 中华人民共和国住房和城乡建设部,中华人民共和国国家质量监督检验检疫总局. GB 50157—2013 地铁设计规范[S]. 北京:中国建筑工业出版社,2014.

[92] 国家铁路局. TB 10003—2016 铁路隧道设计规范[S]. 北京:中国铁道出版社,2017.

[93] 龚晓南. 对岩土工程数值分析的几点思考[J]. 岩土力学,2011,32(2):321-325.

[94] 贾勇. 盾构施工地层变形实测与三维数值模拟及参数分析[D]. 天津:天津大学,2009.

[95] 陈勇华. 土体压缩模量变形模量和弹性模量的讨论[J]. 科学技术,2010,(16):135-136.

[96] 邱明明. 城市地铁隧道盾构施工引起的地层变形预测研究[D]. 南昌:南昌航空大学,2013.

[97] 吕乾乾. 地铁盾构隧道同步注浆施工对地层沉降影响的预测分析[D]. 天津:天津大学,2012.

[98] 邹趋,姜玉松. 注浆对土体力学性能的影响[C]//第四届中国岩石锚固与注浆学术会议论文集,上海,2007.

[99] 马达君. 软土地区盾构隧道施工引起地表沉降的理论与数值模拟[D]. 杭州:浙江工业大学,2010.

[100] 季亚平. 考虑施工过程的盾构隧道地层位移与土压力研究[D]. 南京:河海大学,2004.

[101] 王忠旭,王海涛,朱训国,等. 地铁盾构双隧道施工诱发的地层变形规律分析[J]. 中国铁道科学,2013,34(3):53-58.

[102] 王洪德. 盾构隧道施工过程建模影响因素分析[J]. 地下空间与工程学报,2013,9(3):628-632.

[103] 杨哲峰. 苏州地铁盾构近接施工力学机理与控制技术研究[D]. 武汉:中国地质大学,2015.

[104] 李俊逸. 复合地层土压平衡盾构掘进参数与安全控制技术研究[D]. 成都:西南交通大学,2015.

[105] 张厚美,吴秀国,曾伟华. 土压平衡式盾构掘进试验及掘进数学模型研究[J]. 岩石力学与工程学报,2005,24(增 2):5762-5766.

[106] 赵强政. Φ520mm 土压平衡式盾构模型机研制及试验性掘进控制模拟[D]. 成都:西南交通大学,2007.

[107] 王梦恕. 中国隧道及地下工程修建技术[M]. 北京:人民交通出版社,2010.

［108］徐开达,何维亨,周杜鑫,等. 软土地基盾构推进力和衬砌摩阻力的测试研究［J］. 建筑施工,1995,(5):30-33.

［109］凌京蕾,樊丽珍. 盾构技术及其在广州地铁的应用［J］. 广重科技,2000,(3):25-32.

［110］何川,李讯,江英超,等. 黄土地层盾构隧道施工的掘进试验研究［J］. 岩石力学与工程学报,2013,32(9):1736-1743.

［111］Stein D,Mollers K,Bielecki R. Microtunneling［M］. Berlin:Ernstet Sohn,1989.

［112］张凤祥,朱合华,傅德明. 盾构隧道［M］. 北京:人民交通出版社,2004.

［113］李潮,周宏伟,左建平,等. 土压平衡盾构刀盘扭矩计算方法与多因素量化分析［J］. 岩石力学与工程学报,2013,32(4):760-766.

［114］吕强,王鹤林,傅德明. 土压平衡盾构掘进机刀盘扭矩研究［C］//大直径隧道与城市轨道交通工程技术——2005 上海国际隧道工程研讨会,上海,2005.

［115］吕强,傅德明. 土压平衡盾构掘进机刀盘扭矩模拟试验研究［J］. 岩石力学与工程学报,2006,25(增 1):3137-3143.

［116］宋天田,周顺华,徐润泽. 盾构隧道盾尾同步注浆机理与注浆参数的确定［J］. 地下空间与工程学报,2008,49(1):130-133.

［117］曲兆宇. 砂卵石地层中隧道盾构法施工数值分析［D］. 北京:北京交通大学,2012.

［118］张恒,陈寿根,邓稀肥. 盾构掘进参数对地表沉降的影响分析［J］. 现代隧道技术,2010,47(5):48-53.

［119］Mair R J,Merritt A S,Borghi X,et al. Soil conditioning for clay soil［J］. Tunnels and Tunneling International,2003,(4):29-32.

［120］张明晶. 土压平衡盾构施工闭塞问题的发生机理及其防治措施研究［D］. 南京:河海大学,2004.

［121］魏康林. 土压平衡式盾构施工中喷涌问题的发生机理及其防治措施研究［D］. 南京:河海大学,2003.

［122］朱伟,秦建设,魏康林. 土压平衡盾构喷涌发生机理研究［J］. 岩土工程学报,2004,26(5):589-593.

［123］中华人民共和国住房和城乡建设部,中华人民共和国国家质量监督检验检疫总局. GB 50652—2011 城市轨道交通地下工程建设风险管理规范［S］. 北京:中国建筑工业出版社,2011.

［124］中华人民共和国住房和城乡建设部,中华人民共和国国家质量监督检验检疫总局. GB 50911—2013 城市轨道交通工程监测技术规范［S］. 北京:中国建筑工业出版社,2013.

［125］黄进,陶睿. 选择不同应变花对主应力测试结果的影响［J］. 实验室研究与探索,2016,35(7):32-36.

［126］西安市地铁三号线一期工程鱼化寨至保税区段(不含试验段)TJSG-5 标区间隧道与过街通道交叉施工方案［R］. 中铁十局集团有限公司,2014.

［127］李昂. 浅埋暗挖大断面黄土地铁隧道支护体系空间力学效应研究［D］. 西安:长安大学,2014.

［128］夏才初,李永盛. 地下工程测试理论与监测技术［M］. 上海:同济大学出版社,1999.

[129] 谷超豪,李大潜,陈恕行,等. 数学物理方程[M]. 北京:高等教育出版社,2002.

[130] 陈建勋,马建秦. 隧道工程试验检测技术[M]. 北京:人民交通出版社,2005.

[131] 来弘鹏,郑甲佳,谢永利. 黄土地区浅埋暗挖地铁隧道围岩压力特征研究[J]. 铁道学报, 2012,34(3):99-104.

[132] 张强. 开挖卸荷下既有地铁隧道的竖向变形及其控制研究[D]. 北京:北京交通大学,2012.